舊五代史

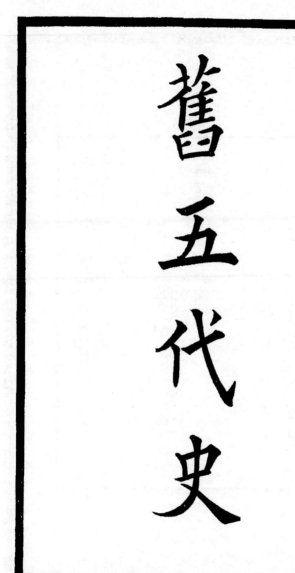

四部備要

史部

上海中華書局據武英殿本校刊

桐鄉陸費逵總勘

杭縣高時顯
吳汝霖輯校

杭縣丁輔之監造

舊五代史卷三十四

宋門下侍郎參知政事監修國史薛居正等撰

唐書第十

莊宗紀八

同光四年春正月戊午朔帝不受朝賀契丹寇渤海壬戌詔以去歲因被災沴物價騰踴自今月三日後避正殿減膳撤樂以答天譴應去年遭水災州縣秋夏稅賦並與放免自壬午年已前所欠殘稅及諸色課利已有勑命放免者尙閣所在却有徵收宜令租庸司切準前勑處分應京畿內人戶有停貯斛㪷者並令減價出糶如不遵行當令檢括西川王衍父子及僞署將相官吏除已行刑憲外一切釋放天下禁囚除十惡五逆官典犯贜屠牛毀錢放火劫舍持刀殺人者準律常赦不原外應合抵極刑者遞降一等其餘罪犯悉與減降逃背軍健並放逐便癸亥河中節度使李繼麟來朝諸州上言準宣爲去年十月地震集僧道起消災道場甲子魏王繼岌殺樞密使郭崇韜于西川且夷其族丙

寅百官上表請復帝膳凡三上表乃允之西川行營都監李廷安進西川樂官二百九十八人契丹寇女真渤海戊寅契丹安巴堅遣使貢良馬庚辰帝異母弟鄜州節度使存乂伏誅存乂郭崇韜之子壻也故亦及于禍是日以河中節度使守太師兼尚書令西平王李繼麟爲滑州節度使尋令朱守殷以兵圍其第誅之亦夷其族辛巳吐渾奚各遣使貢馬鎮州上言部民凍死者七千二百六十人又奏準宣進花果樹栽及抽樂人梅審譯赴京甲申以鄆州節度使永王存霸爲河中節度使以滑州節度使申王存渥爲鄆州節度使乙酉內人景姹上言昭宗遇難之時皇屬千餘人同時遇害爲三穴瘞于宮城西古龍興寺北請改葬從之仍詔河南府監護其事丙戌回鶻可汗阿都欲遣使貢良馬鎮州上言平棘等四縣部民餓死者二千五十人丁亥詔朱友謙同惡人史武等七人已當國法並籍沒家產武等友謙舊將時皆爲刺史並以無罪族誅（歐陽史丁亥殺李繼麟之將史武薛敬容周唐殷楊師太王景來仁白奉國滅其族）二月己丑以宣徽南院使知內侍省兼內勾特進右領軍衛上將軍李紹宏爲驃騎大將軍守左武衛上將軍知內侍省

充樞密使甲午以鄭州刺史李紹奇爲河陽節度使以樂人景進爲銀青光祿大夫檢校右散騎常侍守御史大夫進以俳優嬖幸善采訪閭巷鄙細事以啓奏復密求妓媵以進恩寵特厚魏州錢穀諸務及招兵市馬悉委進監臨孔謙附之以希寵常呼爲八哥諸軍左右無不托附至于士人亦有因之而求仕進者每入言事左右紛然屛退惟以陷害熒惑爲意焉是日帝幸泠泉校獵乙未宰臣豆盧革上言請支州縣官實俸以責課效丙申武德使史彥瓊自鄴馳報稱今月六日貝州屯駐兵士突入都城剽劫坊市初帝令魏博指揮使楊仁晸率兵戍瓦橋至是代歸有詔令駐于貝州上歲天下大水十月鄴地大震自是居人或有亡去他郡者每日族談巷語云城將亂矣人人恐悚皆不自安十二月以戶部尚書王正言爲興唐尹知留守事正言年耄風病事多忽忘比無經治之才武德使史彥瓊者以伶官得幸帝待以腹心之任都府之中威福自我正言已下皆脅肩低首曲事不暇由是政無統攝姦人得以窺圖洎郭崇韜伏誅人未測其禍始皆云崇韜已殺繼岌自王西川故盡誅郭氏先是有密詔令

史彥瓊殺朱友謙之子澶州刺史建徽史彥瓊夜半出城不言所往詰旦闔報正言曰史武德夜半馳馬而去不知何往是日人情震駭訛言云劉皇后以繼岌死于蜀已行弑逆帝已晏駕故急徵彥瓊其言播于鄴市貝州軍士有私親寧于都下者掠此言傳于貝州軍士皇甫暉等因夜聚蒱博不勝遂作亂劫都將楊仁晸曰我輩十有餘年爲國家效命甲不離體已至吞併天下主上未垂恩澤翻有猜嫌防戍邊遠經年離阻鄉國及得代歸去家咫尺不令與家屬相見今聞皇后弑逆京邑已亂將士各欲歸府寧親請公同行仁晸曰汝等何謀之過耶今英主在上天下一家從駕精兵不下百萬西平巴蜀威振華夷公等各有家族何事如此軍人乃抽戈露刃環仁晸曰三軍怨怒咸欲謀反苟不聽從須至無禮仁晸曰吾非不知此但丈夫舉事當計萬全軍人即斬仁晸裨將趙在禮聞軍亂衣不及帶將踰垣而遁亂兵追及白刃環之曰公能爲帥否否則頭隨刃落在禮懼即曰吾能爲之衆遂呼譟中夜燔劫貝郡詰旦擁在禮趨臨清剽永濟館陶五日晚有自貝州來者言亂兵將犯都城都巡檢使孫鐸等

急趨史彥瓊之第告曰賊將至矣請給鎧仗登陴拒守彥瓊曰今日賊至臨清計程六日方至爲備未晚孫鐸曰賊來寇我必倍道兼行一朝失機悔將何及請僕射率衆登陴鐸以勁兵千人伏于王莽河逆擊之賊旣挫勢須至離潰然後可以翦除如俟其凶徒薄于城下必慮奸人內應則事未可測也彥瓊曰但訓士守城何須卽戰時彥瓊疑孫鐸等有他志故拒之是夜三更賊果攻北門彥瓊時以部衆在北門樓聞賊呼譟卽時驚潰彥瓊單騎奔京師遲明亂軍入城孫鐸與之巷戰不勝攜其母自水門而出獲免晡晚趙在禮引諸軍據宮城署皇甫暉趙進等爲都虞候斬斫使諸軍大掠興唐尹王正言謁在禮望塵再拜是日衆推在禮爲兵馬留後草奏以聞帝怒命宋州節度使元行欽率騎三千赴鄴都招撫詔徵諸道之師進討丁酉淮南楊溥遣使賀平蜀己亥魏王繼岌奏康延孝擁衆反迴寇西川遣副招討使任圜率兵追討之庚子福建節度副使王延翰奏節度使王審知委權知軍府事邢州左右步直軍四百人據城叛推軍校趙太爲留後詔東北面副招討使李紹真率兵討之辛丑元行欽至

鄴都進攻南門以詔書招諭城中趙在禮獻羊酒勞軍登城遙拜行欽曰將士經年離隔父母不取勅旨歸寧上貽聖憂追悔何及儻公善爲敷奏俾從渙汗某等亦不敢不改過自新行欽曰上以汝輩有社稷功必行赦宥因以詔書諭之皇甫暉聚衆大詬卽壞詔行欽以聞帝怒曰攻城之日勿遺噍類壬寅行欽自鄴退軍保澶州甲辰從馬直宿衛軍士王温等五人夜半謀亂殺本軍使爲衛兵所擒磔于本軍之門丙午以右散騎常侍韓彥惲爲戶部侍郎丁未鄴都行營招撫使元行欽率諸道之師再攻鄴都戊申以洋州留後李紹文爲夔州節度使詔河中節度使永王存霸歸藩己酉以樞密使宋唐玉爲特進左威衛上將軍充宣徽南院使庚戌諸軍大集于鄴都進攻其城不克行欽又大治攻具城中知其無赦晝夜爲備朝廷聞之益恐連發中使促繼岌西征之師繼岌以康延孝據漢州中軍之士從任圜進討繼岌端居利州不獲東歸是日飛龍使顏思威部署西川宮人至辛亥淮南楊溥遣使貢方物西京上言客省使李嚴押蜀主王衍至本府壬子以守太尉中書令河南尹兼河陽節度使齊王張

全義爲檢校太師兼尚書令充許州節度使東川董璋奏準詔誅遂州節度使李令德于本州夷其族癸丑湖南馬殷奏福建節度使王審知疾甚副使王延翰已權知軍府事請降旌節司天監上言自二月上旬後晝夜陰雲不見天象自二十六日方晴至月終星辰無變以右衞上將軍朱漢賓知河南府事甲辰命蕃漢總管李嗣源統親軍赴鄴都以討趙在禮帝素倚愛元行欽鄴城軍亂卽命爲行營招討使久而無功時趙太據邢州王景戡據滄州自爲留後河朔郡邑多殺長吏帝欲親征樞密使與宰臣奏言京師者天下根本雖四方有變陛下宜居中以制之但命將出征無煩躬御士伍帝曰紹榮討亂未有成功繼岌之軍尚留巴漢餘無可將者斷在自行樞密使李紹宏等奏曰陛下以謀臣猛將取天下今一州之亂而云無可將者何也總管李嗣源是陛下宗臣創業已來艱難百戰何城不下何賊不平威略之名振于夷夏以臣等籌之若委以專征鄴城之寇不足平也帝素寬大容納無疑于物自誅郭崇韜朱友謙之後閹宦伶官交相讒詔邦國大事皆聽其謀繇是漸多猜惑不欲大臣典兵既聞

奏議乃曰予恃嗣源侍衞卿當擇其次者又奏曰以臣等料之非嗣源不可河
南尹張全義亦奏云河朔多事久則患生宜令總管進兵如倚李紹榮輩未見
其功帝乃命嗣源行營是日延州知州白彥琛奏綏銀兵士剽州城謀判魏王
繼岌傳送郭崇韜父子首函至闕下詔張全義收瘞之乙巳以右武衞上將軍
李肅爲安邑解縣兩池榷鹽使以吏部尚書李琪爲國計使三月丁未朔李紹
真奏收復邢州擒賊首趙太等二十一人徇于鄴都城下皆磔于軍門庚戌李
紹真自邢州赴鄴都城下辛亥以威武軍節度副使福建管內都指揮使檢校
太傅守江州刺史王延翰爲福建節度使依前檢校太傅壬子李嗣源領軍至
鄴都營于西南隅甲寅進營于觀音門外下令諸軍詰旦攻城是夜城下軍亂
迫嗣源爲帝暹明亂軍擁嗣源及霍彥威入于鄴城復爲皇甫暉趙進等所脅
嗣源以詭詞得出夜分至魏縣時嗣源遙領鎭州詰旦議欲歸藩上章請罪安
重誨以爲不可語在明宗紀中翼日遂次于相州元行欽部下兵退保衞州以
飛語上奏嗣源一日之中遣使上章申理者數四帝遣嗣源子從審與中使白

從訓賫詔以諭嗣源行至衞州從審爲元行欽所械不得達是日西面行營副
招討使任圜奏收復漢州擒逆賊康延孝丙辰荆南高季興上言請割峽內夔
忠萬等三州却歸當道依舊管係又請雲安監初將議伐蜀詔高季興令率本
軍上峽自收元管屬郡軍未進夔忠萬三州已降季興數請之因賂劉皇后及
宰臣樞密使內外叶附乃俞其請戊午詔河南府預借今年夏秋租稅時年饑
民困百姓不勝其酷京畿之民多號泣于路議者以爲劉盆子復生矣庚申詔
潞州節度使孔勍赴闕以右龍虎統軍安崇阮權知潞州是日忠武軍節度使
齊王張全義薨壬戌宰臣豆盧革率百官上表以魏博軍變請出內府金帛優
給將士不報時知星者上言客星犯天庫宜散府藏又云流星犯天棓主御前
有急兵帝召宰臣于便殿皇后出宮中妝匳銀盆各二并皇子滿哥三人謂宰
臣曰外人謂內府金寶無數向者諸侯貢獻旋供賜與今宮中有者妝匳嬰孺
而已可鬻之給軍䩉等惶恐而退癸亥以僞置昭武軍節度使林思諤爲閬州
刺史是日出錢帛給賜諸軍兩樞密使及宋唐玉景進等各貢助軍錢幣是時

軍士之家乏食婦女掇蔬于野及優給軍人皆負物而詬曰吾妻子已殍矣用
此奚爲甲子元行欽自衛州率部下兵士歸帝幸耀店以勞之西川輦運金銀
四十萬至闕分給將士有差元行欽請車駕幸汴州帝將發京師遣中官向延
嗣馳詔所在誅蜀主王衍仍夷其族乙丑車駕發京師戊辰遣元行欽將騎軍
沿河東向壬申帝至滎澤以龍驤馬軍八百騎爲前軍遣姚彥温董之彥温行
至中牟率所部奔于汴州時潘環守王村寨有積粟數萬亦奔汴州是時李嗣
源已入于汴帝聞諸軍離散精神沮喪至萬勝鎮卽命旋師登路旁荒塚置酒
視諸將流涕俄有野人進雉因問塚名對曰里人相傳爲愁臺帝彌不悅罷酒
而去是夜次汜水初帝東出關從駕兵二萬五千及復至汜水已失萬餘騎乃
留秦州都指揮使張瑭以步騎三千守關帝過罌子谷道路險狹每遇衛士執
兵仗者皆善言撫之曰適報魏王繼岌又進納西川金銀五十萬到京當盡給
爾等軍士對曰陛下賜與大晚人亦不感聖恩帝流涕而已又索袍帶賜從官
內庫使張容哥對曰頒給已盡衛士叱容哥曰致吾君社稷不保是此閹豎抽

刀逐之或救而獲免容哥謂同黨曰皇后惜物不散軍人歸罪于吾輩事若不測吾輩萬段願不見此禍因投河而死隆平集內臣李承進逮事唐莊宗太祖嘗問莊宗時事對曰莊宗好畋獵每次近郊衛士必控馬首曰兒郎輩寒冷望陛下與救接莊宗隨所欲給之如此者非一晚年蕭牆之禍由賞賚無節威令不行也太祖歎曰二十年夾河戰爭不能以軍法約束此輩誠兒戲甲戌次石橋帝置酒野次悲啼不樂謂元行欽等諸將曰鄴下亂離寇盜蜂起總管迫于亂軍存亡未測今訛言紛擾朕實無聊卿等事予已來富貴急難無不共之今茲危蹙賴爾籌謀而竟默默無言坐觀成敗予在滎澤之日欲單騎渡河訪求總管面為方略招撫亂軍卿等各吐胸襟共陳利害今日俾予至此卿等如何元行欽等百餘人垂泣而奏曰臣本小人蒙陛下撫養位極將相危難之時不能立功報主雖死無以塞責乞申後効以報國恩于是百餘人皆援刀截髮置鬚于地以斷首自誓上下無不悲號識者以為不祥是日西京留守張筠部署西征兵士到京見于上東門外晡晚帝還宮初帝在汜水衞兵散走京師恐駭不寧及帝至人情稍安乙亥百官進名起居安義節度使孔勍奏點校兵士防城準詔運糧萬石進發次時勍已殺監軍使據城詭

奏也丙子樞密使李紹宏與宰相豆盧革韋說會于中興殿之廊下商議軍機因奏魏王西征兵士將至車駕且宜控汜水以俟魏王從之午時帝出上東門親閱騎軍誡以詰旦東幸申時還宮四月丁丑朔以永王存霸爲北都留守申王存渥爲河中節度使是日車駕將發京師從駕馬軍陳于寬仁門外步兵陳于五鳳門外帝內殿食次從馬直指揮使郭從謙自本營率所部抽戈露刃至興教門大呼與黃甲兩軍引弓射興教門帝聞其變自宮中率諸王近衛禦之逐亂兵出門既而焚興教門緣城而入登宮牆譟帝御親軍格鬭殺亂兵數百俄而帝爲流矢所中亭午崩于絳霄殿之廡下時年四十二琬琰集載宋實錄王全斌傳云同光末蕭牆有變亂兵逼宮城近臣宿將皆釋甲潛遁惟全斌與符彥卿等十數人居中拒戰莊宗中流矢扶掖歸絳霄殿全斌慟哭而去東都事略符彥卿傳云郭從謙之亂莊宗左右皆引去惟彥卿力戰殺十餘人莊宗崩彥卿慟哭而去是時帝之左右例皆奔散唯五坊人善友斂廊下樂器簇于帝尸之上發火焚之及明宗入洛止得其燼骨而已天成元年七月丁卯有司上謚曰光聖神閔孝皇帝廟號莊宗是月丙子葬于雍陵五代史補莊宗之嗣位也志在渡河但恨河東地狹兵少思欲百練其衆以取必勝于天下乃下令曰凡出師騎軍不見賊不許騎馬或步騎前後已定

不得越軍分以避險惡其分路並進期會有處不得違晷刻並在路敢言病者
皆斬之故三軍懼法而戮力皆一以當百故朱梁舉天下而不能禦卒爲所滅
㫄有以也初莊宗爲公子時雅好音律又能自撰曲子詞其後凡用軍前後隊
伍皆以所撰詞授之使揭聲而唱謂之御製至于入陣不論勝負馬頭纔轉則
衆歌齊作故凡所鬬戰人忘其死斯亦用軍之一奇也莊宗好獵每出未有
不蹂踐苗稼一旦至中牟圍合忽有縣令忘其姓名犯圍諫曰大凡有國家者
當視民如赤子性命所繫陛下以一時之娛恣其蹂踐使比屋囂然動溝壑之
慮爲民父母豈若是耶莊宗大怒以爲遭縣令所辱遂叱退將斬之伶官鏡新
磨者知其不可乃與羣伶齊進挽住令佯爲詬責曰汝爲縣可以指麾百姓爲
兒既天子好獵即合多留閑地安得縱百姓耕鋤皆偏妨天子鷹犬飛走耶而
又不能自責更敢咄咄吾知汝當死罪諸伶亦皆嘻笑繼和于是莊宗默然其
怒少霽頃之恕縣令罪 五代史闕文莊宗嘗因博戲覩骰子采有暗相輪者
心悅之乃自置暗箭格凡博戲並認采之在下者及同光末鄴都兵
亂從謙以兵犯興教門莊宗禦之中流矢而崩識者以爲暗箭之應

史臣曰莊宗以雄圖而起河汾以力戰而平汴洛家讎既雪國祚中興雖少康之嗣夏配天光武之膺圖受命亦無以加也然得之孔勞失之何速豈不以驕于驟勝逸于居安忘櫛沐之艱難徇色禽之荒樂外則伶人亂政內則牝雞司晨靳恡貨財激六師之憤怨徵搜輿賦竭萬姓之脂膏大臣無罪以獲誅衆口吞聲而避禍夫有一于此未或不亡矧咸有之不亡何待靜而思之足以爲萬世之炯戒也

舊五代史卷三十四考證

唐莊宗紀八令朱守殷以兵圍其第　案圍其第歐陽史作圍其館胡三省云歐陽史蓋謂朱友謙無私第在洛陽也據雲谷雜記唐末藩鎮入朝館舍皆稱邸第似無庸更易其字通鑑仍從是書作第

三月丁未朔　丁未通鑑作丁巳

庚戌李紹真自邢州赴鄴都城下　案通鑑作庚申李紹真引兵至鄴都營於城西北以太等徇于鄴城下而殺之與是書異

甲寅進營于觀音門外下令諸軍詰旦攻城是夜城下軍亂　案通鑑作壬戌李嗣源至鄴都甲子夜軍亂考異引莊宗實錄作壬戌至鄴都癸亥夜軍士張破敗作亂與是書異日通鑑從是書

帝遣嗣源子從審　從審歐陽史及通鑑俱作從璟是書本紀前後俱作從審未知何據

帝幸耀店以勞之　耀店通鑑作鷂店胡三省注云薛史作耀店今仍其舊

甲戌次石橋　甲戌通鑑作甲申
四月丁丑朔　案歐陽史及通鑑五代春秋俱作四月丁亥朔考遼史天顯元
年卽同光四年亦作四月丁亥朔是書莊宗紀作丁丑明宗紀作丁亥前後
互異考是年正月戊午朔三月丁未朔則四月朔日當爲丁丑
五坊人善友　案通鑑作鷹坊人善友胡三省注云鷹坊唐時五坊之一也善
姓也
安巴堅舊作阿保機今改　阿都欲舊作阿咄欲今改
舊五代史卷三十四考證

舊五代史卷三十五

宋門下侍郎參知政事監修國史薛居正等撰

唐書第十一

明宗紀一

明宗聖德和武欽孝皇帝諱亶初名嗣源及即位改今諱代北人也世事武皇及其錫姓也遂編于屬籍四代祖諱聿皇贈麟州刺史天成初追尊爲孝恭皇帝廟號惠祖陵曰遂陵高祖妣衞國夫人崔氏追諡爲孝恭昭皇后三代祖諱教皇贈朔州刺史追尊爲孝質皇帝廟號毅祖陵曰衍陵曾祖妣趙國夫人張氏追諡爲孝質順皇后皇祖諱琰皇贈尉州刺史追尊爲孝靖皇帝廟號烈祖陵曰奕陵皇祖妣秦國夫人何氏追諡爲孝靖穆皇后皇考諱霓皇贈汾州刺史追尊爲孝成皇帝廟號德祖陵曰慶陵皇妣宋國夫人劉氏追諡爲孝成懿皇后帝即孝成之元子也以唐咸通丁亥歲九月九日懿皇后生帝于應州之金城縣初孝成事唐獻祖爲愛將獻祖之失振武爲吐渾所攻部下離散孝成

獨奮忠義解蔚州之圍武皇之鎮鴈門也孝成厭代帝年甫十三善騎射獻祖見而撫之曰英氣如父可侍吾左右每從圍獵仰射飛鳥控弦必中尋隸武皇帳下武皇遇上源之難將佐罹害甚衆帝時年十七翼武皇踰垣脫難于亂兵流矢之內獨無所傷武皇鎮河東以帝掌親騎時李存信爲蕃漢大將每總兵征討師多不利武皇遂選帝副之所向克捷帝嘗宿于鴈門逆旅媪方娠不時具饌媪聞腹中兒語云大家至矣速宜進食媪異之遽起親奉庖爨甚恭帝詰之媪告其故北夢瑣言云帝以媪前倨後恭詰之曰公貴不可言也問其故具道娠子腹語事帝曰老媪遜言懼吾辱耳後果如其言帝既壯雄武獨斷謙和下士每有戰功未嘗自伐居常惟治兵仗持廉處靜晏如也武皇常試之召于泉府命恣其所取帝惟持束帛數緡而出凡所賜與分給部下嘗與諸將會諸將矜衒武勇帝徐曰公輩以口擊賊吾以手擊賊衆慙而止景福初黑山戍將王弁據振武叛帝率其屬攻之擒弁以獻乾寧三年梁人急攻兗鄆鄆帥朱瑄求救于武皇武皇先遣騎將李承嗣史儼援之復遣李存信將兵三萬屯于莘縣聞汴軍益盛攻兗甚急存信遣帝率三百騎而往敗汴軍

于任城遂解兗州之圍朱瑾見帝執手涕謝其年魏帥羅宏信背盟襲破李存信于莘縣帝奮命殿軍而還武皇嘉其功卽以所屬五百騎號曰橫衝都侍于帳下故兩河間目帝爲李橫衝明年武皇遣大將軍李嗣昭率師下馬嶺關將復邢洺梁將葛從周以兵應援嗣昭兵敗退入青山口梁軍扼其路步兵不戰自潰嗣昭不能制會帝本軍至謂嗣昭曰步兵雖散若吾輩空迴大事去矣爲公試決一戰不捷而死差勝被囚嗣昭曰吾爲卿副帝率其屬解鞍礪鏃憑高列陣左右指畫梁人莫之測因呼曰吾王命我取葛司徒他士可無併命卽徑犯其陣奮擊如神嗣昭繼進梁軍卽時退去帝與嗣昭收兵入關帝四中流矢血流被股武皇解衣授藥手賜巵酒拊其背曰吾兒神人也微吾兒幾爲從周所笑自青山之戰名聞天下天復中梁祖遣氏叔琮將兵五萬營于洞渦是時諸道之師畢萃于太原郡縣多陷于梁晉陽城外營壘相望武皇登陴號令不遑飲食屬大雨彌旬城壘多壞武皇令帝與李嗣昭分兵四出突入諸營梁軍由是引退帝率偏師追襲復諸郡邑昭宗之幸鳳翔也梁祖率衆攻圍岐下武

皇奉詔應援遣李嗣昭周德威出師晉絳營于蒲縣嗣昭等軍大爲梁將朱友寧氏叔琮所敗梁之追兵直抵晉陽營于晉祠日以步騎環城武皇登城督衆憂形于色攻城既急武皇與大將謀欲出奔雲中帝曰攻守之謀據城百倍但兒等在必能固守乃止居數日潰軍稍集率敢死之士日夜分出諸門掩襲梁軍擒其驍將游崑崙等梁軍失勢乃燒營而退天祐五年五月莊宗親將兵以救潞州之圍帝時領突騎左右軍與周德威分爲二廣帝晨至夾城東北隅命斧其鹿角負芻塡塹下馬乘城大譟時德威登西北隅亦譟以應之帝先入夾城大破梁軍是日解圍其功居最柏鄉之役兩軍旣成列莊宗以梁軍甚盛慮師入之怯欲激壯之手持白金巨鍾賜帝酒謂之曰卿見南軍白馬赤馬都否覩之令人膽破帝曰彼虛有其表耳翼日當歸吾廐中莊宗拊髀大笑曰卿已氣吞之矣帝引鍾盡釂卽屬鞬揮弭躍馬挺身與其部下百人直犯白馬都奮檛舞矟生挾二騎校而迴飛矢麗帝甲如蝟毛焉由是三軍增氣自辰及未騎軍百戰帝往來衝擊執訊獲醜不可勝計是日梁軍大敗以功授代州刺史莊

宗遣周德威伐幽州帝分兵略定山後八軍與劉守光愛將元行欽戰于廣邊軍凡八戰帝控弦發矢七中行欽酣戰不解矢亦中帝股拔矢復戰行欽窮蹙面縛乞降帝酌酒飲之拊其背曰吾子壯士也因厚遇之十三年二月莊宗與梁將劉鄩大戰于故元城北帝以三千騎環之鼓譟奮擊內外合勢鄩軍殆盡帝徇地磁洺四月相州張筠遁走乃以帝爲相州刺史九月滄州節度使戴思遠棄城歸汴小將毛璋據州納款莊宗命率兵慰撫既入城以軍府乂安報莊宗書吏誤云已至滄州禮上畢莊宗省狀怒曰嗣源反耶帝聞之懼歸罪于書吏斬之未幾承制援邢州節度使十四年四月契丹安巴堅率衆三十萬攻幽州周德威間使告急莊宗召諸將議進取之計諸將咸言敵勢不能持久野無所掠食盡自還然後踵而擊之可也帝奏曰德威盡忠于家國孤城被攻危亡在即不宜更待敵衰願假臣突騎五千爲前鋒以援之莊宗曰公言是也即命帝與李存審閻寶率軍赴援帝爲前鋒會軍於易州帝謂諸將曰敵騎以馬上爲生不須營壘況彼衆我寡所宜銜枚銷馬潛行溪澗襲其不備也八月師發

上谷陰晦而雨帝仰天祈祝卽時晴霽師循大房嶺緣澗而進翼日敵騎大至每遇谷口敵騎扼其前帝與長子從珂奮命血戰敵卽解去我軍方得前進距幽州兩舍敵騎復當谷口而陣我軍失色帝曰爲將者受命忘家臨敵忘身以身殉國正在今日諸君觀吾父子與敵周旋因挺身入于敵陣以北語諭之曰爾輩非吾敵吾當與天皇較力耳舞檛奮擊萬衆披靡俄挾其隊帥而還我軍呼躍奮擊敵衆大敗勢如席卷委棄鎧仗羊馬殆不勝紀是日解圍大軍入幽州周德威迎帝執手歔欷九月班師于魏州莊宗親出郊勞進位檢校太保十八年十月從莊宗大破梁將戴思遠于戚城斬首二萬級莊宗以帝爲蕃漢副總管加同平章事二十年代李存審爲滄州節度使四月莊宗卽位于鄴宮帝進位檢校太傅兼侍中尋命帝率步騎五千襲鄆州下之授天平軍節度使五月梁人陷德勝南城圍楊劉以扼出師之路帝孤守汶陽四面拒寇久之莊宗方解楊劉之圍九月梁將王彥章以步騎萬人迫鄆州自中都渡汶帝遣長子從珂率騎逆戰于遞坊鎮獲梁將任釗等三百人彥章退保中都莊宗聞其捷

自楊劉引軍至鄆以帝爲前鋒大破梁軍于中都生擒王彥章等是日諸將稱賀莊宗以酒屬帝曰昨朕在朝城諸君多勸朕棄鄆州以河爲界賴副總管禦侮于前崇韜畫謀于內若信李紹宏輩大事已掃地矣莊宗與諸將議兵所向諸將多云青齊徐兗皆空城耳王師一臨不戰自下惟帝勸莊宗徑取汴州語在莊宗紀中莊宗嘉之帝即時前進莊宗繼發中都十月己卯遲明帝先至汴州攻封邱門汴將王瓚開門迎降帝至建國門聞梁主已殂乃號令安撫迴軍于封禪寺辰時莊宗至帝迎謁路側莊宗大悅手引帝衣以首觸帝曰吾有天下由公之血戰也當與公共之尋進位兼中書令二年正月契丹犯塞帝受命北征二月莊宗以郊天禮畢賜帝鐵劵四月潞州小將楊立叛帝受詔討之五月擒楊立以獻六月進位太尉移鎭汴州代李存審爲蕃漢總管十二月契丹入寇三年正月帝領兵破契丹于涿州移授鎭州節度使先是帝領兵過鄴鄴庫素有御甲帝取五百聯以行是歲莊宗幸鄴知之怒甚無何帝奏請以長子從珂爲北京衙內都指揮使莊宗愈不悅曰軍政在吾安得爲子奏請吾之細

鎧不奉詔旨強取其意何也令留守張憲自往取之左右說諭乃止帝憂恐不自安上表申理方解十二月帝朝于洛陽是時莊宗失政四方饑饉軍士匱乏有賣兒貼婦者道路怨咨帝在京師頗爲謠言所屬洎朱友謙郭崇韜無名被戮中外大臣皆懷憂懾諸軍馬步都虞候朱守殷奉密旨伺帝起居守殷陰謂帝曰德業震主者身危功蓋天下者不賞公可謂震主矣宜自圖之無與禍會帝曰吾心不負天地禍福之來吾無所避付之于天卿勿多談也四年二月六日趙在禮據魏州反莊宗遣元行欽將兵攻之行欽不利退保衛州初帝善遇樞密使李紹宏及帝在洛陽羣小多以飛語謗毀紹宏每爲庇護會行欽兵退河南尹張全義密奏請委帝北伐紹宏贊成之遂遣帝將兵渡河三月六日帝至鄴都趙在禮等登城謝罪出牲餼以勞師帝亦慰納之營于鄴城之西南下令以九日攻城八日夜軍亂從馬直軍士有張破敗者號令諸軍各殺都將縱火焚營讙譟雷動至五鼓亂兵逼帝營親軍搏戰傷夷者殆半亂兵益盛帝叱之責其狂逆之狀亂兵對曰昨貝州戍兵主上不垂厚宥又聞鄴城平定之後

欲盡坑全軍某等初無叛志直畏死耳已共諸軍商量與城中合勢擊退諸道之師欲主上帝河南請令公帝河北帝泣而拒之亂兵呼曰令公欲何之不帝河北則爲他人所有苟不見幾事當不測抽戈露刃環帝左右安重誨霍彥威躡帝足請詭隨之因爲亂兵迫入鄴城懸橋已發共扶帝越濠而入趙在禮等歡泣奉迎通鑑亂兵擁嗣源及李紹真等入城城中不受外兵皇甫暉逆擊張破敗斬之外兵皆潰趙在禮等率諸校迎拜嗣源是日饗將士于行宮在禮等不納外兵軍衆流散無所歸向帝登南樓謂在禮曰欲建大計非兵不能集事吾自于城外撫招諸軍帝乃得出夜至魏縣部下不滿百人時霍彥威所將鎮州兵五千人獨不亂聞帝既出相率歸帝詰朝帝登城掩泣曰國家患難一至于此來日歸藩上章徐圖再舉安重誨霍彥威等曰此言非便也國家付以閫外之事不幸師徒逗撓爲賊驚奔元行欽狂妄小人彼在城南未聞戰聲無故棄甲如朝天之日信其奏陳何所不至若歸藩聽命便是強據要君正墮讒慝之口也正當星行歸闕面叩玉階讒間阻謀庶全功業無便于此者也帝從之十一日發魏縣至相州獲官馬二千匹始得成軍元行欽

退保衞州果以飛語上奏帝上章申理莊宗遣帝子從審及內官白從訓齎詔諭帝從審至衞州爲行欽所械帝奏章亦不達帝乃趨白皐渡駐軍于河上會山東上供綱載絹數船適至乃取以賞軍軍士以之增氣及將濟以渡船甚少帝方憂之忽有木栰數隻沿流而至卽用以濟師故無留滯焉二十六日至汴州莊宗領兵至滎澤遣龍驤都校姚彥温爲前鋒是日彥温率部下八百騎歸于帝具言主上爲行欽所惑事勢已離難與共事帝曰卿自不忠言何悖也乃奪其兵仍下令曰主上未諒吾心遂致軍情至此宜速赴京師旣而房知温杜晏球自北面相繼而至四月丁亥朔至甖子谷聞蕭牆釁作莊宗晏駕帝慟哭不自勝詰旦朱守殷遣人馳報京城大亂燔剽不息請速至京師己丑帝至洛陽止于舊宅分命諸將止其焚掠百官弊衣旅見帝謝之歛袵泣涕時魏王繼岌征蜀未還帝謂朱守殷曰公善巡撫以待魏王吾當奉大行梓宮山陵禮畢卽歸藩矣是日羣臣諸將上牋勸進帝面諭止之樞密使李紹宏張居翰宰相豆盧革韋說六軍馬步都虞候朱守殷青州節度使符習徐州節度使霍彥威

宋州節度使杜晏球兗州節度使房知温等頓首言曰帝王應運蓋有天命三靈所屬當協冥符福之所鍾不可以謙遜免道之已喪不可以智力求前代因敗爲功殷憂啓聖少康重興于有夏平王再復于宗周其命維新不失舊物今日廟社無依人神乏主天命所屬人何能爭光武所謂使成帝再生無以讓天下願殿下俯徇樂推時哉無失軍國大事望以教令施行帝優答不從壬辰文武百寮三拜牋請行監國之儀以安宗社答旨從之既而有司上監國儀注甲午幸大內興聖宮始受百寮班見之儀所司議卽位儀注霍彥威孔循等言唐之運歷已衰不如自創新號因請改國號不從土德帝問藩邸侍臣左右奏曰先帝以錫姓宗屬爲唐雪寃以繼唐祚今梁朝舊人不願殿下稱唐請更名號帝曰予年十三事獻祖以予宗屬愛幸不異所生事武皇三十年排難解紛櫛風沐雨冒刃血戰體無完膚何艱險之不歷武皇功業卽予功業先帝天下卽予天下也兄亡弟紹于義何嫌且同宗異號出何典禮歷之衰隆吾自當之衆之莠言吾無取也時羣臣集議依違不定惟吏部尚書李琪議曰殿下宗室勳

賢立大功于三世一朝雨泣赴難安定宗社撫事因心不失舊物若别新統制則先朝便是路人煢煢梓宮何所歸往不惟殿下追感舊君之義羣臣何安請以本朝言之則睿宗文宗武宗皆以弟兄相繼即位柩前如儲后之儀可也于是羣議始定河中軍校王舜賢奏節度使李存霸以今月三日出奔不知所在乙未赦曰寡人允副羣情方監國事外安黎庶內睦宗親庶諧惇敘之規永保隆平之運昨京都變起禍難薦臻至于戚屬之閒不測驚奔之所慮因藏竄濫被傷夷言念于茲自然流涕宜令河南府及諸道應諸王眷屬等昨因驚擾出奔所至之處即時津送赴闕如不幸物故者量事收瘞以聞北夢瑣言莊宗諸弟存紀存確匿于南山民家人有以報安重誨者重誨曰主上以下詔尋訪帝之仁德必不以中加害不如密令殺之果併命于民家後明宗聞之切讓重誨傷惜久之門使安重誨為樞密使以鎮州別駕張延朗為樞密副使以客將范延光為宣徽使進奏官馮贇為內客省使丙申下敕今年夏苗委人戶自供通頃畝五家為保本州具帳送省州縣不得差人檢括如人戶隱欺許人陳告其田倍徵已亥命石敬瑭權知陝州兵馬留後皇子從珂權知河南府兵馬留後庚子淮南

楊溥進新茶以權知汴州軍州事孔循爲樞密副使以陳州刺史劉仲殷爲鄧州留後以鄭州防禦使王思同爲同州留後敕曰租庸使孔謙濫承委寄專掌重權侵剝萬端姦欺百變遂使生靈塗炭軍士飢寒成天下之瘡痍極人間之疲弊載詳衆狀側聽輿辭難私降黜之文合正誅夷之典宜削奪在身官爵按軍令處分雖犯衆怒特貸全家所有田宅並從籍沒是日謙伏誅敕停租庸名額依舊爲鹽鐵戶部度支三司委宰臣豆盧革專判中書門下上言請停廢諸道鹽運使內勾司租庸院大程官出放豬羊柴炭戶括田竿尺一依朱梁制度仍委節度刺史通申三司不得差使量檢州使公廨錢物先被租庸院管繫今據卻還州府州府不得科率百姓百姓合散蠶鹽每年秖二月內一度俵散依夏稅限納錢夏秋苗稅子除元徵石斗及地頭錢餘外不得紐配先遇赦所放逋稅租庸違制徵收並與除放今欲曉告河南府及諸道準此施行從之是日宋州節度使元行欽伏誅壬寅以樞密副使孔循爲樞密使

舊五代史卷三十五

舊五代史卷三十五考證

唐明宗紀一三代祖諱教　教原本作敎今據五代會要改正

皇考諱霓　歐陽史云父霓未知孰是

襲破李存信於莘縣　莘縣原本作華縣今據新唐書藩鎮傳改正

柏鄉之役　柏鄉原本訛松鄉今據通鑑改正

吾當與天皇較力耳　天皇原本作人皇考遼史太祖稱爲天皇讓宗追稱人皇莊宗初年侵幽州者乃太祖非讓宗也今改正

十二月契丹入寇三年正月帝領兵破契丹于涿州　案歐陽史云冬契丹侵漁陽嗣源敗之于涿州入寇破敵皆作冬間事葢順文併敘之耳當以是書爲徵實

請令公帝河北　河北原本作河中今據通鑑改正

獲官馬二千匹　案歐陽史作掠小坊馬三千匹

四月丁亥朔　案丁亥朔與莊宗紀異據莊宗紀三月丁未朔則四月當作丁

丑據此紀下文有己丑甲午則當作丁亥前後參差未詳孰是

己丑　案通鑑作乙丑疑傳寫之訛歐陽史從是書作己丑

以樞密副使孔循爲樞密使　案歐陽史作左驍衞大將軍孔循爲樞密使與

續纂誤云孔循傳作左衞大將軍爲樞密使俱與是書異

安巴堅舊作阿保機今改

舊五代史卷三十五考證

舊五代史卷三十六

宋門下侍郎參知政事監修國史薛居正等撰

唐書第十二

明宗紀二

天成元年夏四月丙午帝自興聖宮赴西宮文武百僚縞素于位帝服斬衰親奉攢塗設奠哭盡哀乃于柩前即皇帝位百官易吉服班于位帝御袞冕受冊訖百僚稱賀丁未羣官縞素赴西宮臨以樞密使安重誨爲檢校司空守左領軍大將軍依前充樞密使宰臣豆盧革等三上表請聽政從之遣使往諸道及淮南告哀辛亥帝始聽政于中興殿壬子西南面副招討使工部尙書任圜率步騎二萬六千人入見甲寅帝御文明殿受朝制改同光四年爲天成元年大赦天下後宮內職量留一百人內官三十人教坊一百人鷹坊二十人御廚五十人其餘任從所適諸司使務有名無實者並停分遣諸軍就食近畿以減饋送之勞秋夏稅子每斗先有省秏一升今後祇納正數其省秏宜停天下節度

防禦使除正至端午降誕四節量事進奉達情而已自于州府圓融不得科斂
百姓其刺史雖遇四節不在貢奉諸州雜稅宜定合稅物色名目不得邀難商
旅租庸司先將繫省錢物與人迴圖宜令盡底收納以塞倖門云乙卯渤海國
王大諲譔遣使朝貢是月北京副留守知留守事張憲賜死以其失守故也五
月丙辰朔帝不視朝臨于西宮宰相豆盧革進位左僕射韋說進位門下侍郎
兼戶部尚書監修國史並依舊平章事兗州節度使檢校太傅朱守殷加同平
章事充河南尹判六軍諸衛事滄州節度使檢校太傅安元信加同平章事移
鎮徐州邠州節度使檢校太保毛璋加同平章事以太子賓客鄭珏爲中書侍
郎兼刑部尚書同中書門下平章事以工部尚書任圜爲中書侍郎兼工部尚
書同中書門下平章事判三司徐州節度使李紹真貝州刺史李紹英齊州防
禦使李紹虔河陽節度使李紹奇洺州刺史李紹能等上言前朝寵賜姓名今
乞還舊內李紹虔上言臣本姓王後移杜氏蒙前朝賜今姓名乞復本姓詔並
可之李紹真復曰霍彥威李紹英復曰房知温李紹虔復曰王晏球李紹奇復

曰夏魯奇李紹能復曰米君立青州節度使檢校太傅同平章事符習加兼侍中徐州節度使檢校太傅霍彦威加兼侍中移鎮鄆州丁巳初詔文武百僚正衙常參外五日一度內殿起居五代會要天成元年五月三日敕今後宰臣文武百官除常朝外每五日一度入內起居其中書非時有急切公事請開延英不在此限麟州奏指揮使張延寵作亂焚剽市民已殺戮訖戊午河陽節度使夏魯奇加檢校太傅以貝州刺史房知温爲兗州節度使以齊州防禦使王晏球爲宋州節度使以洛州刺史米君立爲邢州節度使己未賜文武百官驢馬各一西都知府張鏤進魏王繼岌打毬馬七十二匹北京馬步都指揮使李從温奏準詔誅宦官初莊宗遇內難宦者數百人竄匿山谷落髮爲僧奔至太原七十餘人至是盡誅于都亭驛辛酉詔華州放散西川宮人各歸骨肉壬戌以前相州刺史北京左右廂都指揮使安金全爲安北都護振武節度使同平章事甲子前西都留守京兆尹張筠加檢校太傅充山南西道節度使以夔州節度使李紹文爲遂州節度使以前鄧州留後戴思遠爲洋州節度使丁卯以金吾將軍張實爲金州防禦使戊辰以金紫光祿大夫檢校司空趙在

禮爲滑州節度使加檢校太保制下在禮以軍情不順爲辭不之任以許州留後陶玘爲鄧州留後以諸道馬步副都指揮使安審通爲齊州防禦使庚午以權知北京軍府事汾州刺史符彥超爲晉州留後以前陳州刺史劉仲殷爲陝州留後癸酉以前磁州刺史劉彥琮爲同州留後甲戌福州節度使檢校太傅王延翰加檢校太尉同平章事乙亥翰林學士戶部侍郎知制誥馮道翰林學士中書舍人趙鳳俱以本官充端明殿學士端明之職自此始也五代會要明宗初登位四方書奏多令樞密使安重誨讀之不曉文義于是孔循獻議因唐室侍讀之號卽創端明學士之名命馮道等爲之丙子詔故西道行營都招討制置等使守侍中監修國史兼樞密使郭崇韜宜許歸葬其世業田宅並還與骨肉故萬州司戶朱友謙可復護國軍節度使守太師兼尚書令河中尹西平王所有田宅財產並還與骨肉丁丑西都衙內指揮使張籛進納僞蜀主王衍犀玉帶各二條馬一百五十匹初莊宗遣中官向延嗣就長安之殺王衍也旋屬蕭牆之禍延嗣藏竄不知所之而衍之資裝妓樂並爲籛所有復懼事泄故聊有此獻戊寅以樞密使安重誨兼領襄州節度使制下重誨之黨謂

重誨曰襄州地控要津不可乏帥無宜兼領重誨卽自陳退許之以左金吾大將軍張遵誨爲西京副留守知留守事辛巳以衞尉卿李懌爲中書舍人充翰林學士壬午以前蔚州刺史張溫爲振武留後以左右廂突陣指揮使康義誠爲汾州刺史以左右廂馬軍都指揮使索自通爲忻州刺史尚父吳越國王錢鏐遣使進金器五百兩銀萬兩綾萬匹謝恩賜玉冊金印初同光季年鏐上疏密求玉冊金印郭崇韜進議以爲不可而樞密承旨段佪受其重賂贊成其事莊宗卽允其請至是故有貢謝甲申幽州節度使檢校太保李紹斌加檢校太傅同平章事復姓名爲趙德鈞乙酉詔百官朔望入閤賜廊下食自亂離以前常參官每日朝退賜食于廊下謂之廊餐乾符之後百司經費不足無每日之賜至是遇入閤卽賜之五代會要明宗初卽位命百官五日一起居李琪以爲非故事請罷之惟每月朔望日合入閤賜食至是宣旨朔望入閤外仍五日一起居遂爲定式六月戊子前襄州節度使李紹珙起復依前襄州節度使仍復本姓名曰劉訓以皇子河中留後從珂爲河中節度使百僚表賀以翰林承旨兵部尚書知制誥盧質爲檢校司空充同州節度使己丑以吏部尚書判

太常卿事李琪爲御史大夫以禮部尚書崔協爲太常卿判吏部尚書銓事以御史中丞崔居儉爲兵部侍郎以太子賓客蕭頃爲禮部尚書中書奏請以九月九日皇帝降誕日爲應聖節休假三日從之故忠武軍節度使檢校太師兼尚書令齊王張全義贈太師以前尚書右丞崔沂爲尚書左丞丙申新州留後張承裕雲州留後高行珪並正授本軍節度使丁酉詔曰四夷來王歷代故事前後各因強弱撫制互有典儀大蕃須示于威容卽于正衙引對小蕃但推于恩澤仍于偏殿撫懷憲府奏論禮院詳酌皆徵故實咸有明文正衙威容未可全廢內殿恩澤且可常行若遇大蕃入朝卽準舊儀于正殿排比鋪陳立仗百官排班于正門引入對見時百僚入閤班退後卻引對朝貢蕃客御史大夫李琪奏論之下禮部檢討而降是命焉戊戌樞密使安重誨加檢校太保行兵部尚書事如故以太子詹事劉岳爲兵部侍郎以太子右庶子王權爲戶部侍郎以太子左庶子任贊爲工部侍郎庚子荊南節度使檢校太師兼尚書令南平王高季興加守太尉兼尚書令澤潞節度使檢校太傅同平章事孔勍加兼侍

中汴州屯駐控鶴指揮使張諫等謀叛伏誅以樞密使孔循權知汴州軍州事甲辰樞密使孔循加檢校太保守祕書監依前充使己巳以祕書少監姚顗爲左散騎常侍以太子左諭德陸崇爲右散騎常侍以兵部郎中蕭希甫爲左諫議大夫前幽州節度判官呂夢奇爲右諫議大夫以鄴都副留守孫岳爲潁州團練使詔曰古者酌禮以制名懼廢于物取其難犯而易避貴便于時況徵在二名抑有前例以太宗文皇帝自登寶位不改舊稱時則臣有世南官有民部靡聞曲避止禁連呼朕猥以眇躬託于人上止遵聖範非敢自尊應文書內所有二字但不連稱不得迴避如是臣下之名不欲與君親同字者任自改更丁未中書門下奏京城潛龍舊宅望以至德宮爲名從之戊申夏州節度使開府儀同三司檢校太師兼中書令朔方王李仁福加食邑一千戶以延州留後高允韜爲延州節度使以利州節度觀察留後張敬詢爲利州節度使劍南西川節度副大使知節度事孟知祥加檢校太傅兼侍中劍南東川節度副大使知節度事董璋加檢校太傅壬子鳳翔節度使檢校太尉兼中書令李曮加檢校

太師兼中書令汴州知州孔循奏召集謀亂指揮使趙虔已下三千人並族誅訖甲寅以晉州留後符彥超爲北京留守以鎭州副使王建立爲鎭州留後以右龍武統軍安崇阮爲晉州留後荆南節度使高季興上言夔忠萬三州舊是當道屬郡先被西川侵據今乞郤割隸本管詔可之其夔州僞蜀先曾建節宜依舊除刺史通鑑考異引十國紀年荆南史天成元年二月壬辰請忠夔萬州及雲安監隸本道莊宗許之詔命未下莊宗遇弒六月壬辰王表求三州明宗許之秋七月乙卯朔以太原舊宅爲積慶宮庚申契丹渤海國俱遣使朝貢甲子詔割韓城郃陽兩縣屬同州誅滑州左右崇牙及長劒等軍士數百人夷其族作亂故也其都校于可洪等相次到闕亦斬于都市丁卯以僞蜀守司空門下侍郎平章事晉國公王鍇爲檢校司空守陵州刺史以虢州刺史石潭爲耀州團練使辛未詔諸道節度刺史文武將吏舊進月旦起居表今後除節度留後團練防禦使惟正至進賀表其四孟月並且止絕甲戌中書門下上言宣旨令進納新授諸道判官州縣官告敕牒祇應宣賜準往例除將相外並不賜官告卽因梁氏起例凡宣授官並特恩賜臣等商量自兩使判官令錄在

京除授者卽于內殿謝恩便辭赴任不更進納官告判司主簿不合更許朝對敕下後望準舊例處分從之乙亥莊宗皇帝梓宮發引帝衰服臨送于樓前是日葬莊宗于雍陵鎮州留後王建立奏涿州刺史劉殷肇不受代謀叛昨發兵收掩擒劉殷肇及其黨一十三人見折足勘詰己卯以比部郎中知制誥楊凝式爲給事中充史館修撰判館事以僞蜀吏部尙書楊玢爲給事中充集賢殿學士判院事升應州爲彰德軍節度仍以興唐軍爲寰州隸彰德軍宰相豆盧革貶辰州刺史韋說貶漵州刺史仍令所在馳驛發遣爲諫議大夫蕭希甫疏奏故也制略曰革則縱田客以殺人說則侵鄰家而奪井選元亨之上第改王參之本名或主掌三司委元隨之務局或陶鎔百里受長吏之桑田咸屈塞于平人互阿私于愛子任官匪當黷貨無厭謀人之國若斯致主之方安在旣迷理亂又昧卷舒而府司案牘爰來諫署奏章疊至備彰醜迹深汙明庭是宜約以三章投之四裔其河南府文案及蕭希甫論疏並宜宣示百僚庚辰賜蕭希甫衣段二十匹銀器五十兩賞疏革說之罪也宰相鄭珏任圜再見安重誨救

解華說請不復追行後命又三上表救解俱留中不報辛巳以捧聖嚴衛左廂
馬步軍都指揮使李從璋領饒州刺史充大內皇城使中書門下奏條制檢校
官各納尚書省禮錢舊例太師大尉納四十千後減落至二十千太傅太保元
納三十千減至十五千司徒司空元納二十千減至一十千僕射尚書元納一
十五千減至七千員外郎中元納一十千今納三千四百者詔曰會府華資皇
朝寵秩凡霑新命各納禮錢爰自近年多隳舊制遂致紀綱之地遽成廢墜之
司況累條流就從減省方當提舉宜振規繩但緣其間翊衛勳庸藩宣將佐自
軍功而遷陟示恩澤以獎酬須議從權不在其例其餘自不帶平章事節度使
及防禦團練刺史使府副使行軍已下三司職掌監務官州縣官凡關此例並
可徵納其檢校官自員外郎至僕射秖初轉一任納錢若不改呼不在徵納仍
委尚書省部司專切檢舉置歷逐月具數申中書門下癸未詔辰州刺史豆盧
革可責授費州司戶參軍漵州刺史韋說可責授夷州司戶參軍皆員外置同
正員仍令馳驛發遣甲申又詔曰責授費州司戶參軍豆盧革夷州司戶參軍

韋說等自居台輔累換歲華負先皇倚注之恩失大國燮調之理朕自登宸極常委鈞衡略無謙遜之辭但縱貪饕之意除官受賂樹黨徇私每虧敬于朕前徒自尊于人上道路之諠騰不已諫臣之條疏頗多罪狀顯彰典刑斯舉合從極法以塞羣情尚緣臨御之初含宏是務特軫墜泉之慮爰施解網之仁曲示優恩俯寬後命華可陵州長流百姓說可合州長流百姓仍委逐處長知所在同州長春宮判官朝請大夫檢校尚書禮部郎中賜紫金魚袋豆盧昇將仕郎守尚書屯田員外郎崇文館學士賜緋魚袋韋濤等各因權勢驟列班行無才業以可稱竊寵榮而斯久比行貶讁以塞尤違朕以纂襲之初含容是務父既寬于後命子宜示于特恩並停見任昇濤即華說之子也

舊五代史卷三十六

舊五代史卷三十六考證

唐明宗紀二西都知府張籛　張籛原本作張鏐今據通鑑改正

故萬州司戶朱友謙　萬州原本作萬州今據歐陽史改正

樞密承旨段佪　段佪九國志作段懷考歐陽史及通鑑並作段佪今仍其舊

正衙威容　正衙原本訛王衞今據冊府元龜改正

是日葬莊宗于雍陵　雍陵原本作永陵考徐無黨五代史注莊宗陵名雍陵石晉時避諱稱伊陵原本永字誤今改正又莊宗葬日通鑑從哀冊文作丙子是書從實錄作乙亥

改王參之本名　案王參疑有舛誤據冊府元龜引薛史亦作王參今無可考姑仍其舊

舊五代史卷三十六考證

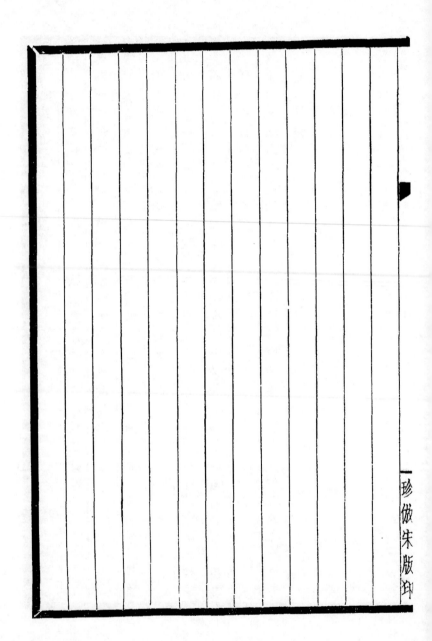

舊五代史卷三十七

宋門下侍郎參知政事監修國史薛居正等撰

唐書第十三

明宗紀三

天成元年秋八月乙酉朔日有食之有司上言莊宗廟室酌獻請奏武成之舞從之鄆州節度使霍彥威移鎮青州丁亥莊宗神主祔廟有司請祧懿祖室從之詔陵州合州長流百姓豆盧革韋說等可並自長流後縱逢恩赦不在原宥之限豆盧昇韋濤仍削除自前所受官秩壬辰以久雨放百僚朝參詔天下疏理繫囚甲午汴州奏舊管曹州乞卻歸當道從之是日詔曰承前使府奏請判官卒皆隨府除移停罷近年流例有異前規使府雖已除移判官元安舊職起今後若是朝廷除授者卽不計使府除移如是使府奏請卽皆隨府移罷舊例藩侯帶平章事者所奏請判官殿中已上許奏緋中丞已上許奏紫今不帶平章事亦許同帶平章事例處分如防禦團練使奏請判官員外郎已下不在奏

緋之限其所奏判官州縣官並須將歷任告身隨奏至京如未有官假稱試攝
亦奏狀內分明署出如藩鎮留後權知軍州事並不在奏請判官之限如刺史
要奏州縣官須申本道請發表章不得自奏近日州使奏請從事本無官緒妄
結虛銜不計職位高卑多是請兼朱紫不惟紊亂實啓撓求宜令諸道州府切
準敕命處分丁酉內出象笏三十四面賜百官之無笏者己亥帝御文明殿百
官入閤月望如月朔之儀從新例也荊南高季興上言峽內三州請朝廷不除
刺史幽州奏契丹寇邊詔齊州防禦使安審通率師禦之辛丑以前青州節度
使符習爲鄆州節度使以前華州節度使史敬鎔爲安州節度使乙巳禁鎔錢
爲器仍估定生銅器價斤二百熟銅器斤四百如違省價買賣者以盜鑄錢論
丁未樞密使院條奏諸道節度使刺史內有不守詔條公行科斂須行止絕州
使所納軍糧不得更邀加耗節度使刺史所置牙隊許于軍都內抽取便給省
司衣糧況人數已多訪聞尙有招致諸邑人多有抵罪亡命便于州府投名爲
使下元隨邀求職務凌壓平人及有力戶人于諸處行賂希求事務亦有州使

妄稱修葺城池廨宇科賦于人及營私宅諸縣鎮所受州使文符如涉科斂人戶不得稟受州府不得賒買行人物色兼行科率已前條件州使如敢犯違許人陳告勘詰不虛量行獎賞宜令三京諸道州府準此處分新授青州節度使霍彥威奏處斬新登州刺史王公儼及同謀拒命指揮使李謹王居厚等八人訖初同光中符習爲青州節度使宦官楊希望爲監軍專制軍政趙在禮之據魏州習奉詔以本軍進討俄而帝爲亂軍所劫習卽罷歸希望遣兵邀之習懼而還至滑州帝遣人招之習至乃從帝入汴希望聞魏軍亂遣兵圍守習家欲盡殺之公儼素受希望獎愛謂希望曰內侍宜分腹心之兵監四面守陴者則誰敢異圖希望從之公儼乘其無備圍希望之第擒而殺之公儼遂與州將李謹等謀據州城以邀符節卽令軍府飛章留己兼揚言符習在鎮人不便其政帝乃除公儼爲登州刺史公儼不時赴任卽以霍彥威代符習聚兵淄州以圖進取彥威至淄州會詔使至青州告諭公儼卽赴所任彥威懲其初心遣人擒公儼于北海縣與同黨斬于州東（通鑑彥威聚兵淄州以圖進取公儼懼乙未始之官丁酉彥威至青州追擒之）有司

上言莊宗祔廟懿祖祧遷準例舍故而諱新懿祖例不諱忌日不行香從之壬子襄州節度使劉訓加檢校太傅以僞蜀右僕射中書侍郎平章事趙國公張格爲太子賓客充三司副使從任圜請也九月乙卯朔詔汴州扶溝縣復隸許州以前絳州刺史婁繼英爲冀州刺史充北面水陸轉運制置使己未幸至德宮遂幸前隰州刺史袁建豐之第帝嘗爲太原內牙親將建豐爲副至是建豐風疾沈廢故親幸其第以撫之庚申以都官郎中庾傳美充三川搜訪圖籍使傳美爲蜀王衍之舊僚家在成都便于歸計且言成都具有本朝實錄及傳美使迴所得纔九朝實錄及殘缺雜書而已癸亥應聖節百僚于敬愛寺設齋召緇黃之衆于中興殿講論從近例也戊辰以僞蜀檢校太師兼中書令右金吾街使張貽範爲兵部尚書致仕都官員外郎于鄴奏請指揮不得書契券輒賣良人從之癸酉天策上將軍湖南節度使開府儀同三司守太師兼尚書令楚王馬殷加檢校太師守尚書令兩浙節度留後靜海軍節度嶺南西道觀察處置等使檢校太尉兼中書令錢元瓘加食邑中吳建武等軍節度嶺南東道觀

察處置等使檢校太尉兼中書令錢元璙加開府階進食邑甲戌以前代州刺史馬溉爲左衛上將軍致仕己卯以光祿卿羅周敬爲右金吾衛大將軍充街使辛巳以前復州刺史袁義爲唐州刺史詔曰鳳翔節度使李曮世聯宗屬任重藩宣慶善有稱忠勤顯著既在維城之例宜新定體之文是降寵光以隆惇敘俾煥成家之美貴崇猶子之親宜于本名上加從字癸未文武百僚至張全義私第樞前立班辭以來月二日葬故也冬十月甲申朔詔賜文武百僚冬服綿帛有差近例十月初寒之始天子賜近侍執政大臣冬服帝顧謂判三司任圜曰百僚散未圜奏曰臣聞本朝給春冬服徧及百僚喪亂已來急于軍旅人君所賜未能周給今止近臣而已外臣無所賜帝曰外臣亦吾臣也卿宜討度圜遂與安重誨據品秩之差以定春冬之賜其後遂以爲常右拾遺曹琮上疏內一件百僚朔望入閤及五日內殿起居請許三署寺監官輪次轉奏封事從之刑部員外郎孔莊上言自兵興已來法制不一諸道州縣常行枷杖多不依格律請以舊制曉諭改而正之丙戌吏部侍郎盧文紀上言請內外文武臣僚

每歲有司明定考校將相乞迴御筆以行黜陟疏下中書門下商量宰臣奏請施行從之丁亥雲南巂州山後兩林百蠻都鬼主右武衞大將軍李卑晚遣大鬼主傳能何華等來朝貢帝御文明殿對之百僚稱賀庚寅以客省使李嚴領泗州防禦使以河中節度副使李鏻爲太子賓客壬辰邠州節度使毛璋移鎭潞州巴州進嘉禾合穗甲午以前隰州刺史袁建豐遙領洪州節度使庚子幽州奏契丹平州守將僞署幽州節度使盧文進率戶口歸順百僚稱賀辛丑契丹遣使來告哀言國主安巴堅以今年七月二十七日卒詔曰朕近纘皇圖恭修帝道務安夷夏貴洽雍熙契丹主世預歡盟禮交聘問遽聞凶訃倍軫悲懷可輟今月十九日朝參丙午以巂州山後兩林百蠻都鬼主李卑晚爲寧遠將軍大渡河山前邛川六姓都鬼主懷安郡王勿鄧摽莎爲定遠將軍丁未幽州奏盧文進所率降戶孳畜人口在平州西首尾約七十里庚戌以吏部侍郎盧文紀爲御史中丞時御史大夫李琪三上表求解任故也以兵部侍郎劉岳爲吏部侍郎以戶部侍郎充端明殿學士馮道爲兵部侍郎以中書舍人充端明

殿學士趙鳳爲戶部侍郎並依前充職壬子靜江軍節度使桂州管內觀察使檢校太師兼中書令扶風郡王馬賓加食邑實封澧朗觀察使檢校太傅兼侍中馬希振加檢校太尉盧文進至幽州遣軍吏奉表來上十一月戊午以滄州留後王景戡爲邢州節度使青州奏得登州狀申契丹先攻逼渤海國自安巴堅身死雖已抽退尙留兵馬在渤海扶餘城今渤海王弟領兵馬攻圍扶餘城內契丹次己未以翰林學士尙書戶部郎中知制誥劉昫爲中書舍人充職辛酉以前祕書少監溫輦爲太子詹事壬戌以前房州刺史朱罕爲穎州團練使是日詔曰應今日已前修蓋得寺院無令毀廢自此已後不得輒有建造如要願在僧門並須官壇受戒不得衷私剃度癸丑日南至帝御文明殿受朝賀仗衛如式禮部侍郎裴皞上言諸州刺史經三考方請替移詔曰有政聲者就加恩澤無課最者卽便替移密州獻芝草庚午河陽節度使夏魯奇移鎭許州留後梁漢顒爲邠州節度使淮南楊溥遣使貢獻賀登極乙亥以前振武留後張溫爲利州昭武軍留後以果州刺史孫鐸爲漢州刺史充西川馬步軍都指揮

使壬午靜海軍節度安南管內觀察等使檢校太尉兼侍中錢元球加開府階進食邑癸未鎮州奏準詔盧文進所率歸業戶口蠲放租稅三年仍每口給糧五斗十二月戊子盧文進及將吏四百人見賜鞍馬玉帶衣被器玩錢帛有差詔曰朕中興寶祚復正皇綱萬國駢羅俱在照臨之內八紘遼夐咸居覆載之間矧彼雲南素歸正朔洎平僞蜀思錫舊恩于乃睠以雖深欲霈覃而未暇百蠻都首領李卑晚六姓蠻都首領勿鄧摽莎等天資智勇世稟忠勤梯航之道路纔通琛賮之貢輸已至率其種落竭乃悃誠備傾向化之心深擬來庭之意今則各須國寵別進王封其巂州刺史李及大鬼主離吠等或遙貢表函或躬趨朝闕亦宜特授官資各遷階秩勉敦信義無墜冊書示爾金石之堅保我山河之誓欽承休命永保厥終壬辰帝狩于近郊臘故也甲午以契丹盧龍軍節度使盧文進爲檢校太尉同平章事充滑州節度使戊戌詔嚴禁鑞錢庚子皇第二子金紫光祿大夫檢校司徒從榮加檢校太保同平章事天雄軍節度使鄴都留守以武安軍馬步軍都指揮使馬希範爲澧州刺史鐵林都知兵馬馬

希杲爲衡州刺史壬寅頼州刺史孫岳加檢校太保奬能政也丙午中書門下奏故事藩鎮節度觀察使帶平章事于都堂上事刊石記壁合納禮錢三十貫以充中書及兩省公使今欲各納禮錢五百千于中書立石亭子鐫勒宰臣使相官氏授上年月餘充修葺中書及兩省公署都堂什物從之庚戌御史臺奏京城坊市士庶工商之家有婢僕自經投井非理物故者近者已來凡是死亡皆是臺司左右巡舉勘檢施行已久仍恐所差人吏及街市胥徒同于民家因事邀脅臣詢訪故事凡京城民庶之家死喪委府縣檢舉軍家委軍巡商旅委戸部然諸司檢舉後具事由申臺其間或枉濫情故臺司訪聞卽行舉勘如是文武兩班官吏之家卽是臺司檢舉臣請自今已後並準故事施行者詔曰今後文武兩班及諸道商旅凡有喪亡卽準臺司所奏施行其坊市民庶軍士之家凡死喪及婢僕非理物故依臺司奏委府縣軍巡同檢舉仍不得縱其吏卒于物故之家妄有邀脅或恐暑月尸柩難停若待申聞檢舉縱無邀脅亦須經時日今後仰本家喚四鄰檢察若無他故逐便葬埋如後別聞枉濫妄有保證

官中訪知勘詰不虛本戶鄰保並行科罪如聞諸道州府坊市死喪取分巡院

檢舉頗致淹停人多流怨亦仰約京城事例處分

舊五代史卷三十七

舊五代史卷三十七考證

唐書明宗紀三內出象笏三十四面　三十四歐陽史作三十二

僞蜀右僕射中書侍郎平章事趙國公張格　張格原本作張裕考舊唐書張濬傳濬次子格仕蜀爲平章事今改正

僞署幽州節度使盧文進　盧文進遼史作盧國用蓋文進在遼改名國用耳

國王安巴堅以七月二十七日卒　案遼史太祖紀作七月辛巳上崩可輟今月十九日朝參　案歐陽史作廢朝三日

契丹次　案契丹次蓋言契丹方即次也是書前後如攻城次鎮州次多單用次字疑即當時案牘之文今仍其舊附識于此

安巴堅舊作阿保機今改

舊五代史卷三十七考證

舊五代史卷三十八

宋門下侍郎參知政事監修國史薛居正等撰

唐書第十四

明宗紀四

天成二年春正月癸丑朔帝御明堂殿受朝賀仗衛如常儀制曰王者祗敬宗祧統臨寰宇必順體元之典特新制義之文朕以眇躬獲承丕構襲三百年之休運繼二十聖之耿光馭朽納隍夕惕之心罔怠法天師古日躋之道惟勤今則載戢干戈渾同書軌荷上穹之睠祐契兆庶之樂推檢玉泥金非敢期于薄德耕田鑿井誠有慕于前王將陳享謁之儀即備郊丘之禮宜更稱謂永耀簡編今改名爲亶凡在中外宜體朕懷宣制訖百僚稱賀有司告郊廟社稷丙辰詔端明殿學士班位宜在翰林學士之上今後如有轉改只于翰林學士內選任先是端明殿學士班在翰林學士之下又如三館例官在職上趙鳳轉侍郎日諷宰相府移之既而禁林序列有不可之言安重誨奏行此敕時論便之癸

亥宰臣鄭珏加特進門下侍郎兼太微宮使崇文館大學士任圜加光祿大夫門下侍郎監修國史以端明殿學士尚書兵部侍郎馮道爲中書侍郎平章事集賢殿大學士以太常卿崔協爲中書侍郎平章事戊辰以前鄧州節度使劉玭卒廢朝左拾遺李同上言天下繫囚請委長吏逐旬親自引問質其罪狀眞虛然後論之以法庶無枉濫從之辛未皇子河中節度使從珂加同平章事以鎭州留後檢校司徒王建立爲鎭州節度使檢校太傅癸酉皇第三子金紫光祿大夫檢校司徒從厚加檢校太保同平章事河南尹判六軍諸衞事北面副招討房知温奏營州界奚陁羅支內附乙亥以監門衞大將軍傳瑾爲右武衞上將軍丙子詔曰頃自本朝多難雅道中微皆尚浮華罕持廉讓其有除官闕省命秩柏臺或以人事相疎或以私讎見訐稍乖敬奉遽至棄捐蓋司長之振威處君恩而何地今後應新授官朝謝後可準例上事司長不得輒以私事阻滯其本官亦不得因遭抑挫託故請假戊寅皇子從厚領事于河南府宰相鄭珏已下會送非例也己卯樞密使光祿大夫檢校太保行兵部尚書安重誨加

開府儀同三司檢校太傅兼侍中樞密使檢校太保守祕書監孔循加檢校太傅同平章事詔崇文館依舊爲宏文館初同光中宰相豆盧革以同列郭崇韜父名宏希其意奏改之今乃復焉辛巳詔曰亂離斯久法制多隳不有舉明從何禁止起今後三京及州使職員名目是押衙兵馬使騎馬得有暖坐諸都軍將衙官使下繫名糧者只得衣紫皁庶人商旅只著白衣此後不得參雜兼有富戶或投名于勢要以求影庇或希假于攝貴以免丁徭仰所在禁劾以肅奸欺二月壬午朔新羅遣使朝貢丁亥以北京皇城使李繼朗爲龍武大將軍北京都指揮使李從臻爲左衞大將軍捧聖都指揮使李從璨爲右監門衞大將軍戊子以前北面水陸轉運招撫使守冀州刺史烏震領宣州節度使庚寅陝州節度使檢校司徒石敬瑭加檢校太傅兼六軍諸衞副使壬辰西川節度使孟知祥奏泗州防禦使充西川兵馬都監李嚴煽搖軍衆尋已處斬以潁州刺史孫岳爲耀州團練使丙申以從馬直指揮使郭從謙爲景州刺史尋令中使誅之夷其族以其首謀大逆以弒莊宗也以尚書左丞崔沂爲太子少保致仕

壬寅制曰荊南節度使開府儀同三司守太尉兼尚書令南平王高季興可削奪官爵仍令襄州節度使劉訓充南面招討使知荊南行府事許州節度使夏魯奇爲副招討使統蕃漢馬步四萬人進討以其叛故也又命湖南節度使馬殷以湖南全軍會合以東川節度使董璋充東南面招討使新授夔州刺史西方鄴爲副招討使共領川軍下峽州三面齊進通鑑考異梓夔皆在荊南之西南而云東南面者蓋據夔梓所向言之甲辰兗州節度使房知溫加同平章事宋州節度使王晏球加檢校太傅丁未以禮部尚書蕭頃爲太常卿戊申以御史大夫李琪爲右僕射以太子賓客李璘爲戸部尚書以吏部侍郎李德休爲禮部尚書以前吏部侍郎崔貽孫爲吏部侍郎以端明殿學士戸部侍郎趙鳳爲兵部侍郎依前充職庚戌詔諸道節度使男及親嫡骨肉未沾恩命者特許上聞河南府新安縣宜爲次赤以雍陵在其界故也辛亥以刑部侍郎歸藹爲戸部侍郎三月壬子朔以中書舍人馬縞爲刑部侍郎幸會節園宰相樞密使及在京節度使共進錢絹請開宴癸丑遣供奉官賈俊使淮南甲寅以西川節度副使李敬周爲遂州武信軍留

後乙卯開府儀同三司司徒致仕趙光逢進太保致仕仍封齊國公以武信軍節度使李紹文卒廢朝丙辰宰臣判三司任圜奏諸道藩府請依天復三年已前許貢綾絹金銀隨其土產折進馬之直又請選孳生馬分置監牧並從之五代會要任圜奏三京留守諸道節度觀察諸州防禦使刺史每年應聖節及正至等節貢奉或討伐勝捷各進獻馬伏見本朝舊事雖以獻馬爲名多將綾絹金銀折充馬價蓋跋涉之際護養稍難因此羣方俱爲定制自今後伏乞除蕃部進駝馬外諸州所進馬許依天復三年已前事例隨其土產折進價直冀貢輸之稍易又誠敬之獲申兼欲于諸處揀孳生馬準舊制分置監牧仍委三司使別具制置奏聞太常丞段顒請國學五經博士名講本經以申橫經齒冑之義從之庚申以前澤潞節度使檢校太傅兼侍中孔勍爲河陽節度使壬戌幸甘水亭甲子青州節度使霍彥威加檢校太尉兼中書令以大內皇城使守饒州刺史李從璋爲應州節度使丁卯詔所在府縣糾察殺牛賣肉犯者準條科斷其自死牛卽許貨賣肉斤不得過五錢鄉村民家死牛但報本村所由準例輸皮入官癸酉以戶部郎中知制誥盧詹爲中書舍人夏四月辛巳朔房知溫奏前月二十一日盧臺戍軍亂害副招討寧國軍節度使烏震尋與安審通斬殺亂兵訖帝聞之廢朝一日贈震太傅新羅國遣

使貢方物丁亥以華州留後劉彦琮爲本州節度使是日幸會節園宴近臣已丑以兵部侍郎崔居儉權知尚書左丞以戸部侍郎王權爲兵部侍郎以禮部侍郎裴皥爲戸部侍郎以翰林承旨守中書舍人李愚爲禮部侍郎充職庚寅御史臺奏今月三日廊下餐百官坐定兩省官方來自五品已下輒起詔曰每赴廊餐如對御宴若行私禮是失朝儀各罰半月俸五代會要長興三年五月詔文武兩班每遇入閤賜食從前御史臺官及諸朝官皆在敷政門外兩廊食惟北省官于敷政門內別坐既爲隔門各不相見致行坐不齊難于肅整今後每遇入閤賜食北省官亦宜于敷政門外東廊下設席以北首爲上待班齊一時就坐詔盧臺亂軍龍晊所部鄴都奉節等九指揮三千五百人在營家口骨肉並可全家處斬龍晊所部之衆即梁故魏博節度使楊師厚之所招置也皆天下雄勇之士目其都爲銀槍効節僅八千人師厚卒賀德倫不能制西迎莊宗入魏從征河上所向有功莊宗一統之後雖數頒賚而驕衆無厭同光末自貝州劫趙在禮據有魏博及帝纘位在禮冀脫其禍潛奏願赴朝覲遂除皇子從榮爲帥乃令北禦契丹是行也不支甲冑惟幟于長行表隊伍而已故俛首端征在途聞李嚴爲孟知祥所害以爲劍南阻絕互相

煽動及屯于盧臺會烏震代房知温爲帥轉增浮說震與房知温博于東寨日亭午大譟于營外知温上馬出門爲甲士所擁且曰不與兒郎爲主更何處去知温紿之曰馬軍皆在河西步卒獨何爲也遂得躍馬登舟濟于西岸安審通戢騎軍不動知温與審通謀伺便攻之令亂兵卷甲南行騎軍徐進部伍嚴整叛者相顧失色列炬宵行疲于荒澤遲明潛令外州軍別行知温等遂擊亂軍橫尸于野餘衆復趨舊寨至則已焚之矣翼日盡戮之脫于叢草溝塍者十無二三迨夜竄于山谷稍奔于定州及王都之敗乃無噍類矣癸巳兗州節度使房知温加侍中齊州防禦使安審通加檢校太傅並賞盧臺之功也丁酉僞吳楊溥遣移署右威衞將軍雷現貢端午禮幣辛丑以前利州節度使張敬詢爲雲州節度使遣樞密使孔循赴荆南城下時招討使劉訓有疾故也甲辰以戶部侍郎韓彥惲爲祕書監是日幸石敬瑭安重誨第丙午故振武節度使李嗣恩贈太尉以司封郎中樞密院直學士閻至爲左諫議大夫充職右諫議大夫梁文矩上言平蜀已來軍人剽略到西川人口甚多骨肉阻隔恐傷和氣請許

收認帝仁慈素深因文矩之奏詔河南河北舊因兵火擄隔者並從識認是日郢州進白鵲五月癸丑以福建留後檢校太傅舒州刺史王延鈞爲檢校太師守中書令充福建節度使琅邪郡王以太常卿蕭頃爲吏部尚書是日懷州進白鵲戊午以三司副使守太子賓客張格卒廢朝以翰林學士駕部郎中知制誥竇夢徵爲中書舍人充職癸亥遣宣徽使張延朗調發郡縣糧運赴荆南城下仍以軍法從事以右龍武統軍崔公實爲左龍武統軍以前復州刺史高行周爲右龍武統軍割果州屬郡乙丑僞吳楊溥貢新茶滄州進白鶴庚午詔罷荆南之師既而令軍士散掠居民而迴詔文武臣僚及諸道節度使刺史有父母在者各與恩澤宰臣任圜表辭三司事乃以樞密院承旨孟鵠充三司副使權判六月壬午華州邢州進兩歧麥兗州進三足烏丙戌宰臣任圜落平章事守太子少保丁亥詔天下除併無名額寺院以宣徽北院使張延朗爲右武衛大將軍判三司依前宣徽使檢校司徒辛卯大理少卿王鬱上言凡決極刑準敕合三覆奏近年已來全廢此法伏乞今後決前一日許一覆奏從之壬辰南

面招討使知荆州南行府事襄州節度使檢校太傅劉訓責授檢校右僕射守濵州刺史訓南征無功故有是譴詔喪葬之家送終之禮不得過度乙未戸部尚書李璘上言請朝班自四品已上官各許薦令錄兩人五品官各薦簿尉兩人功過賞罰與舉者同之詔從之其所舉人仍于官告內標所舉姓名或有不公連坐舉主仍令三品已上各舉堪任兩使判官者丙申以天策上將軍湖南節度使開府儀同三司檢校太師守尚書令楚王馬殷爲守太師尚書令封楚國王庚子幸白司馬坡祭突厥神從北俗之禮也秋七月庚戌朔以宋州節度使王晏球充北面行營副招討使癸丑以左金吾將軍烏昭遠爲左衞上將軍充入蠻國信使中書奏馬殷封楚國王禮文不載國王之制請約三公之儀用竹冊從之壬戌西川節度副大使知節度事孟知祥加檢校太尉兼侍中東川董璋加爵邑以左効義指揮使元習爲資州刺史右効義指揮使盧密爲雅州刺史癸亥幸冷泉宮甲子以檢校工部尚書謝洪爲宿州團練使夔州刺史西方鄴奏殺敗荆南賊軍收峽內三州丙寅升夔州爲寧江軍以鄴爲節度使戊

辰詔曰頃因本朝親王遙領方鎮遂有副大使知節度事年代已深相沿未改其東川西川今後落副大使只云節度使庚午遂州留後李敬周鄜州留後劉仲殷並正授本州節度使壬申兗州節度使房知溫移鎮徐州徐州節度使安元信移鎮襄州滄州節度使趙在禮移鎮兗州以齊州防禦使安審通爲滄州節度使是日詔陵州合州長流百姓豆盧革韋說等宜令逐處刺史監賜自盡其骨肉並放逐便是日逐段凝于遼州劉訓于濮州溫韜于德州甲戌太子少保任圜上表乞致仕仍于外地尋醫詔從之丁丑以左金吾大將軍曹廷隱爲齊州防禦使八月己卯朔日有食之辛巳以右諫議大夫孔昭序爲給事中以祕書少監崔憓爲右諫議大夫壬午以右驍衛大將軍劉衡爲左領衛上將軍以鄴都副留守趙敬怡爲右衛上將軍判興唐府事乙酉昆明大鬼主羅殿王普露靜王九部落各差使隨牂牁清州八郡刺史宋朝化等一百五十三人來朝進方物各賜官告繒綵銀器放還蕃丙戌以御史中丞盧文紀爲工部尚書以左諫議大夫梁文矩爲御史中丞鄧州留後陶玘貶嵐州司馬以其爲內鄉

縣令戚歸仁所訟稅外科率故也仍賜歸仁緋袍魚袋癸巳幸皇子從榮第宣禁中伎樂觀宴從榮進馬及器幣帝因以伎樂賜之華州上言渭河泛溢害稼丁酉以吏部郎中龔文宣公孔邈爲左諫議大夫史館修撰趙熙上言應內中公事及詔書奏對應不到中書者請委內臣一人抄錄月終送史館詔差樞密直學士錄送青州進芝草新州奏契丹乞置互市癸卯汴州節度使朱守殷加兼侍中鄆州節度使符習加檢校太尉甲辰皇子從榮娶鄜州節度使劉仲殷女是夕禮會百僚表賀九月辛亥義武軍節度使檢校太尉兼中書令王都加食邑實封幽州節度使趙德鈞加檢校太尉鎭州節度使王建立加同平章事僞吳楊溥遣使以應聖節貢獻己未以前雲州節度使高行珪爲鄧州節度使是日出御札曰歷代帝王以時巡狩一則遵乎禮制一則按察方區矧彼夷門控茲東夏當先帝戡平之始爲眇躬殿守之邦俗尚貞純兵懷忠勇自元臣鎭靜庶事康和兆民咸樂于有年闔境彌堅于望幸事難違衆議在省方朕取十月七日親幸汴州庚申以衞尉卿李延光爲大理卿北京留守李彥超上言先

父存審本姓符氏蒙武皇賜姓乞卻還本姓從之乙丑夏州節度使李仁福鳳翔節度使李從曮朔方節度使韓洙並加食邑改賜功臣以汝州防禦使趙延壽爲河陽節度使以比部郎中知制誥劉贊爲中書舍人以河陽掌書記程遜爲比部員外郎知制誥以代州刺史李德珫爲蔚州刺史丙寅樞密使孔循兼東都留守襄州夏魯奇上言荆南高季興遣使持書乞修貢奉詔魯奇不納詔諸州錄事參軍不得兼使府賓職己巳鄧州節度使史敬鎔加檢校太保同州節度使盧質加檢校司徒御史臺奏每遇入閤舊例只一員侍御史在龍墀邊祗候彈奏公事或有南班失儀點檢不及今欲依常朝例差殿中侍御史二員押鐘鼓樓位仍各綴供奉班出入從之以青州節度副使淳于晏爲亳州團練使契丹遣使美稜瑪古已下朝貢戊寅西川奏據黎州狀雲南使趙和于大渡河南起舍一閒留信物十五籠并雜牋詩一卷遞至闕下冬十月己卯朔帝御文明殿視朝癸未亳州刺史李鄴貶郴州司戶又貶崖州長流百姓所在賜自盡判官樂文紀配祁州責其違法黷貨也乙酉駕發西京詔留宰相崔協以奉

祠祭丁亥帝宿于滎陽汴州朱守殷奏都指揮使馬彥超謀亂已處斬訖戊子次京水知朱守殷反帝親統禁軍倍程前進翼日至汴州攻其城拔之守殷伏誅丙申磁州刺史藥縱之上言今月十二日供奉官王仁鎬至稱制殺太子少保致仕任圜契丹遣使持書求碑石欲爲其父表其葬所戊戌詔曰諸道州府自同光三年已前所欠秋夏稅租幷主持務局敗闕課利幷沿河舟船折欠天成元年殘欠租稅並特與除放時重誨旣搆任圜之禍恐人非之思沛恩于衆以掩己過乃奏曰三司積欠約二百萬貫虛繫帳額請並蠲放帝重違其意故有是詔時議者以蠲隔年之賦猶或惠民場院課利一概除之得不啓奸倖之門乎己亥詔曰太子少保致仕任圜早推勳舊曾委重難旣退免于劇權俾優閑于外地而乃不遵禮分潛附守殷緘題罔避于嫌疑情旨頗彰于怨望自收汴壘備見蹤由若務含宏是孤典憲尙全大體止罪一身已令本州私第自盡其骨肉親情僕使等並皆放罪辛丑詔曰后來其蘇動必從于人欲天監厥德靜宜布于國恩近者言幸浚郊暫離洛邑蓋逢歲稔共樂時康不謂奸臣遽彰

逆狀爲厲之階既甚覆宗之禍自貽俾我生靈遘茲紛擾永言軫惻無輟寐與
宜覃雨露之恩式表雲雷之澤應汴州城內百姓既經驚劫宜放二年屋稅諸
處有曾受逆人文字者隨處焚毀應天下見禁囚徒除十惡五逆殺人放火劫
盜合造毒藥官典犯贓僞行印信屠牛外罪無輕重並從釋放應有民年八十
已上及家長者有廢疾者免一丁差役云以山南西道節度使張筠爲西京留
守行京兆尹青州節度使霍彥威差人走馬進箭一對賀誅朱守殷帝卻賜彥
威箭一對傳箭蕃家之符信也起軍令衆則使之彥威本非蕃將以臣傳箭于
君非禮也癸卯以權知汴州事陝州節度使石敬瑭爲汴州節度使兼六軍諸
衛副使侍衛親軍馬步都指揮使鳳翔奏地震丙午威武軍節度副使檢校太
尉守建州刺史王延稟加同平章事守建州刺史充奉國軍節度副使兼威武
軍節度副使詔割施州卻屬黔南十一月己酉帝祭蕃神于郊外庚戌以皇城
使行袁州刺史李從敏爲陝州節度使乙卯青州霍彥威鄆州符習來朝以太
子詹事温輦爲吏部侍郎徐州房知温來朝戊午黔南節度使李紹義加檢校

太保庚申皇子河中節度使檢校太保同平章事從珂鄴都留守檢校太保同平章事從榮河南尹判六軍諸衞事檢校太保同平章事從厚並加檢校太傅進爵邑貝州刺史竇廷琬上言請制置慶州青白兩池逐年出絹十萬匹米萬石詔升慶州爲防禦所以廷琬爲使壬申詔霍彥威等歸藩詔太宗朝左僕射李靖可冊贈太保鄭州僕射陂可改爲太保陂時議者以僕射陂者後魏孝文帝賜僕射李沖故因以爲名及是命之降以爲李靖蓋誤也契丹遣使摩琳等率其屬來乞通和十二月戊寅朔以前鳳翔留後高允貞爲右監門上將軍詔以施州爲夔州屬郡以其便近故也遣飛勝指揮使于契丹賜契丹主錦綺銀器等兼賜其母繡被瓔珞己卯蔚州刺史周令武得代歸闕帝問北州事令武奏曰山北甚安諸蕃不相侵擾鴈門已北東西數千里斗粟不過十錢帝悅顧謂左右曰須行等事以副天道居數日帝延宰臣于元德殿言及民事馮道奏曰莊宗末年不撫軍民惑于聲樂遂致人怨國亂陛下自膺人望歲時豐稔亦淳化所致也更願居安思危帝然之許州地震庚辰皇子鄴都留守從榮移鎮

太原以北京留守符彥超爲潞州節度使乙酉以彰國軍節度使李從璋眛于政理詔歸闕敕新及第進士有聞喜宴逐年賜錢四十萬己丑兗州節度使趙在禮來朝詔出潛龍宅米以賑百官壬辰以太傅致仕齊國公趙光逢卒輟朝丙申許州節度使夏魯奇移鎮遂州庚子幸石敬瑭公署及康義誠私第甲辰狩于東郊臘也丙午追尊四廟以應州舊宅爲廟

舊五代史卷三十八

舊五代史卷三十八考證

唐明宗紀四遣供奉官賈俊使淮南　賈俊九國志作賈進考冊府元龜所引

薛史亦作俊今仍其舊

房知温奏前月二十一日盧臺戍軍亂害副招討寧國軍節度使烏震尋與安

審通斬殺亂兵訖　案五代春秋盧臺戍軍亂房知温討平之據是書房知

温傳及通鑑知温初誘戍軍爲亂繼恐事不濟乃與安審通謀討亂兵也五

代春秋所書殊非事實

五品官各薦簿尉兩人　案五代會要作五品六品官各許薦簿尉兩人

所舉姓名或有不公　案原本脫公字今據五代會要增入

夔州刺史西方鄴奏殺敗荆南賊軍收峽内三州　案通鑑六月西方鄴敗荆

南水軍于峽中復取夔忠萬三州是書繫七月甲子蓋以奏聞之日爲據歐

陽史與是書同

詔陵州合州長流百姓豆盧革韋說等宜令逐處刺史監賜自盡　案五代春

秋作元年七月殺豆盧革韋說考歐陽史元年七月貶豆盧革爲辰州刺史
韋說溆州刺史甲申流革于陵州說于合州二年七月殺豆盧革韋說與是
書同五代春秋統繫于元年誤也
今月十二日供奉官王仁鎬至稱制殺太子少保致仕任圜　案安重誨害任
圜五代春秋及通鑑俱不書日歐陽史作乙未殺太子少保致仕任圜據是
書作十二日是年十月爲己卯朔十二日乃庚寅也與歐陽史異日
美稜瑪古舊作梅老沒骨今改　摩琳舊作梅老今改

舊五代史卷三十八考證

舊五代史卷三十九

宋門下侍郎參知政事監修國史薛居正等撰

唐書第十五

明宗紀五

天成三年春正月戊申朔，帝御崇元殿受朝賀，仗衛如式。辛亥，前河陽節度使檢校太傅兼侍中孔勍以太子太傅致仕。癸丑，詔取今月十七日幸鄴都。甲寅，以國子祭酒朱守素卒廢朝。丙辰，以鎮南軍節度使袁建豐卒廢朝，詔贈太尉。丁巳，詔曰：朕聞堯舜有恤刑之典，貴務好生；禹湯申罪己之言，庶明知過。今月十七日，據巡檢軍使渾公兒口奏，稱有百姓二人以竹竿習戰鬭之事，朕初聞奏報，實所不容，率爾傳宣，令付石敬瑭處置。今旦重誨敷奏，方知悉是幼童爲戲，載聆讜議，方覺失刑，循揣再三，愧惕非一。亦以渾公兒誑誣頗甚，石敬瑭詳覆稍乖，致人枉法而殂，處朕有過之地。今減常膳十日，以謝幽冤。其石敬瑭是朕懿親，合施極諫，既茲錯誤，宜示省循，可罰一月俸。渾公兒決脊杖二十，仍銷在身職銜配流登州小兒骨肉賜絹五十匹粟麥各百石便令如法埋葬兼此後在朝及諸道州府凡有極刑並須子細裁遣不得因循百寮進表稱賀己未中書門下奏國子祭酒望令宰相兼判乃詔崔協判之五代會要載原奏云祭酒之資歷朝所貴爰從近代不重此官況屬聖朝方勤庶政須宏雅道以振時風望令宰臣一員兼判國子祭酒辛酉以前潞州節度使毛璋爲右金吾上將軍以左驍衛上將軍華温琪爲右金吾大將軍以春州刺史張虔釗爲鄭州防禦使時契丹方陷平州癸亥詔應廟諱文字只避正文其偏旁文字不用虧缺點畫契丹遣使托諾巴摩哩等貢獻帝遣指揮使奔托山押國信賜契丹主妻戊辰以隨駕馬軍都指揮使富州刺史康義誠兼領鎮南軍節度使以隨駕步軍都指揮使潮州刺史楊漢章遙領寧國軍節度使中書上言舊制遇二月十五日爲聖祖降聖節應休假三日準會昌元年二月勅休假一日請準近勅從之吐蕃伊埒雅遜等六人回鶻米里都督等四人並授歸德懷遠將軍悉放還蕃庚午冊贈故瀛州刺史李嗣頵爲太尉壬申冊贈故皇子檢校司空從謳爲太保甲戌制以楚國夫人曹氏爲淑妃以韓國夫人王氏爲德妃仍

令所司擇日冊命二月丁丑朔有司上言太陽合虧既而有雲不見羣官表賀詔巡幸鄴都宜亭庚辰僞吳楊溥遣使貢獻賀誅朱守殷帝以荆南拒命通連淮夷不納其使遣還壬午以光祿卿韋寂卒廢朝贈禮部尚書癸未工部尚書盧文紀貶石州司馬員外安置文紀私諱業時新除于鄴爲工部郎中舊例寮屬名與長官諱同或改其任文紀素與宰相崔協有隙故中書未議改官于鄴授官之後文紀自請連假鄴尋就位及差延州官告使副未行文紀參告且言侯鄴廻日終請換曹鄴其夕遂自經而死故文紀貶官以倉部郎中何澤爲吏部郎中獎伏閣諫巡幸鄴都也丁亥天德軍節度使郭承豐加檢校司徒辛卯以山南西道節度使張筠爲左驍衞上將軍詔中外羣臣父母亡沒者並與追封贈癸巳以禮部尚書崔貽孫卒輟朝甲午以吐渾寧朔奉化兩府都知兵馬使李紹魯爲吐渾寧朔府都督乙未以樞密使兼東都留守孔循爲許州節度使兼東都留守鄧州節度使高行珪移鎮安州應州節度使李從璋移鎮滑州滑州節度使盧文進移鎮鄧州丁酉以青授檀州刺史劉訓爲右龍武大將軍

己亥回鶻可汗仁喻遣都督李阿爾珊等貢獻壬寅以左金吾大將軍羅周敬爲同州節度使甲辰以威塞軍節度使張廷裕卒廢朝詔贈太保以耀州團練使孫岳爲閬州團練使以左監門上將軍高允貞爲右金吾衛大將軍以右金吾衛大將軍華温琪爲左金吾衛大將軍三月丁未朔以久雨爲災詔文武百辟極言時政得失丁巳以邢州節度使王景戡爲華州節度使以前北京副留守李從温爲邢州節度使己未以宰臣鄭珏爲開府儀同三司左僕射致仕加食邑五百戶庚辰以前復州刺史翟章爲新州威塞軍留後中書奏孟夏薦饗合宰相行事在朝只有宰相二員今東都留守孔循帶平章事宜令攝太尉行事孔循稱使相有戎機不當司祠祭重事癸亥以前鎭州節度使王建立爲右僕射兼中書侍郎平章事集賢殿大學士判三司西方鄴上言收復歸州以前鄭州刺史楊漢賓爲洋州武定軍留後戊辰以前彰國軍節度副使陳皐爲鳳州武興軍留後以前蔡州刺史孫漢韶爲應州彰國軍留後以宣徽南院使范延光爲樞密使以宣徽北院使判三司張延朗爲宣徽南院使以前冀州刺史

婁繼英爲耀州團練使以懷州刺史張廷蘊爲金州防禦使己巳命范延光權知鎮州軍府事西方鄴奏于歸州殺敗荊南賊軍數千人時有太白山道士解元龜自西川至對于便殿稱年一百一歲既而上表乞西都留守兼西川制置使要修西京宮闕帝謂侍臣曰此人老耄自遠來朝方期別有異見反爲身名甚可笑也賜號爲知白先生賜紫放歸山甲戌冊回鶻可汗仁喻爲順化可汗夏四月戊寅以汴州節度使石敬瑭爲鄴都留守充天雄軍節度使加同平章事以樞密使權知鎮州軍府事檢校太保范延光爲鎮州節度使兼北面水陸轉運使以司農卿鄭續爲太僕卿壬午夔州節度使東南面副招討使西方鄴加檢校太保甲申皇第三女石氏封永寧公主第十三女趙氏封興平公主仍令所司擇日冊命幽州上言契丹有書求樂器乙酉達靼遣使朝貢以隨駕馬軍都指揮使康義誠爲侍衛親軍馬步軍都指揮使丙戌樞密使安重誨兼河南尹以皇子河南尹判六軍諸衛事從厚爲汴州節度使判六軍如故丁亥復州奏湖南大破淮賊于道人磯以西川馬步軍都指揮使趙廷隱兼漢州刺史

從孟知祥之請也九國志趙廷隱傳知祥至蜀康延孝陷漢州遣廷隱率兵擊破之擒延孝檻送闕下知祥奏加檢校司空漢州刺史遂留屯成都洋州上言重開入蜀舊路三百餘里比今官路較二十五程而近癸巳殿中少監石知訥貶憲州司戶坐煽惑軍鎮也北面副招討宋州節度使王晏球以定州節度使王都反狀聞庚子制義武軍節度使檢校太尉兼中書令太原王王都削奪官爵壬寅以王晏球爲北面行營招討使知定州行軍州事以滄州節度使兼北面行營馬軍都指揮使安審通爲副招討使兼諸道馬軍都指揮使以左散騎常侍蕭希甫兼判大理卿事西京奏前樞密使張居翰卒五月乙巳朔回鶻可汗仁喻封順化可汗丁未鄴都留守天雄軍節度使石敬瑭河陽節度使趙延壽並加駙馬都尉以右僕射李琪爲太子少傅辛亥沙州節度使曹義金加爵邑王晏球上言收奪得定州北西二關城癸丑湖南馬殷奏二月中大破淮寇二萬生擒將士五百餘人中書上言諸道薦人總與不可全阻又難今後節度使每年許薦二人帶使相者許薦三人團練防禦使各一人節度觀察判官並聽旨授書記已下即許隨府從之以六軍判官尚書司封郎中

史圭爲右諫議大夫充樞密直學士詔州縣官以三十月爲考限刺史以二十五月爲限以到任日爲始己未幽州奏契丹託諾領二千騎西南趣定州以前同州節度使盧質行兵部尚書判太常卿事辛酉以天雄軍節度副使判興唐府事趙敬怡爲樞密使詔曰上柱國勳之極也近代已來文臣官階稍高便授柱國歲月未深便轉上柱國武資初官便授上柱國今後凡加勳先自武騎尉十二轉方授上柱國永作成規不令踰越丁卯鎮州奏今月十八日王師不利于新樂壬申王晏球奏今月二十一日大破定州賊軍及契丹于曲陽斬獲數千人王都與託諾以數十騎復入于定州六月己卯以右金吾上將軍毛璋爲左金吾上將軍以前安州節度使史敬鎔爲右金吾上將軍以前華州節度使劉彥琮爲左武衞上將軍壬午放內園鹿七頭于深山乙酉皇子故金槍指揮使檢校左僕射從璟贈太保己丑幽州趙德鈞奏殺契丹千餘人于幽州東獲馬六百匹壬辰宰臣馮道率百寮上表請上尊號曰聖明神武文德恭孝皇帝詔報不允丙申馮道等再上尊號不允戊戌以西京副留守知留守事張遵誨

行京兆尹秋七月乙巳詔故僞蜀主王衍追封順正公以諸侯禮葬丙午以前
武信軍節度使李敬周爲邠州節度使丁未以滄州節度使安審通卒于師輟
朝壬子以朔方節度使韓洙卒廢朝甲寅王晏球奏六月二十二日進攻逆城
將士傷者三千人時晏球知城中有備未欲急攻朱宏昭張虔釗切于立功促
攻賊壘晏球不得已而進兵遂致傷痍者衆乙卯以太子少保李茂勳卒輟朝
己未詔弛麴禁許民間自造于秋苗上徵納麴價畝出五錢時孔循以麴法殺
一家于洛陽或獻此議以爲愛其人便于國故行之宗正卿李紓除名刑部侍
郎馬縞貶綏州司馬刑部員外郎李愼儀貶階州司戶初李紓差攝陵臺令張
保嗣等各虛稱試銜爲奉先令王延朗所訟大理寺斷以詐假官論刑部詳覆
稱非詐假大理執之召兩司廷議刑部理屈故有是貶紓續勅配隴州徒一年
未幾詔曰天下府州例是攝官皆結試銜或因勘窮便關詐假已前或有稱試
銜一切不問此後並宜禁止曹州刺史成景宏貶綏州司戶參軍續勅長流宥
州尋賜自盡坐受本州倉吏錢百緡也壬戌齊州防禦使曹廷隱以奏舉失實

配流汞州續勅賜自盡甲子王晏球奏今月十九日契丹七千騎來援定州王師逆戰于唐河北大破之追至滿城又破之斬二千級獲馬千匹戊辰詔福建節度使王延鈞依前檢校太師守中書令進封閩王己巳王晏球奏此月二十一日追契丹至易州掩殺四十里擒獲甚衆故朔方節度使韓洙贈太尉以兵部侍郎王權御史中丞梁文矩並爲吏部侍郎以左諫議大夫呂夢奇爲御史中丞八月癸酉朔以翰林學士守中書舍人李懌劉昫並爲戶部侍郎充職以吏部侍郎劉岳守祕書監以吏部侍郎韓彥惲守禮部尚書以戶部侍郎韓藹守太子賓客以戶部侍郎裴皡守兵部侍郎以中書舍人張文寶守刑部侍郎詔凡有姓犯廟諱者以本望爲姓丁丑以檢校尙書右僕射守龍武大將軍劉訓爲晉州節度使檢校太傅壬午幽州趙德鈞奏于府西邀殺契丹敗黨數千人生擒首領特哩袞及其屬凡五十餘人是時官軍襲殺契丹屬秋雨繼降泥濘莫進人饑馬乏散投村落所在村民持白挺毆殺之德鈞出兵接于要路惟奇峯嶺北有馬潛遁脫者數十餘無噍類帝致書諭其本國辛卯以朔方軍留

後韓璞爲朔方軍節度使靈武雄警甘肅等州觀察使檢校司徒帝聞隨鄧復郢均房之民父母骨肉有疾以長竿遙致粥食而餉之出嫁女夫家不遣來省疾乃下詔委長吏嚴加禁察房州奏新開山路四百里南通夔州畫圖以獻以前洋州節度使戴思遠爲太子太保致仕庚子詔今後翰林學士入院以先後爲班次承旨一員不計官資先後在學士之上閏月丁未兩浙節度觀察留後清海軍節度使檢校太師兼中書令錢元瓘加杭州越州大都督府長史充鎮東鎮海等軍節度使戊申趙德鈞獻戎俘于闕下其蕃將特哩袞等五十人留于親衛餘契丹六百人皆斬之乙卯升楚州爲順化軍以明州刺史錢元珦爲本州節度使以吏部尚書蕭頃爲太子少保契丹遣使來貢獻契丹平州刺史張希崇上表歸順乙丑陝州節度使李從敏移鎮滄州以宣徽南院使張延朗爲陝州節度使詔在京遇行極法日宜不舉樂兼減常膳諸州遇行極法日禁聲樂己巳滑州掌書記孟昇匿母服大理寺斷處流特敕孟昇賜自盡觀察使觀察判官錄事參軍失其糾察各行殿罰襄邑縣民聞威父爲人所殺不雪父

寃有狀和解特勅處死是月二十七大水河水溢絳州地震九月乙亥以捧聖左右廂副都指揮使索自通爲雲州節度使丁丑以太府卿判四方館事李郁爲宗正卿壬午以晉州節度使安崇阮爲左驍衞上將軍甲申吐蕃回鶻冬遣使貢獻壬辰宰臣王建立進玉盃上有文曰傳國萬歲盃乙未詔德州流人温韜遼州流人段凝嵐州司戸陶玘憲州司戸石知訥原州司馬聶嶼並宜賜死于本處暴其宿惡而誅之也丙申以邠州節度使梁漢顒爲右威衞上將軍丁酉河陽節度使駙馬都尉趙延壽爲檢校司徒己亥詔徐州節度使房知温兼荆南行營招討使知荆南行府事冬十月甲辰制瓊華長公主孟氏可册爲福慶長公主丙午以滄州節度使李從敏兼北面招討使戊申帝臨軒命禮部尙書韓彥惲工部侍郎任贊往應州奉册四廟詔汾州節度使李敬周攻慶州以刺史竇廷琬拒命故也戊午契丹平州刺史張希崇已下八十餘人見于元德殿頒賜有差突厥首領張慕進等來朝貢甲子安州節度使高行珪奏屯駐左神捷左懷順軍士作亂已逐殺出城詔升壽州爲忠正軍戊辰以雲州節度使

索自通領壽州節度使以前雲州節度使張温復爲雲州節度使庚午夜西南有彗星長丈餘在牛星五度十一月癸酉日南至帝御崇元殿受朝賀甲戌捧聖指揮使何福進招收到安州作亂兵士五百人自指揮使已下至節級四十餘人並斬餘衆釋之壬午房知温奏荆南高季興卒中書舍人劉贊奏請節度使及文班二品已上謝見通喚從之是日以契丹所署平州刺史光祿大夫檢校太保張希崇爲汝州刺史加檢校太傅己丑中書奏今後或有封冊請御正衙從之青州奏節度使霍彦威卒輟朝三日詔宰臣王建立權知青州軍州事庚寅禮部員外郎和凝奏應補齋郎並須引驗正身以防僞濫舊例使蔭一任官補一人今後改官須轉品即可如無子許以親姪繼限念書十卷試可則補從之甲午以尙書左僕射同平章事集賢殿大學士判三司王建立爲青州節度使檢校太尉同平章事丙申帝謂侍臣曰古鐵券如何趙鳳對曰帝王誓文許其子子孫孫長享爵祿帝曰先朝所賜惟朕與郭崇韜李繼麟三人爾崇韜繼麟尋已族滅朕之危疑慮在旦夕于是嗟歎久之趙鳳曰帝王執信故不必

銘金鏤石矣吏部郎中何澤奏流外官請不試書判之類從之吐蕃遣使朝貢戊戌前安州節度副使范延榮並男皆斬于軍巡獄爲高行珪誣奏故也十二月壬寅朔詔真定府屬縣宜準河中鳳翔例升爲次畿真定縣升爲次赤甲辰邠州節度使李敬周奏收下慶州刺史竇廷琬族誅

舊五代史卷三十九

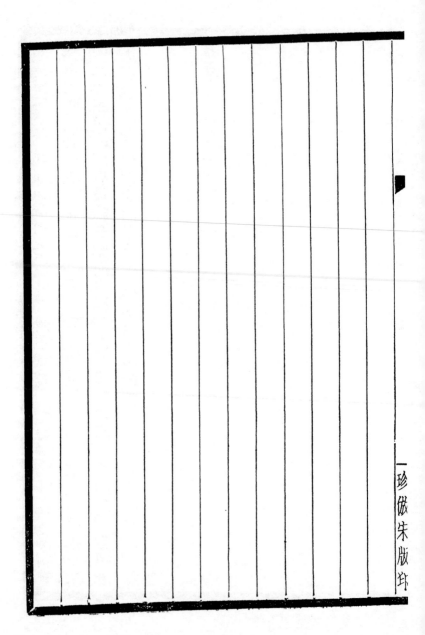

舊五代史卷三十九考證

唐明宗紀五契丹陷平州　案契丹陷平州歐陽史作丁巳通鑑不書日考平州自梁開平中劉守光以賂契丹天成元年盧文進舉其地以歸于唐至三年復爲遼人所取自是平州遂屬于遼宋人論石晉賂遼故地兼及平州蓋未詳考今附識于此

爲左驍衛上將軍　案通鑑作左衛上將軍歐陽史從是書作左驍衛

己亥回鶻可汗仁喻遣都督李阿爾珊等貢獻　案李阿爾珊來貢歐陽史作

戊戌

北面副招討宋州節度使王晏球以定州節度使王都反狀聞　案遼史王都以定州來歸作三月事五代春秋及通鑑並從是書作四月

壬戌齊州防禦使曹廷隱以奏舉失實配流永州續勅賜自盡　案歐陽史作己未殺齊州防禦使曹廷隱己未在壬戌前三日不應發配在後賜死轉在前也歐陽史疑訛

壬午幽州趙德鈞奏于府西邀殺契丹　案通鑑作八月壬戌趙德鈞邀擊契丹據是書八月係癸酉朔不得有壬戌疑通鑑誤

邠州節度使李敬周　李敬周通鑑作李敬通是書前後並作敬周歐陽史亦作敬周疑通鑑傳刻之訛

以刺史竇廷琬拒命故也　案竇廷琬反通鑑從是書作十月歐陽史繫于十月以前與是書異

突厥首領張慕進等來朝貢　慕進歐陽史作慕晉

壬午房知温奏荆南高季興卒　案高季興卒通鑑作十二月丙辰詳見通鑑考異

檢校太保張希崇爲汝州刺史　案歐陽史作汝州防禦使通鑑從是書作刺史

托諾巴摩哩舊作禿訥悲梅老今改　伊埒雅遜舊作野利延孫今改　阿爾珊舊作阿山今改　託諾舊作禿餒今改　特里袞舊作惕隱今改

舊五代史卷三十九考證

舊五代史卷四十

宋門下侍郎參知政事監修國史薛居正等撰

唐書第十六

明宗紀六

天成四年春正月壬申朔，帝御崇元殿受朝賀，仗衛如儀。幽州節度使趙德鈞奏：臣孫贊年五歲，默念論語、孝經，舉童子于汴州，取解就試。詔曰：都尉之子，太尉之孫，能念儒書，備彰家訓，不勞就試，特與成名。宜賜別敕及第，附今年春牓。戊子，放元年應欠秋稅。以左衛上將軍安崇阮爲黔南節度使。壬辰，回鶻入朝使徹伯爾等五人各授懷化司戈，放還。以北京副留守馮贇爲宣徽使、判三司。戊戌，禁天下虛稱試攝銜。西川孟知祥奏：支屬刺史乞臣本道自署。二月乙巳，王晏球奏：此月三日收復定州，獲王都首級，生擒契丹託諾等二千餘人。百寮稱賀已畢，乃詔取今月二十四日車駕還東京。辛亥，以北面行營招討使、宋州節度使王晏球爲鄆州節度使，加兼侍中。以北面行營副招討使、滄州節度使李從敏爲定州節度使以北面行營兵馬都監鄭州防禦使張虔釗爲滄州節度使幽州節度使趙德鈞加兼侍中乙卯以樞密使趙敬怡權知汴州軍州事丙辰邢州奏定州送到僞太子李繼陶已處置訖辛酉帝御咸安樓受定州俘馘百官就列宣露布于樓前禮畢以王都首級獻于太社王都男四人弟一人託諾父子二人並磔于市五代會要尚書兵部宣露布于樓前宣訖尚書刑部侍郎張文寶奏曰逆賊王都首級請付所司大理卿蕭希甫受之以出獻于郊社其王都男幷蕃將等磔于開封橋時露布之文類制勅之體蓋執筆者誤顛爲識者所嗤樞密使趙敬怡卒贈太傅以端明殿學士趙鳳權知汴州軍州事甲子車駕發汴州丙寅至鄭州賜左僕射致仕鄭珏錢二十萬丁卯宰相崔協卒詔贈尚書左僕射東都留守太子少傅李琪等奏至偃師縣奉迎時琪奏章中有敗契丹之凶黨破真定之逆城之言詔曰契丹卽爲凶黨真定不是逆城李琪罰一月俸庚午車駕至自汴州三月甲戌馮道進表乞命相丙戌詔皇城使李從璨貶授房州司戶參軍仍令盡命從璨帝之諸子也先是帝巡幸汴州留從璨以警大內從璨因遊會節園酒酣戲登御榻安重誨奏之故置于法焉壬辰

中書奏今後羣臣內有乞假覲省者請量賜茶藥從之乙未以前鄆州節度使符習爲汴州節度使丙申詔鄴都幽鎭滄邢易定等州管內百姓除正稅外放免諸色差配以討王都之役有輓運之勞也夏四月庚子朔禁鐵鑞錢壬寅重修廣壽殿成有司請以丹漆金碧飾之帝曰此殿經焚不可不修但務宏壯不勞華侈湖南奏敗荆南賊軍于石首鎭詔沿邊置場買馬不許蕃部直至闕下先是党項諸蕃凡將到馬無駑良並云上進國家雖約其價以給之及計其館穀錫賚所費不可勝紀計司以爲耗蠹中華遂止之壬子以皇子北京留守河東節度使從榮爲河南尹判六軍諸衞事以皇子河南尹判六軍諸衞事從厚爲北京留守以河陽節度使趙延壽爲宋州節度使以侍衞親軍都指揮使鎭南軍節度使康義誠爲河陽節度使契丹寇雲州癸丑契丹遣紐赫美稜等復率其屬來朝貢稱取托諾等骸骨並斬于北市甲寅以端明殿學士趙鳳爲門下侍郎兼工部尚書平章事丙辰諫議大夫致仕龔文宣公孔邈卒庚申以王建立孔循帶中書直省吏歸藩並追迴壬戌幽州節度使趙德鈞兼北面行營

招討使鎭州節度使范延光加檢校太傅戊辰中書奏五月一日應在京九品已上官及諸道進奏使請準貞元七年勅就位起居永爲恆式從之五月己巳朔帝御文明殿受朝丙子以夔州節度使西方鄴卒輟朝丁丑大理卿李保殷卒己卯以忠武軍節度使索自通爲京兆尹充西京留守以左威衛上將軍朱漢賓爲潞州節度使乙酉以黔州節度使安崇阮爲夔州節度使以左驍衛上將軍張溫爲洋州節度使以黔州留後楊漢賓爲本州節度使中書奏太常寺定少帝謚昭宣光烈孝皇帝廟號景宗伏以少帝今不入廟難以言宗只云昭宣光烈孝皇帝從之丁亥以鳳州武興軍留後陳皐爲武興軍節度使以新州威塞軍留後翟璋爲威塞軍節度使壬辰以權知尚書右丞崔居儉爲尚書右丞詔葺天下廨宇丙申襄州奏荊南高從誨乞歸順雲州奏契丹犯塞六月辛丑以左散騎常侍姚顗爲兵部侍郎壬寅夔州節度使楊漢章移鎭雲州以北京馬步軍都指揮使兼欽州刺史張敬達爲鳳州節度使癸卯以前西京副留守事張遵誨行衞尉事充客省使國子博士田敏請葺四郊祠祭齋室丙午以

沂州刺史張萬進爲安北都護充振武軍節度使戊申以宿州團練使康思立爲利州節度使登州刺史孫元停任坐在任無名科率故也詔鄴都仍舊爲魏府應魏府汴州益州宮殿悉去鴟尾賜節度使爲衙署辛亥以權知朔方軍留後定難軍都知兵馬使韓澄爲朔方留後癸丑以前潞州節度使符彥超爲左驍衞上將軍詔諸道節度使行軍司馬名位雖高或帥臣不在其州事宜委節度副使權知又詔藩郡所請賓幕及主事親從者悉以名聞丙辰權知荆南軍府事高從誨上章首罪乞修職貢仍進銀三千兩贖罪壬戌幸至德宮詔京城空地課人蓋造如無力者許人請射營構秋七月庚午以前西京留守判官張鑄爲司農卿壬申貶前左金吾上將軍毛璋爲儒州長流百姓尋賜自盡以其在藩鎭陰蓄奸謀故也甲戌御史中丞呂夢奇責授太子右贊善大夫坐曾借毛璋馬故也己卯以工部侍郎任贊爲左散騎常侍以樞密直學士左諫議大夫充匭使閻至爲工部侍郎充職遂州進嘉禾一莖九穗壬午以給事中判大理卿事許光義爲御史中丞史館上言所編修莊宗一朝事迹欲名爲實錄太

祖獻祖懿祖名爲紀年錄從之五代會要天成三年十二月史館奏據左補闕
張昭遠狀嘗讀國書伏見懿祖昭烈皇帝自元
和之初獻祖文皇帝于太和之際立功王室陳力國朝太祖武皇帝自咸通後
來勤王戮力翦平多難頻立大功三換節旄再安京國莊宗皇帝終平大憝奄
有中原倘闕編修遂成湮墜伏請與當館修撰參序條綱撰太祖莊宗實錄四
年七月監修國史趙鳳奏奉勅修懿祖憲祖太祖莊宗四帝實錄自今年六月
一日起手旋具進呈伏以凡關纂述務合品題承乾御宇之君行事方云實錄
追尊冊號之帝約文衹可紀年所修前件史書今欲自莊宗一朝名爲實錄其
太祖以上並目爲紀年錄從之甲申以前荊南行軍司馬檢校太傅高從誨起復授檢校太傅
兼侍中充荊南節度使丙戌涇州節度使李從昶移鎮華州以冀州刺史李金
全爲涇州節度使戊子中書奏今後新及第舉人有曾授正官及御署者欲約
前任資序與除一官從之壬辰詔取來年二月二十一日有事于南郊八月丁
酉朔大理正路阮奏切見春秋釋奠于文宣王而武成王廟久曠時祭請復常
祀從之戊戌中書奏太子少傅李琪所撰進霍彥威神道碑文不分真僞是混
功名望令改撰從之琪梁之故相私懷感遇敘彥威在梁歷任不欲言僞梁故
也辛丑詔亂離已來天下諸軍所掠生口有主識認卽勒還之以前清河縣令
襲酇國公食邑三千戶楊仁矩爲祕書丞御史臺奏主簿朱頴是前中丞奏請

合隨聽罷任詔曰主簿旣爲正秩況入選門顯自朝恩合終考限宜令仍舊守官甲辰以宰臣馮道爲南郊大禮使兵部尚書盧質爲禮儀使御史中丞許光義爲儀仗使兵部侍郎姚顗爲鹵簿使河南尹從榮爲橋道頓遞使客省使衛尉卿張遵誨爲修裝法物使乙巳黑水朝貢使郭濟等率屬來朝授歸德司戈放還蕃丁未以翰林學士承旨禮部侍郎知制誥李愚爲兵部侍郎職如故以中書舍人盧詹爲禮部侍郎以兵部侍郎裴皥爲太子賓客吐渾首領念公山來朝貢戊申帝服衮冕御文明殿追冊昭宣光烈孝皇帝庚戌以宰臣監修國史趙鳳兼判集賢院事以左散騎常侍任贊判大理卿事己未高麗王王建遣使貢方物辛酉詔準往例節度使帶平章事侍中中書令並列銜于勅牒側書使字今錢鏐是元帥尚父與使相名殊馬殷守太師尚書令是南省官資不合署勅尾今後勅牒內並落下乙卯党項首領朝貢甲子幸金真觀改賜建法大師賜紫尼智願爲圓惠大師卽武皇夫人陳氏也丙寅達靼來朝貢京城內有南州北州乃張全義光啓中所築至是詔許人依街巷請射城濠任使平填蓋

造屋宇九月丁卯中書奏據宗正寺申懿祖永興陵獻祖長寧陵太祖建極陵
並在代州鴈門縣皇帝追尊四廟在應州金城縣詔應州升爲望州金城鴈門
並升爲望縣辛未太常博士段顒奏切見大祠則差宰相行事中祠則卿監行
事小祠則委太祝奉禮並不差官今後請差五品官行事從之癸巳制天下兵
馬元帥尚父吳越國王錢鏐可落元帥尚父吳越國王授太師致仕責無禮也
先是上將軍烏昭遇使于兩浙以朝廷事私于吳人仍目鏐爲殿下自稱臣謁
鏐行拜蹈之禮及迴使副劉玫具述其事故停削鏐官爵令致仕烏昭遇下御
史臺尋賜自盡後有自浙中使還者言昭遇無臣鏐之事爲玫所誣人頗以爲
寃乙未詔諸道通勘兩浙綱運進奉使並下巡獄冬十月丙申朔併吏部三銓
爲一銓宜令本司官員同商量注擬連署申奏仍不得于私第注官戊戌以襄
州兵馬都監守磁州刺史康福爲朔方河西等節度使靈威雄警涼等州觀察
使時朔方將吏請帥于朝廷故命康福往鎮之庚子以右金吾上將軍史敬鎔
爲左金吾上將軍以左驍衛上將軍符彥超爲右金吾上將軍以前黔州節度

使李承約爲右驍衛上將軍以雲州節度使張敬詢爲左驍衛上將軍以前華州節度使王景戡爲右驍衛上將軍癸卯太常少卿蕭愿責授太子洗馬奪緋愿南郊行事與祠官同飲詰旦猶醉不能行禮爲御史所劾也詔新授朔方節度使康福將兵萬人赴鎮己酉制復故荆南節度使高季興官爵辛亥升閬州爲保寧軍壬子以內客省使左衛大將軍李仁矩爲閬州節度使幸七星亭丙辰夏州進白鷹重誨奏曰夏州違詔進貢臣已止約帝曰善朝退帝密令左右進焉是日幸龍門十一月丁卯洛州水暴漲壞居人垣舍戊辰以刑部侍郎張文寶爲右散騎常侍己巳以尚書右丞李光序爲刑部侍郎癸酉升曹州濟陰縣爲次赤以昭宣光烈孝皇帝溫陵所在故也甲戌奉國軍節度使王延稟加兼侍中從福建節度使王延鈞請也車駕出近郊試夏州所進白鷹戒左右勿令重誨知己卯日南至帝御文明殿受朝賀癸未祕書少監于嶠配振武長流百姓永不齒任爲宰臣趙鳳誣奏也史官張昭遠等以新修獻祖懿祖太祖紀年錄共二十卷莊宗實錄三十卷上之賜器帛有差五代會要監修趙鳳修撰張昭遠呂咸休各賜繒綵

銀器等
十二月丁酉靈武康福奏破野利大蟲兩族三百餘帳于方渠獲牛羊三
萬戊戌詔應授官及封贈官誥舉人冬集等所費用物一切官破壬戌中書奏
今後宰臣致齋內不押班不知印不赴內殿起居或遇國忌行事官已受誓戒
宜不赴行香幷不奏刑殺公事大祠致齋內請不開宴每遇大忌前一日請不
坐朝從之

舊五代史卷四十

舊五代史卷四十考證

唐明宗紀六贊年五歲默念論語孝經　案宋史作贊七歲誦書二十七卷宜賜別勅及第附今年春牓　案宋史云特賜童子及第附長興三年禮部春牓是書作天成四年春牓與宋史異

二月乙巳王晏球奏此月三日收復定州　案歐陽史作二月癸卯王晏球克定州與是書合通鑑作癸丑考癸丑非二月三日也疑傳寫之誤

禁鐵鑞錢　鐵鑞錢通鑑作鐵錫錢考胡三省注云馬殷得湖南鑄錫爲錢本用之境內其後遂流入中國疑原本鑞字誤考冊府元龜亦作鐵鑞錢今仍其舊

以端明殿學士趙鳳爲門下侍郎兼工部尚書平章事　案歐陽史本紀作端明殿學士尚書兵部侍郎趙鳳爲門下侍郎兼工部尚書同平章事趙鳳傳作禮部侍郎與本紀異見吳縝纂誤

伏以少帝今不入廟難以言宗　案舊唐書哀帝紀云中書奏少帝行事不合

稱宗考五代會要天成二年博士呂明龜議引君不逾年不入宗廟之禮請
別立廟于園陵故不稱景宗非議其行事有失也舊唐書誤
丙辰權知荊南府事高從誨上章首罪　丙辰通鑑作庚申
使副劉玫　劉玫通鑑作韓玫
徹伯爾舊作掣撥今改　托諾舊作禿餒今改　紐赫美稜舊作捺括梅里今
改　郭濟舊作骨至今改

舊五代史卷四十考證

舊五代史卷四十一

宋門下侍郎參知政事監修國史薛居正等撰

唐書第十七

明宗紀七

長興元年春正月丙寅朔帝御明堂殿受朝賀仗衞如常儀乙亥國子監請以監學生束脩及光學錢備監中修葺公用從之丙子帝謂宰臣曰時雪未降如何馮道曰陛下恭行儉德憂及烝民上合天心必有春澤是夜降雪其夕右散騎常侍蕭希甫封狀申樞密稱得河堰衙官狀告本都將校二十餘人欲謀不軌至旦追問無狀斬所告人是日幸至德宮辛卯中書奏郊天有日合差大內留守詔以宣徽南院使朱宏昭充二月戊戌幸稻田莊己亥黑水國主兀兒遣使貢方物翰林學士劉昫奏新學士入院舊試五題請今後停試詩賦秖試麻制答蕃書批答共三道仍請內賜題目定字數付本院召試從之（五代會要載劉昫原奏云舊例學士入院除中書舍人不試餘官皆先試麻制各蕃批答各一道詩賦各一道號曰五題並于當日呈納從前每遇召試多預出五題潛令宿構其無黨

接者卽日起草罕能成功今請權停詩賦秪試三道仍內賜題目兼定字數從之有司奏皇帝致齋于明堂按舊服通
天冠絳紗袍文武五品已上著袴褶近例秪著朝服從之乙巳中書奏皇帝朝
獻太微宮太廟祭天地于圜丘準禮例親王爲亞獻行事受誓戒從之以天雄
軍節度使石敬瑭爲御營使壬子帝宿齋于明堂殿癸丑朝獻太微宮是日宿
齋于太廟詰旦請行饗禮甲寅赴南郊齋宮是夜微雨三鼓後晴明如晝乙卯
祀昊天上帝于圜丘柴燎禮畢郊宮受賀是日御五鳳樓宣制改天成五年爲
長興元年大赦天下除十惡五逆放火劫舍屠牛官典犯贓僞行印信合造毒
藥外罪無輕重咸赦除之天成四年終諸道所欠殘稅及場院欠折並特放免
羣臣職位帶平章事侍中中書令並與改鄉名里號朝臣及藩侯郡守亡父母
及父母在幷妻室未沾恩命者並與恩澤應私債出利已經倍者秪許徵本已
經兩倍者本利並放河陽管內人戶每畝舊徵橋道錢五文今後不徵諸道州
府每畝先徵麴錢五文今特放二文云商州吏民以刺史郭知瓊善政聞詔褒
之三月丁卯幸會節園遂幸河南府靈武奏殺戮蕃賊二千人壬申鳳翔節度

使李從曮進封岐國公移鎭汴州甲戌延州節度使高允韜移鎭邢州丙子以宣徽使朱宏昭爲鳳翔節度使潞州節度使朱漢賓加檢校太傅移鎭晉州徐州節度使房知溫移鎭鄆州鄆州節度使王晏球移鎭青州宰臣馮道率百寮拜表請上尊號曰聖明神武文德恭孝皇帝詔報不允壬午許州節度使孔循移鎭滄州陝州節度使張延朗移鎭許州加檢校太傅滄州節度使張虔釗移鎭徐州加檢校太保癸未詔貶右散騎常侍集賢殿學士判院事蕭希甫爲嵐州司戸參軍仍馳驛發遣坐誣告之罪也宰臣馮道等再請上尊號詔允之丙戌以侍衞親軍馬步軍都指揮使河陽節度使康義誠爲襄州節度使檢校太傅以左武衞上將軍劉彥琮爲陝州節度使檢校太保庚寅制淑妃曹氏可立爲皇后仍令擇日冊命夏四月甲午朔國子司業張溥奏請復八館以廣生徒按六典監有六學國子太學四門律學書學算學是也而溥云八館謬矣丁酉前汴州節度使檢校太尉兼侍中符習加太子太師致仕進封衞國公戊戌遂州節度使夏魯奇加同平章事皇子河中節度使從珂進位檢校太尉封開國

公自是諸道節鎮皆次第加恩以郊禋覃慶澤故也己亥幸會節園壬寅以樞密使安重誨爲留守太尉兼中書令使如故青州節度使王建立加侍中移鎮潞州皇子河中節度使從珂奏臣今月五日閱馬于黃龍莊衙內指揮使楊彥温據城叛臣尋時詰問稱奉宣命（胡三省通鑑注云樞密院用宣三省用堂帖）臣見在虞鄉縣帝遣西京留守索自通侍衞步軍都指揮使藥彥稠等攻之仍授彥温絳州刺史冀誘而擒之也詔從珂赴闕丁未以戸部尚書李鏻爲兗州行軍司馬坐引淮南覘人貽安重誨寶帶也戊申宰臣馮道加右僕射趙鳳加吏部尚書乙酉以左龍武統軍劉君鐸卒廢朝癸丑索自通藥彥稠等奏收復河中斬楊彥温傳首來獻初彥稠出師帝戒之曰與朕生致彥温吾將自訊之及拔城斬首傳送帝怒彥稠等時議皆以爲安重誨方弄國權從榮諸王敬事不暇獨忌從珂威名每于帝前屢言其短巧作窺圖冀能傾陷彥温既誅從珂歸清化里第重誨諷馮道等曰蒲帥失守責帥之義法當如何翼日道等奏合行朝典帝不悅趙鳳堅奏故事有責帥之義所以激勵藩守帝曰皆非公等意也後數日帝于中興

殿見宰臣趙鳳承重誨意又再論列帝默然翼日重誨復自論奏帝極言以拒
之語在末帝紀中帝又曰卿欲如何制置重誨曰于陛下父子之間臣不合言
一稟聖旨帝曰從他私第閑坐何煩奏也乃止以前邢州節度使檢校司徒李
從溫爲左武衞上將軍丙辰以西京留守檢校司徒索自通爲河中節度使丁
巳雲州奏掩襲契丹獲頭口萬計戊午帝御文明殿受册徽號册曰維長興元
年歲次庚寅四月甲午朔二十五日戊午金紫光祿大夫守尚書左僕射兼門
下侍郎同中書門下平章事充太微宮使宏文館大學士上柱國始平郡開國
侯食邑一千五百戶食實封一百戶臣馮道銀青光祿大夫門下侍郎兼吏部
尚書同中書門下平章事監修國史判集賢院事上柱國天水郡開國伯食邑
七百戶臣趙鳳及文武百官特進太子少傅上柱國酒泉郡開國侯食邑一千
戶臣李琪等五千八百九十七人言臣聞天不稱高而體尊地不矜厚而形大
厚無不載高無不覆四時行乎內萬物生其間總神祇之靈叶帝王之運日出
而星辰自戢龍飛而雷雨皆行元氣和而天下和庶事正而天下正伏惟皇帝

陛下天授一德時歷多艱翊太祖以興邦佐先皇而定難拯嗣昭于潞困救德
威于燕危遏思遠而全鄴都誅彥章而下梁苑成再造之業由四征之功洎纂
鴻圖每敷皇化去內庫而省庖膳出宮人而減伶官輕寶玉之珍卻鷹鸇之貢
淳風既洽嘉瑞自臻故登極之前人皆不足改元之後時便有年遐荒旋斃于
戎王重譯往來于鑾子東巡而守殷殪北討而王都殲破契丹而燕趙無虞控
靈武而瓜沙並復近以饗上元而薦太廟就吉土而配昊天輅已降而雨霑事
欲行而月見蟠柴禮畢作解恩覃帝命咸均人情普悅非陛下有道有德至聖
至明動不疑人靜惟恭己常敦孝禮每納忠言則何以臨御五年澄清四海時
久纏于災害民驟見于和平休徵備載于簡編徽號過持于謙讓三年不允衆
志皆堅天不以上帝自崇日不以大明自貴于烝民有惠于元后同符列聖皆
然舊章斯在今以明庭百辟列土諸侯中外同辭再三瀝懇臣等不勝大願謹
奉玉寶玉冊上號曰聖明神武文德恭孝皇帝伏惟皇帝陛下體堯舜之至道
法日月于太虛威于夷狄恩及蟲魚奉國者繼加榮寵違天者咸就誅鋤典禮

當告成之後夙夜思卽位之初千秋萬歲永混車書宰臣馮道之辭也庚申以左金吾上將軍史敬鎔爲鄧州節度使以右金吾上將軍符彥超爲兗州節度使以驍衛上將軍張敬詢爲滑州節度使以閬州防禦使孫岳爲鳳州節度使詔改鳳翔管內應州爲匡州信州爲晏州改新州管內武州爲毅州五月乙丑鄭州防禦使張進副使咸繼威並停任以盜掠城中居人故也丙寅以少府監韋蕭爲洛州刺史以潞州節度使王建立爲太傅致仕建立素與安重誨不協因其入朝乃言建立自鎭歸朝過鄴都日有扇搖之言以是罪之故令致仕丁卯以前與元節度使劉仲殷權知潞州軍州事戊辰以安州節度使高行珪卒輟朝有司上言皇后受冊內外命婦並合奉賀今未有命婦準例上表稱賀中書諸道節度使但進表上言皇帝外命婦上皇后賀牋表進呈訖無報應皇親或有慶賀及起居章表內中進呈後秖宣示來使並不合答復從之壬申以權知昭義軍軍州事劉仲殷爲潞州節度使檢校太傅丁丑帝臨軒命使冊淑妃曹氏爲皇后禮院上言百官上疏于皇后曰皇后殿下及六宮及率土婦人慶

賀秖呼殿下不言皇后中書覆奏若秖呼殿下恐與皇太子無所分別凡上中宮表章呼皇后殿下若不形文字尋常秖呼皇后從之癸未太子少傅蕭頃卒廢朝甲申回鶻可汗仁喻遣使貢方物辛卯以翰林承旨兵部侍郎李愚爲太常卿壬辰以前滑州節度使李從璋爲右驍衛上將軍六月丁酉以護駕馬軍都指揮使貴州刺史安從進爲宣州節度使充護駕馬軍都指揮使以護駕步軍都指揮使澄州刺史藥彥稠爲壽州節度使兼護駕步軍都指揮使甲辰以皇城使安崇緒爲河陽留後重誨子也鳳翔奏所管良晏匡三州並無屬縣請郤改爲縣從之仍舊爲軍鎮前振武節度使安金全卒壬子中書門下奏詳覆到禮部送今年及第進士李飛樊吉夏侯珙吳洄王德柔李轂等六人望放及第其盧價等七人及賓貢鄭朴望許令將來就試知貢舉張文寶試士不得精當望罰一季俸從之丁巳皇子北京留守河東節度使從厚移領鎮州以左武衛上將軍李從溫爲許州節度使秋七月甲子以宣徽南院使行右衛上將軍判三司馮贇爲北京留守太原尹己巳以鄧州節度使史敬鎔卒廢朝甲戌以

左威衞上將軍梁漢顒爲鄧州節度使前兗州節度使趙在禮爲左驍衞上將
軍庚辰奉國軍節度使兼威武軍節度副使檢校太尉兼侍中王延稟加兼中
書令詔諸州得替防禦團練使刺史並宜于班行比擬如未有員闕可隨常參
官逐日立班新例也辛巳詔揀年少宮人及西川宮人並還其家無家可歸者
任從所適甲申以前齊州防禦使孫璋爲鄜州節度使戊子以右散騎常侍陸
崇卒廢朝崇爲福建冊使卒于明州贈兵部尚書宿州進白兔安重誨謂其使
曰豐年爲上瑞兔懷狡性雖白何爲命退歸八月甲午以前鄧州節度使盧文
進爲左衞上將軍北京奏吐渾千餘帳內附于天池川安置禁在京百司影射
州縣稅戶乙未捧聖軍使李行德十將張儉告密人邊彥温並族誅以其誣告
安重誨私市兵仗故也以前許州節度使張延朗爲檢校太傅行兵部尚書充
三司使三司之有使額自延朗始也初中書覆奏授延朗諸道鹽鐵轉運等使
兼判戶部度支事奏入宣旨曰會計之司國朝重事將總成其事額俾專委于
近臣貴使一時何循往例兼移內職可示親規張延朗可充三司使班在宣徽

使下癸卯北京奏生吐渾內附欲于嵐州安族帳都官員外郎知制誥張昭遠奏請依國朝舊例選郎官御史分行天下宣問風俗興利除害不報壬寅皇子河南尹判六軍諸衛事從榮封秦王仍令所司擇日冊命五代會要長興元年九月太常禮院奏草定秦王儀注博士段顒議曰據開元禮臨軒冊禮命諸王大臣其日受冊者朝服從第鹵簿與百官俱集朝堂就次受冊訖通事舍人引不載謁朝還第之儀自開元以後冊拜諸王皆正衙命使詣延英進冊皇帝御內殿高品引王入立于位高品宣制讀冊王受冊訖歸院亦無乘輅謁朝之禮臣按五禮精義云古者皆因禘嘗而頒爵祿所以示無自專稟之于祖宗也今雖冊命不在烝嘗然拜大官封大邑必至殿廷敬慎之道也今當司欲準開元禮其日秦王服朝服自理所乘輅車備鹵簿與羣臣俱集朝堂就次受冊訖至應天門外奉冊置于載冊之車秦王升輅出謁太廟訖歸理所儀仗鹵簿如來時之儀從之
戊申兗州奏淮南海州都指揮使王傳拯殺本州刺史陳宣焚燒州城以所部兵士及家口五千人歸國至沂州帝遣使慰納之庚戌正衙命使冊福慶長公主孟氏以前雄武軍節度使王思同爲左武衛上將軍以前鳳州節度使陳臯爲右威衛上將軍壬子正衙命使赴太原冊永寧公主石氏乙卯以左監門衛上將軍陳延福卒廢朝丙辰皇子鎭州節度使從厚封宋王仍令擇日冊命九月乙丑階州刺史王宏贄上言一州主客戶纔及千戶並無縣局臣今檢括得新

舊主客已及三千二百欲依舊額立將利福津二縣請置令佐從之丁丑詔天下諸州府不得奏薦著紫衣官員爲州縣官戊寅升尚書右丞爲正四品癸未利閬遂三州奏東川節度使董璋謀叛結連西川孟知祥甲申以鎮州節度使范延光爲檢校太傅守刑部尚書充樞密使利州閬州進納東川檄書言將兵擊利閬責以間諜朝廷爲名乙酉以左驍衞上將軍趙在禮爲同州節度使兼四面行營馬步軍都指揮使樞密院直學士守工部侍郎閻至樞密院直學士守尚書右丞史圭並轉戶部侍郎依前充職以翰林學士守戶部侍郎李懌爲尚書右丞以翰林學士戶部侍郎劉昫爲兵部侍郎以翰林學士中書舍人竇夢徵爲工部侍郎依前充職以中書舍人劉贊爲御史中丞以御史中丞許光義爲兵部侍郎以兵部侍郎姚顗爲吏部侍郎丙戌詔東川節度使董璋可削奪在身官爵仍徵兵進討丁亥以西川節度使孟知祥兼西南面供饋使天雄軍節度使石敬瑭兼東川行營都招討使以遂州節度使夏魯奇兼東川行營招討副使庚寅以右衞上將軍王思同爲京兆尹充西京留守兼西南行營馬

步都虞候冬十月壬辰以太子少傅李琪卒廢朝癸巳以鄜州節度使米君立卒廢朝詔凡賻贈布帛言段不言端匹段者二丈也宜令三司依此給付甲午正衙命使冊興平公主于宋州節度使駙馬都尉趙延壽之私第己亥以左驍衛上將軍李從璋爲陝州節度使陝州節度使劉彥琮移鎮邠州尚書博士田敏請依舊典藏冰頒冰以銷陰陽愆伏之沴詔從之五代會要載原勑云藏冰之制載在前經獻廟之儀廢于近代既朝臣之特舉案典禮以宜行田敏所奏祭司寒獻羔事宜依其桃弧棘矢事久不行理難備創其諸侯亦宜準往制藏冰乙巳供奉官張仁暉自利州迴奏董璋攻陷閬州節度使李仁矩舉家遇害丁未宮苑使董光業幷妻子並斬于都市璋之子也辛亥以武安軍節度副使洪鄂道行營副都統檢校太尉馬希聲爲武安軍節度使加兼侍中時湖南馬殷奏久病不任軍政乞以男希聲爲帥故有是命中書奏吏部流內銓諸色選人所試判兩節度欲委定其等第文優者超一資其次者次資又次者以同類道理全疎者于同類中少人戸處注擬從之十一月庚申朔帝御文明殿冊皇子秦王仗衛樂懸如儀甲子正衙命使冊皇子宋王于鎮州是日幸龍門翼日馮道奏曰陛

下宮中無事遊幸近郊則可矣若涉歷山險萬一馬足蹉跌則貽臣下之憂臣聞千金之子坐不垂堂百金之子立不倚衡況貴爲天子豈可自輕哉帝斂容謝之退令小黃門至中書問道垂堂倚衡之義道因注解以聞帝深納之己巳故太子少保致仕封舜卿贈太子少傅庚午應州節度使張敬達移雲州以捧聖都指揮使守恩州刺史沙彥詢爲應州節度使以潁州團練使高行周爲安北都護充振武節度使壬申黔南節度使楊漢章棄城奔忠州爲董璋所攻也乙亥制西川節度使孟知祥削奪官爵以其同董璋叛也丙子以前同州節度使羅周敬爲左監門上將軍丁丑故兵部侍郎許光義加贈禮部尚書辛巳西面軍前奏今月十三日階州刺史王宏贄瀘州刺史馮暉自利州取山路出劍門關外倒下殺敗董璋守關兵士三千餘人收復劍州甲申日南至帝御文明殿受朝賀丙戌以給事 鄭韜光爲左散騎常侍青州奏得登州狀契丹安巴堅男東丹王托雲越海來歸國（契丹國志時東丹王失職怨望因率其部四十餘人越海歸唐）十二月乙未荊南奏湖南節度使楚國王馬殷薨廢朝三日庚子以前襄州節度使安元信爲

宋州節度使辛丑幸苑中丁未以二王後祕書丞襲酅國公楊仁矩卒輟朝贈工部郎中庚戌湖南節度使馬希聲起復加兼中書令壬子以樞密院直學士戶部侍郎閻至爲澤州刺史樞密院直學士戶部侍郎史圭爲貝州刺史甲寅遣樞密使安重誨赴西面軍前時帝以蜀路險阻進兵艱難潼關已西物價甚賤百姓輓運至利州率一斛不得一㪷謂侍臣曰關西勞擾未有成功誰能辦吾事者朕須自行安重誨曰此臣之責也臣請行帝許之言訖而辭翼日遂行甲寅故西川兵馬都監泗州防禦使李嚴贈太傅丙辰車駕畋于西山臘也丁巳回鶻遣使來朝貢戊午故荊南節度使檢校太尉兼尚書令南平王高季興贈太尉

舊五代史卷四十一

舊五代史卷四十一考證

唐明宗紀七癸丑索自通藥彥稠等奏收復河中　案通鑑作辛亥索自通拔河中斬楊彥温癸丑傳首來獻歐陽史亦作辛亥自通執彥温殺之較是書爲詳審

張延朗可充三司使班左宣徽使下　案宋史職官志三司使在宣徽使後蓋仍後唐之制

淮南海州都指揮使王傳拯　王傳拯歐陽史作傳極考是書列傳及通鑑並作傳拯疑歐陽史傳刻之訛

乙巳供奉官張仁暉自利州迴奏董璋攻陷閬州　案董璋陷閬州通鑑作九月庚辰歐陽史作十月乙巳蓋以奏聞之日爲據也

辛巳西面軍前奏今月十三日階州刺史王宏贄瀘州刺史馮暉自利州取山路出劍門關外倒下殺敗董璋守關兵士三千人收復劍州　案通鑑考異引唐實錄作今月十三日大軍進攻入劍門次十七日收下劍州是書統繫

于十三日疑有舛誤

安巴堅舊作阿保機今改　托雲舊作突欲今改

舊五代史卷四十一考證

舊五代史卷四十二

宋門下侍郎參知政事監修國史薛居正等撰

唐書第十八

明宗紀八

長興二年春正月庚申朔帝御明堂殿受朝賀仗衛如儀乙丑詔曰故天策上將軍守太師尚書令楚國王馬殷品位俱高封崇已極無官可贈宜賜諡及神道碑文仍以王禮葬壬申契丹東丹王托雲自渤海國率其衆到闕帝慰勞久之錫賚加等是日百寮稱賀丙子以沙州節度使曹義金兼中書令丁丑東丹王托雲進本國印三紐庚辰以靜江軍節度使馬賨卒廢朝追贈尚書令丙戌荊南節度使高從誨落起復加兼中書令二月己丑朔以宋州節度使趙延壽爲左武衛上將軍充宣徽北院使癸巳詔貢院舊以例夜試進士今後晝試排門齊入即日試畢丁酉幸至德宮又幸安元信東丹王托雲之第辛丑以鴻臚卿致仕賈馥卒廢朝以樞密院使守太尉兼中書令安重誨爲檢校太師兼中

書令充河中節度使進封沂國公己酉以右威衛上將軍陳皐爲洋州節度使詔諸府少尹上任以二十五日爲限諸州刺史諸道行軍司馬副使兩使判官已下賓職團防軍事判官推官府縣官等並以三十日爲限凡幕職隨府者不在此例癸丑邠州節度使李敬周移鎮徐州詔禁天下不得開發無主墳墓三月辛酉詔渤海國人皇王托雲宜賜姓東丹名慕華仍授檢校太保安東都護充懷化軍節度瑞鎮等州觀察等使其從慕華歸國部校各授懷化歸德將軍中郎將先于定州擒獲蕃將特哩袞宜賜姓狄名懷惠扎古宜賜姓列名知恩並授檢校右散騎常侍錫里扎拉宜賜姓原名知感裕勒古宜賜姓服名懷造奚王副使格斯齊宜賜姓乙名懷宥三人並授檢校太子賓客甲子以前鴻臚卿王瓊爲太僕卿丙寅以皇子從珂爲左衛大將軍從珂自河中失守歸清化里第至是安重誨出鎮河中帝召見泣而謂之曰如重誨意爾安得更相見耶因有是命壬申以滄州節度使孔循卒廢朝乙亥以西京留守權知興元軍府事王思同爲山南西道節度使充西面行營馬步軍都虞候庚辰以少府監聶

延祚爲殿中監以前雲州節度使楊漢章爲安州節度使乙酉太師致仕錢鏐復授天下兵馬都元帥尙父吳越國王以其子兩浙節度使元瓘等上表首罪故有是命丁亥以太常卿李愚爲中書侍郎平章事集賢殿大學士夏四月辛卯制德妃王氏進位淑妃詔錢鏐依舊賜不名誅內官安希倫以其受安重誨密指令于內中伺帝起居故也丁酉幸會節園宴羣臣因幸河南府詔罷州縣官到任後率斂爲地圖又禁人毀廢所在碑碣恐名賢遺行失所考也戊戌詔今年四月禘饗太廟故昭義節度使李嗣昭故幽州節度使周德威故汴州節度使符存審並配饗莊宗廟庭己亥以前徐州節度使張虔釗爲鳳翔節度使癸卯以汴州節度副使藥縱之爲戶部侍郎前宗正卿李諧爲將作監甲辰以宣徽北院使左衞上將軍趙延壽爲檢校太傅行禮部尙書充樞密使乙巳潞州節度使劉仲殷移鎭秦州帝幸龍門佛寺祈雨己酉天雄軍節度使石敬瑭兼六軍諸衞副使辛亥以前鳳翔節度使朱宏昭爲左武衞上將軍充宣徽南院使壬子以兵部尙書盧質爲河陽節度使甲寅以遂州節度使夏魯奇沒于

王事廢朝詔曰久愆時雨深疚予心宜委諸州府長吏親問刑獄省察冤濫見禁囚徒除死罪外並放五月戊午朔帝御文明殿受朝庚申以三司使行工部尚書張延朗爲兗州節度使辛酉詔近聞百執事等或親居內職或貴列廷臣或宣達君恩或勾當公事經由列鎮干撓諸侯指射職員安排親昵或潛示意旨或顯發書題自今後一切止絕有所犯者發薦人貶官求薦人流配如逐處長吏自徇人情只仰被替人詣闕上訴長吏罰兩月俸發薦人更加一等被替人却令依舊甲子都官郎中知制誥崔棁上言請搜訪宣宗已來野史以備編修從之丁卯詔諸州府城郭內依舊禁麴其麴官中自造減舊價之半貨賣應田畝上所徵麴錢並放鄉村人戶一任私造時甚便之戊辰中書奏應朝臣丁憂者望加頒賚從之丁丑以祕書監劉岳爲太常卿己卯以武德使孟漢瓊爲右衛大將軍知內侍省充宣徽北院使辛巳以前相州刺史孟鵠爲左驍衛大將軍充三司使甲申以權知朗州軍州事守永州刺史馬希範爲洪州節度使檢校太傅以權知桂州軍府事富州刺史馬希彝爲鄂州節度使檢校司徒乙

西以左金吾大將軍薄文爲晉州留後鴻臚卿柳膺將齋郎文書賣與同姓人柳居則伏罪大理寺斷當大辟緣經赦減死追奪見任官終身不齒詔應見任前資守選官等所有本朝及梁朝出身歷任告身並仰送納委所在磨勘換給公憑只以中興已來官告及近受文書敘理其諸色蔭補子孫如非虛假不計庶嫡並宜敘錄如實無子孫別立人繼嗣已補得身名者只許敘蔭一人其不合敘使文書限百日內焚毀須絕此後更敢將合焚文書參選求仕其所犯之人並傳者並當極法應合得資蔭出身人並須依格依令施行閏月庚寅制河中節度使檢校太師兼中書令安重誨可太子太師致仕是日重誨男崇緒等潛歸河中以右散騎常侍張文寶爲兵部侍郎夔州節度使安崇阮棄城歸闕待罪于閤門詔釋之時董璋寇峽內諸州崇阮望風遁走壬辰陝州節度使李從璋移鎮河中癸丑升盧州爲昭順軍甲午以衡州刺史姚彥章爲昭順軍節度使丁酉安重誨奏男崇贊崇緒等到州臣已拘送赴闕崇緒至陝州詔令下獄己亥詔安重誨宜削奪在身官爵並妻阿張男崇贊崇緒等並賜死其餘親

不問壬寅以尚書左丞崔居儉爲工部尚書以吏部侍郎王權爲尚書左丞丙午以隨駕馬軍都指揮使宣州節度使安從進爲陝州節度使丁未以前中書舍人楊凝式爲左散騎常侍戊申以右龍武統軍王景戡爲新州節度使己酉以右領軍上將軍李肅爲左金吾大將軍壬子以隨駕步軍都指揮使藥彥稠爲邠州節度使癸丑以邠州節度使劉行琮卒廢朝贈太傅詔有司及天下州縣于律令格式六典中錄本局公事書于廳壁令其遵行六月丁巳朔復置明法科同開元禮乙丑以皇子左衛大將軍從珂依前檢校太傅加同平章事行京兆尹充西都留守庚午以邠州節度使張溫爲右龍武統軍甲戌以魏徵八代孫謩爲安定縣主簿乙亥以鎮州節度使宋王從厚爲興唐尹以石敬瑭爲河陽天雄軍節度使以天雄軍節度使石敬班爲河陽節度使依前六軍諸衛副使丙子詔諸道觀察使均補苗稅將有力人戶出剩田苗補貧下不迨頃畝有嗣者排改檢括自今年起爲定額乙卯定州節度使李從敏移鎮州節度使盧質爲滄州節度使庚辰皇孫太子舍人重美授司勳員外郎重真已下六人

並授同正將軍及檢校官壬午以前秦州節度使李德珫爲定州節度使兼北面行營副招討使太原地震詔天下州府斷獄先于案牘之上坐所該律令格式及新勅然後區分乙酉以前黔州節度使楊漢賓爲羽林統軍詔止絕諸射係省店宅莊園秋七月庚寅以權侍衞馬軍都指揮使登州刺史張從實爲壽州節度使兼侍衞步軍都指揮使壬辰福建王延鈞上言當境廟七所乞封王號勅如諸史傳有名宜封爲閩越富義王其餘任自于境內祭享乙未詔諸道奏薦州縣官使相先許一年薦三人今許薦五人不帶使相先許薦二人今許薦三人直屬京防禦團練使先許薦一人今許薦二人詔應州縣官內有曾在朝行及曾佐幕府罷任後準前資朝官賓從別處分其帶省銜并內供奉裏行及諸已出選門者或降授令錄罷任日並依出選門例處分便與除官更不在赴常調州縣官其間書得十六考者準格敘加朝散階亦準出選門例處分三司奏先許百姓造麴不來官場收買伏恐課額不逮請復已前麴法鄉戶與在城條法一例指揮仍據已造到麴納官量支還麥本從之甲辰前晉州節度使

朱漢賓授太子少保致仕庚戌大理正劇可久責授登州司戸刑部員外郎裴選責授衛尉寺丞刑部侍郎李光序判大理卿事任贊各降一官罰一季俸坐斷罪失入也八月丙寅詔天下州府商税務並委逐處差人依省司年額勾當納官以故鎮州節度使趙王王鎔男昭誨爲朝議大夫司農少卿賜紫金魚袋繼絶也辛丑升虔州爲昭信軍癸亥以太常少卿盧文紀爲祕書監以祕書監馬縞爲太子賓客左監門上將軍羅周敬爲右領軍上將軍前懷州刺史婁繼英爲左監門上將軍乙丑詔大理寺官員宜同臺省官例升進法直官比禮直官任使仍于諸道贓罰錢內每月支錢一百貫文賜刑部大理兩司其刑部于所賜錢三分與一分丙寅以武平軍節度使馬希振依前檢校太尉兼侍中充虔州昭信軍節度使詔百官職吏應選授外官者考滿日並委本州申奏追還本司依舊職行公事己巳太傅致仕王建立太子少保致仕朱漢賓皆上章求歸鄉里詔內外致仕官凡要出入不在拘束之限辛未以翰林學士兵部侍郎劉昫守本官充端明殿學士以左拾遺直樞密院李崧充樞密直學士壬申以

左龍武統軍李承約爲潞州節度使癸酉詔文武百官五日內殿起居仍舊其輪次轉對若有封事許非時上表朔望入閤待制候對一依舊制乙亥翰林學士工部侍郎竇夢徵卒丁丑以前西京副留守梁文矩爲兵部尚書己卯詔不得薦銀青階爲州縣官壬午詔應有朝臣藩侯郡守凡欲營葬未曾封贈許追封贈禮部尚書致仕李德休卒九月丙戌以前兗州節度使符彥超爲左龍武統軍己亥懷化軍節度使東丹慕華賜姓李名贊華改封隴西縣開國公應有先配諸軍契丹並賜姓名詔天下營田務只許耕無主荒田各招浮客不得留占屬縣編戶辛丑樞密使檢校太傅刑部尚書范延光加同平章事使如故壬寅以中書舍人封翹爲禮部侍郎禮部侍郎盧詹爲戶部侍郎癸卯許州節度使李從温移鎮河東詔天下州縣官不得與部內富民于公廳同坐辛亥詔五坊見在鷹隼之類並可就山林解放今後不許進獻冬十月戊午以前北京留守太原尹馮贇爲許州節度使辛酉左補闕李詳上疏以北京地震多日請遣使臣往彼慰撫察問疾苦祭祀山川從之先是太原留後密奏無敢言者及詳

有是奏帝甚嘉之改賜章服丙寅詔應在朝臣寮藩侯郡守準例合得追贈者新授命後便于所司投狀旋與施行封妻蔭子準格合得者亦與施行外官曾任朝班據在朝品秩格例合得封贈敘封者並與施行其補蔭據資蔭合得者先受官者先與收補後受官者據月日次第施行從之十一月甲申朔日有食之己丑日南至帝御文明殿受賀丁酉以翰林學士起居郎張礪爲兵部員外郎知制誥充職以汝州防禦使張希崇爲靈州兩使留後庚子以左威衛上將軍華温琪爲華州節度使福建節度使王延鈞奏誅建州節度使王延稟及其子繼雄壬寅詔今後諸道兩使判官罷任一年與比擬書記支使防禦團練判官二年推巡軍事判官並三年後與比擬仍每遇除授量與改轉官資或階勳職次云以御史中丞劉贊爲刑部侍郎以鳳州節度使孫岳充西面閤道使壬子鄆州奏黃河暴漲漂溺四千餘戶癸丑以給事中崔衍爲御史中丞十二月甲寅朔詔開鐵禁許百姓自鑄農器什器之屬于夏秋田畝上每畝輸農器錢一錢五分乙卯畋于西郊丁巳以彰武軍節度使劉訓卒廢朝庚午以前利州

節度使康思立爲陝州節度使秦州地震丁丑詔三司所過西川兵士家屬常
令贍給

舊五代史卷四十二

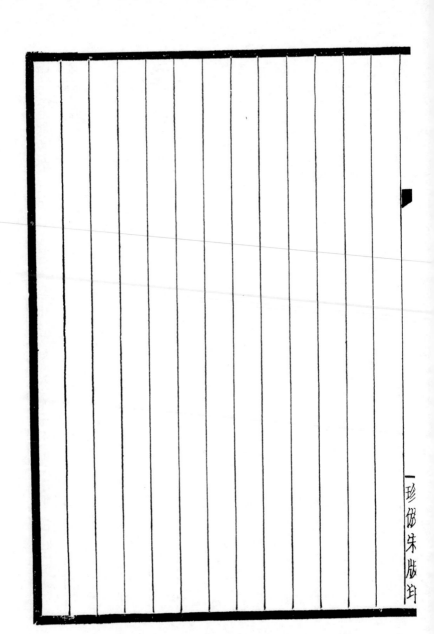

舊五代史卷四十二考證

唐明宗紀八壬申契丹東丹王托雲自渤海國率其衆到闕　案托雲歸唐五代春秋作二年正月蓋以到闕之日爲據歐陽史作四年十一月丙戌蓋以奏聞之日爲據

以沙州節度使曹義金兼中書令　沙州原本作汝州今據通鑑改正

甲寅以遂州節度使夏魯奇歿于王事廢朝　案通鑑正月庚午李仁罕陷遂州夏魯奇自殺歐陽史作四月甲寅董璋陷遂州武信軍節度使夏魯奇死之蓋歐陽史以奏聞之日爲陷城之月也

見禁囚徒除死罪外並放　案歐陽史作乙卯以旱赦流罪以下因與是書作壬子異

詔安重誨宜削奪在身官爵並妻阿張男崇贊崇緒等並賜死　案重誨見殺是書作閏月己亥歐陽史作閏五月丁酉五代春秋作五月

以前黔州節度使楊漢賓爲羽林統軍　漢賓原本作漢章考上文有雲州節

度使楊漢章不應黔州節度使與之同名今據通鑑改正

辛亥詔五坊見在鷹隼之類並可就山林解放　辛亥歐陽史作丁亥通鑑從是書

扎雲舊作突欲今改　特哩袞舊作惕隱今改　扎古舊作則骨今改　錫里扎拉舊作舍利則刺今改　裕勒古舊作棫骨今改　格斯齊舊作竭失訖今改

舊五代史卷四十二考證

舊五代史卷四十三

宋門下侍郞參知政事監修國史薛居正等撰

唐書第十九

明宗紀九

長興三年春正月癸未朔帝御明堂殿受朝賀仗衛如式丁亥陝州節度使安從進移鎮延州己丑遣邠州節度使藥彥稠靈武節度使康福率步騎七千往方渠討党項之叛者庚寅以前北京副留守呂夢奇爲戶部侍郎辛卯以前彰國軍留後孫漢韶爲利州節度使充西面行營副部署兼步軍都指揮使庚子契丹遣使朝貢辛丑秦王從榮加開府儀同三司兼中書令戊申詔選人文解不合式樣罪在發解官吏舉人落第次年免取文解中書門下奏請親王官至兼侍中中書令則與見任宰臣分班定位宰臣居左諸親王居右如親王及諸使守侍中中書令亦分行居右其餘使相依舊從之渤海回鶻吐蕃遣使朝貢大理正張居琢上言所頒諸州新定格式律令請委逐處各差法直官一人專

掌檢討從之二月乙卯制晉國夫人夏氏追冊爲皇后丙辰幸龍門詔故皇城使李從璨可贈太保詔出選門官罷任後周年方許擬議自于所司投狀磨勘送中書又詔罷城南稻田務以其所費多而所收少欲復其水利資于民間碾磑故也秦州奏州界三縣之外別有一十一鎭人戶係鎭將徵科欲隨其便宜復置隴城天水二縣以隸之詔從之甲子幸至德宮以右衛大將軍高居貞爲右監門衛上將軍庚午以前華州節度使李從昶爲左驍衛大將軍以前夔州節度使安崇阮爲右驍衛大將軍以前新州節度使翟璋爲右領軍上將軍以右領軍上將軍羅周敬爲右威衛上將軍辛未中書奏請依石經文字刻九經印板從之五代會要長興三年二月中書門下奏請依石經文字刻九經印板勑令國子監集博士儒徒將西京石經本各以所業本經廣爲鈔寫仔細看讀然後僱召能雕字匠人各部隨帙刻印板廣頒天下如諸色人要寫經書並請依所印刻本不得更使雜本交錯　愛日齋叢鈔云通鑑載後唐長興三年二月辛未初令國子監校定九經雕印賣之又曰自唐末以來所在學校廢絕蜀毋昭裔出私財百萬營學館且請板刻九經蜀主從之由是蜀中文學復盛又曰唐明宗之世宰相馮道李愚請令判國子監田敏校定九經刻板印賣從之後周廣順三年六月丁巳板成獻之由是雖亂世九經傳布甚廣王仲言揮麈錄云毋昭裔貧賤時嘗借文選于交遊間其人有難色發憤異日若貴當板以鏤之遺學者後仕王蜀爲宰相遂踐其言刊之印行書籍創見于

此事載陶岳五代史補後唐平蜀明宗命太學博士李鍔書五經仿其製作刊板于國子監爲監中刻書之始　猗覺寮雜記云雕印文字唐以前無之唐末益州始有墨板後唐方鏤九經悉收人間所有經史以鏤板爲正見兩朝國史此則印書已始自唐末矣案柳氏家訓序中和三年癸卯夏鑾輿在蜀之三年也余爲中書舍人旬休閱書于重城之東南其書多陰陽雜記占夢相宅九宮五緯之流又有字書小學率雕板印紙浸染不可盡曉葉氏燕語正以此證刻書不始于馮道而沈存中謂板印書籍唐人尚未盛行爲之自馮瀛王始印五經自後典籍皆爲板本大概唐末漸有印書特未盛行後人遂以爲始于蜀也當五季亂離之際經籍方有託而流布于四方天之不絕斯文信矣甲戌靈武奏都指揮使許審環等謀亂伏誅藥彥稠奏誅党項阿埋等十族與康福入白魚谷追襲叛黨獲大首領六人諸羌二千餘人孳畜數千及先劫掠到回鶻物貨詔彥稠軍士所獲並令自收勿得箕斂己卯以前河中節度使索自通爲鄜州節度使懷化軍節度使李贊華進契丹地圖詔司天臺除密奏留中外應奏曆象雲物水旱及十曜細行諸州災祥一一並報史館以備編修壬午藥彥稠進回鶻可汗先送秦王金裝胡鞍爲党項所掠至是得之以獻帝曰先詔所獲令軍士自收今何進也令彥稠卻與獲者三月甲申契丹遣使朝貢靈武軍將裴昭隱等二人與進奏官阮順之隱官馬一匹有司論罪合抵法帝曰不可以一馬殺三人命笞而釋之丙申

西京奏百姓侯可洪于楊廣城內掘得宿藏玉四團進納賜可洪二百緡絹二百匹庚子以前鄜州節度使孫璋卒廢朝癸卯帝顧謂宰臣曰春雨稍多久未晴霽何也馮道對曰水旱作沴雖是天之常道然季春行秋令臣之罪也更望陛下廣敷恩宥久雨無妨于聖政也丁未以神捷神威雄武廣捷已下指揮改爲左右羽林軍置四十指揮每十指揮立爲一軍軍置都指揮使一人庚戌帝觀稼于近郊民有父子三人同挽犂耕者帝閔之賜耕牛三頭高麗國遣使朝貢以右領軍上將軍翟璋爲右羽林統軍以前安州留後周知裕爲左神武統軍夏四月甲寅詔諸道節度使未帶使相及防禦團練使刺史班位居檢校官高者爲上加檢校官同以先授者爲上前資在見任之下新羅王金溥遣使貢方物戊午中書奏準勑重定三京諸州府地望次第者舊制以王者所都之地爲上今都洛陽請以河南道爲上關內道爲第二河東道爲第三餘依舊制其五府按十道圖以鳳翔爲首河中成都江陵興元爲次中興初升魏州爲興唐府鎮州爲真定府望升二府在五府之上合爲七州餘依舊制又天下舊有八

大都督府以靈州爲首陝幽魏揚潞鎮徐爲次其魏鎮已升爲七府兼具員內
相次升越杭福潭等州爲都督望以十大都督府爲額仍據升降次第以陝爲
首餘依舊制十道圖有大都護請以安東大都護爲首防禦團練等使自來升
降極多今具見在具員依新定十道圖以次第爲定從之契丹累遣使求歸扎
拉特哩袞等幽州趙德鈞奏請不俞允帝顧問侍臣亦以爲不可與帝意欲歸
之會翼州刺史楊檀罷郡至闕帝問其事奏曰此輩來援王都謀危社稷陛下
寬慈貸其生命苟若歸之必復向南放箭既知中國事情爲患深矣帝然之既
而遣哲爾格錫里隨使歸蕃不欲全拒其請也詔贈皇后曹氏曾祖父母已下
爲太傅太尉太師國夫人淑妃王氏曾祖父母已下爲太子太保太傅太師國
夫人壬戌前樞密使驃騎大將軍馬紹宏卒癸亥以懷化軍節度使李贊華爲
滑州節度使初帝欲以贊華爲藩鎮范延光等奏以爲不可帝曰吾與其先人
約爲兄弟故贊華來附吾老矣儻後世有守文之主則此輩招之亦不來矣由
是近臣不能抗議甲子以太子賓客蕭蘧爲戶部尚書致仕乙丑以天雄軍節

度使宋王從厚兼中書令辛未以幽州節度使趙德鈞兼中書令五月壬午朔
帝御文明殿受朝詔禁網羅彈射弋獵丁亥以二王後前詹事府司直楊延紹
爲右贊善大夫仍襲封酅國公食邑二千戶丁酉以太子太師致仕孔勍卒廢
朝與元奏東西兩川各舉兵相持甲辰以文宣王四十三代孫曲阜縣主簿孔
仁玉爲兗州龔邱令襲文宣公戊申襄州奏漢江大漲水入州城壞民廬舍樞
密使奏近知兩川交惡如令一賊兼有兩川撫衆守險恐難討除欲令王思同
以與元之師伺便進取詔從之六月壬子朔幽州趙德鈞奏新開東南河自王
馬口至淤口長一百六十五里闊六十五步深一丈二尺以通漕運舟勝千石
畫圖以獻甲寅以權知高麗國事王建爲檢校太保封高麗國王丁巳衞州奏
河水壞隄東北流入御河戊午荊南奏東川董璋領兵至漢州西川孟知祥出
兵逆戰璋大敗得部下人二十餘走入東川城尋爲前陵州刺史王暉所殺孟
知祥已入梓州辛酉范延光奏曰孟知祥兼有兩川彼之軍衆皆我之將士料
其外假朝廷形勢以制之然陛下苟不能屈意招攜彼亦無由革面帝曰知祥

予故人也以賊臣間諜故茲阻隔今因而撫之何屈意之有由是遣供奉官李瓌使西川齎詔以賜知祥詔以霖兩積旬久未晴霽京城諸司繫囚並宜釋放甲子以大兩未止放朝參兩日洛水漲泛二丈廬舍居民有溺死者以前濮州刺史武延翰爲右領軍上將軍前階州刺史王宏贄爲左千牛上將軍金徐安潁等州大水鎮州旱詔應水旱州郡各遣使人存問秋七月辛巳朔以天下兵馬元帥尙父吳越國王錢鏐薨廢朝三日丙戌詔賜諸軍救接錢有差戊子正衙命使冊高麗國王王建靈武奏夏州界党項七百騎侵擾當道出師擊破之生擒五十騎追至賀蘭山下己丑兩浙節度使錢元瓘起復加守尙書令靑州節度使王晏球加兼中書令秦鳳兗宋亳潁鄧大水漂邑屋損苗稼夔州赤甲山崩壬辰以前太僕卿鄭續爲鴻臚卿以前兗州行軍司馬李鏻爲戶部尙書乙未福建節度使王延鈞進絹表云吳越王錢鏐薨乞封臣爲吳越王湖南馬殷官是尙書令殷薨請授臣尙書令不報戊戌太子賓客李光憲以禮部尙書致仕己亥以前靈武節度使康福爲涇州節度使幽州衙將潘杲上言知故使

劉仁恭于大安山藏錢之所樞密院差人監往發之竟無所得以皇子西京留守京兆尹從珂爲鳳翔節度使廢鳳州武興軍節制爲防禦使幷所管興文二州並依舊隸與元府丁未以門下侍郎兼吏部尚書同平章事監修國史趙鳳爲檢校太傅同平章事充邢州節度使詔諸州府遭水人戶各支借麥種及等第賑貸八月辛亥青州節度使王晏球卒廢朝二日以利州節度孫漢韶兼西面行營招討使甲寅以前振武節度使張萬進爲鄧州節度使己未以鄆州節度使房知温兼中書令移鎮青州丙寅以宰臣李愚爲門下侍郎平章事監修國史癸亥以湖南節度使馬希聲卒廢朝己卯吐蕃遣使朝貢九月壬午以鎮南軍節度使檢校太尉馬希範爲湖南節度使檢校太尉兼侍中甲申荆南節度使檢校太傅兼中書令高從誨加檢校太尉兼中書令壬辰供奉官李瓌自西川迴節度使孟知祥附表陳敘隔絕之由並進物先賜金器等瓌知祥甥也母在蜀故令瓌往焉瓌至蜀具述朝廷厚待之意知祥稱藩如初奏福慶長公主以今年正月十二日薨又奏五月三日大破東川董璋之衆于漢州收下東

川又表立功將校趙季良等五人乞授節鉞部內刺史令錄已下官乞許墨制補授帝遣閤門使劉政恩充西川宣諭使乙巳契丹遣使自幽州進馬秦州地震冬十月己酉朔再遣供奉官李瓌使西川押賜故福慶長公主祭贈絹三千匹並賜知祥玉帶先是兩川隔遠朝廷兵士不下三萬人至是知祥上表乞發遣兵士家屬入川詔報不允知祥所奏兩川部內文武將吏乞許權行墨制除補訖奏詔許之知祥所奏立功大將趙季良等五人正授節鉞續有處分襄州奏漢水溢壞民廬舍癸丑以太常卿劉岳卒廢朝己未以兵部侍郎張文寶爲吏部侍郎以戶部侍郎藥縱之爲兵部侍郎庚申幸至德宮因幸石敬瑭李從昶李從敏之第壬申大理少卿康澄上疏曰臣聞安危得失治亂興亡誠不繫于天時固非由于地利童謠非禍福之本妖祥豈隆替之源故雊雉昇鼎而桑穀生朝不能止殷宗之盛神馬長嘶而玉龜告兆不能延晉祚之長是知國家有不足懼者五有深可畏者六陰陽不調不足懼三辰失行不足懼小人訛言不足懼山崩川涸不足懼蟊賊傷稼不足懼此不足懼者五也賢人藏匿深可

畏四民遷業深可畏上下相徇深可畏廉恥道消深可畏毀譽亂真深可畏直言蔑聞深可畏此深可畏者六也伏惟陛下尊臨萬國奄有八紘蕩三季之澆風振百王之舊典設四科而羅俊彥提二柄而御英雄所以不軌不物之徒咸思革面無禮無義之輩相率悛心然而不足懼者願陛下存而勿論深可畏者願陛下修而靡忒加以崇三綱五常之教敷六府三事之歌則鴻基與五岳爭高盛業共磐石永固優詔獎之澄言可畏六事實中當時之病識者許之癸酉湖南馬希範荆南高重誨並進銀及茶乞賜戰馬帝還其直各賜馬有差丁丑帝謂范延光曰如聞禁軍戍守多不稟藩臣之命緩急如何驅使延光曰承前禁軍出戍便令逐處守臣管轄斷決近似簡易帝曰速以宣命條舉之十一月辛巳以三司使左武衛大將軍孟鵠為許州節度使以前許州節度使馮贇為宣徽使判三司以宣徽北院使孟漢瓊判院事壬午史館奏宣宗已下四廟未有實錄請下兩浙荆湖購募野史及除目報狀從之五代會要載十一月四日史館奏當館昨為大中以來迄于天祐四朝實錄尚未纂修尋具奏聞謹行購募勑命雖頒于數月圖書未貢于一編蓋以北土州城久罹兵火遂成滅絕難可訪求切恐歲月漸深耳

目不接長爲闕典過在攸司伏念江表列藩湖南奧壤至于閩越方屬勳賢戈鋋自擾于中原屏翰悉全于外府固多奇士富有羣書其兩浙福建湖廣伏乞詔旨委各于本道采訪宣宗懿宗僖宗昭宗以上四朝野史及逐朝日歷銀臺事宜內外制詞百司沿革簿籍不限卷數據有者抄錄上進若民間收得或隱士撰成卽令各列姓名請議爵賞　癸未以左僕射致仕鄭珏卒廢朝丁亥以河陽節度使兼六軍都衞副使石敬瑭爲河東節度使兼大同彰國振武威塞等軍蕃漢馬步總管時契丹帳族在雲州境上與羣臣議擇威望大臣以制北方故有是命己丑樞密使趙延壽加同平章事詔在京臣寮不得進奉賀長至馬及諸物甲午日南至帝御文明殿受朝賀己亥河中節度使李從璋加檢校太傅以右散騎常侍楊凝式爲工部侍郎庚子以祕書監盧文紀爲工部尚書以工部尚書崔居儉爲太常卿以工部侍郎鄭韜光爲禮部侍郎乙巳雲州奏契丹主在黑榆林南納喇泊造攻城之具帝遣使賜契丹主銀器綵帛十二月戊申朔供奉官丁延徽倉官田繼勳並棄市坐擅出倉粟數百斛故也教坊伶官敬新磨受賄爲人告帝令御史臺徵還其錢而後撻之癸丑幸龍門觀修伊水石堰賜丁夫酒食後數日有司奏丁夫役限十五日已滿工未畢請更役五日帝曰不惟時寒

且不可失信于小民卽止其役甲寅以太子賓客歸藹卒廢朝戊午以前宣徽使朱宏昭爲襄州節度使康義誠爲河陽節度使充侍衞親軍馬步都指揮使壬戌以吏部侍郎姚顗爲尚書左丞以尚書左丞王權爲禮部尚書以兵部侍郎藥縱之爲吏部侍郎以翰林學士中書舍人程遜爲戶部侍郎依前充職戊辰帝畋于近郊射中奔鹿是冬無雪

舊五代史卷四十三

舊五代史卷四十三考證

唐明宗紀九遣邠州節度使藥彥稠　邠州歐陽史作靜難軍

藥彥稠奏誅党項阿埋等十族與康福入白魚谷　白魚谷歐陽史作牛兒谷

戊午荊南奏東川董璋領兵至漢州西川孟知祥出兵逆戰璋大敗　案通鑑孟知祥克東川在五月五代春秋歐陽史俱作六月蓋以薛史奏聞之日爲據

供奉官李瓌　李瓌通鑑作李存瓌唐人避莊宗諱故去存字

秋七月辛巳朔以天下兵馬元帥尚父吳越王錢鏐薨廢朝三日　案五代春秋七月吳王錢鏐薨蓋秖以薛史廢朝之日爲據也通鑑作三月庚戌與九國志異

丙戌詔賜諸軍救接錢有差　案救接錢疑有舛誤考冊府元龜亦作救接今仍其舊

癸亥以湖南節度使馬希聲卒廢朝　案通鑑馬希聲卒在七月辛卯五代春

秋從是書作八月

扎拉特哩袞舊作則剌惕隱今改　哲爾格錫里舊作則骨舍利今改　納喇泊舊作捺剌泊今改

舊五代史卷四十三考證

舊五代史卷四十四

宋門下侍郎參知政事監修國史薛居正等撰

唐書第二十

明宗紀十

長興四年春正月戊寅朔帝御明堂殿受朝賀仗衞如式是日雪盈尺戊子秦王從榮加守尙書令兼侍中依前河南尹判六軍諸衞事庚寅以端明殿學士尙書兵部侍郎劉昫爲中書侍郎平章事甲午正衙命使冊故福慶長公主孟氏爲晉國雍順長公主遣太常卿崔居儉赴西川行冊禮突厥內附庚子以前河東節度使李從溫爲鄆州節度使二月癸丑朔帝于便殿閱范延光內外見管馬數對曰三萬五千匹帝歎曰太祖在太原騎軍不過七千先皇自始至終馬纔及萬今有鐵馬如是而不能使九州混一是吾養士練將之不至也吾老矣馬將奈何延光奏曰臣每思之國家養馬太多試計一騎士之費可贍步軍五人三萬五千騎抵十五萬步軍既無所施虛耗國力臣恐日久難繼帝曰誠

如卿言肥騎士而瘠吾民何益哉五代會要上問見管馬數樞密使范延光奏天下常支草粟者近五萬匹見今西北諸道蕃賣馬者往來如市其郵傳之費中估之直日以四十五貫以臣計之國力十耗其七馬無所使財賦漸消朝廷甚非所利上嘉之十月敕沿邊藩鎮或有蕃部賣馬可擇其良壯給券具數以聞丁巳以虔州節度使檢校太尉兼侍中馬希振爲洪州節度使以鄂州節度使馬希廣爲檢校太尉同平章事充桂州節度使以廬州節度使兼武安軍副使姚彥章爲檢校太尉同平章事以靜江節度副使馬希範爲鄂州節度使故潞州節度使檢校太保康君立贈太傅己未宋州節度使安元信加兼侍中濮州進重修河堤圖沿河地名歷歷可數帝覽之愀然曰吾佐先朝定天下于此隄塢閒大小數百戰又指一邱曰此吾擐甲臺也時事如昨奄忽一紀令人悲歎耳癸亥以西川節度使孟知祥爲劍南東西兩川節度使封蜀王三司奏當省有諸道鹽鐵轉運使衙職員都押衙正押衙同押衙通引衙前虞候子弟今欲列爲三司職名從之庚午以御史中丞崔衍爲兵部侍郎以右諫議大夫龍敏爲御史中丞三月己卯幸龍門延州節度使安從進奏夏州節度使李仁福卒其子彝超自稱留後甲申鎮州奏行軍司馬趙瓌節度判官

陸浣元從押衙高知柔等並棄市坐受賂枉法殺人也節度使李從敏罰一季俸乙酉以西川節度副使知武泰軍節度兵馬留後趙季良爲檢校太保黔南節度使以西川諸軍馬步都指揮使知武信軍節度兵馬留後李仁罕爲檢校太傅遂州節度使以西川左廂馬步指揮使知保寧軍節度兵馬留後趙廷隱爲檢校太保閬州節度使以西川右廂馬步都指揮使知寧江軍兵馬留後張知業爲檢校司徒夔州節度使以西川衙內馬步都指揮使知昭武軍兵馬留後李肇爲檢校太保利州節度使從孟知祥之請也丙戌賜宰相李愚絹百匹錢十萬鋪陳物一十三件時愚病帝令近臣瞿光鄴宣問所居寢室蕭然四壁病榻敝氈而已光鄴具言其事故有是賜戊子以延州節度使安從進爲夏州留後以夏州左都押衙四州防遏使李彝超爲延州留後仍命邠州節度使藥彥稠宮苑使安重益帥師援送從進赴鎮以左衛上將軍盧文進爲潞州節度使以右龍武統軍張溫爲雲州節度使庚寅以鳳翔行軍司馬李彥琮爲鹽州防禦使時范延光等奏請因夏州之師制置鹽州故有是命癸巳以右威衛上

將軍安重霸爲同州節度使己亥以左龍武統軍符彥超爲安州節度使詔除放京兆秦岐邠涇延慶同華與元十州長興元年二年係欠夏秋稅物及營田莊宅務課利以其曾輦運供軍糧料也甲辰故晉國夫人夏氏追冊皇后有司上諡曰昭懿從之夏四月戊申李彝超奏奉詔除延州留後已受恩命訖三軍百姓擁隔未遂赴任帝遣閣門使蘇繼顏齎詔促彝超赴任癸丑以刑部侍郎劉贊爲祕書監秦王傅五代會要長興四年四月以祕書監劉贊爲秦王傅前忠武軍節度判官蘇瓚爲秦王友前襄州觀察使魚崇遠爲秦王府記室參軍時言事者請爲秦王置師傅上顧問近臣皆以秦王名勢隆盛不敢置議請自選擇乃降是命甲寅前鄧州節度使梁漢顒以太子少師致仕太子賓客裴皞以兵部尚書致仕戊午追冊昭宗皇后何氏爲宣穆皇后祔饗太廟百寮進名奉慰廢朝三日己巳以左散騎常侍任贊爲戶部侍郎以吏部侍郎藥縱之爲曹州刺史癸酉延州奏蕃部劫掠餉運及攻城之具守蘆關兵士退守全明鎮五月丙子朔帝御文明殿受朝戊寅皇子鳳翔節度使從珂封潞王新授戶部侍郎任贊改刑部侍郎贊訴以所授官是丁憂闕故改焉皇子從益封許王鄆州節度使李從溫封兗王河中節

度使李從璋封洋王鎮州節度使李從敏封涇王甲申帝避暑于九曲池既而登樓風毒暴作聖體不豫翼日而愈北夢瑣言上聖體乖和馮道對寢膳之間動思調衛因指御前果實曰如食桃不康翼日見李而思戒可也初上因御李暴得風虛之疾馮道不敢斥言因奏事諷悟上意丙戌契丹遣使朝貢丁酉安從進奏大軍已至夏州攻城以其不受命也庚子以靈武留後張希崇爲本州節度使辛丑故夏州節度使朔方郡王李仁福追封虢王壬寅以前晉州留後薄文爲本州節度使六月丙午朔文武百寮宰臣馮道等拜章請于尊號內加廣運法天四字凡拜三章詔允之詔宮西新園宜名永芳園其間新殿宜名和慶殿丙辰秦王從榮加食邑至萬戶實封二千戶丁巳以右驍衛上將軍李從昶爲左龍武統軍以前邢州節度使高允韜爲右龍武統軍以右驍衛上將軍羅周敬爲左羽林統軍以右監門上將軍婁繼英爲金州刺史戊午宋王從厚加食邑至萬戶實封一千戶壬戌以前涇州節度使李金全爲滄州節度使癸亥詔御史中丞龍敏等詳定大中統類甲子第十四女封壽安公主第十五女封永樂公主戊辰以前利州節度使孫漢韶爲洋州節度使壬申永寧軍節度使容

州管內觀察使檢校太尉兼侍中馬存加食邑實封甲戌帝復不豫秋七月丁丑以著作佐郎尹拙爲左拾遺直史館國朝舊制皆以畿赤尉直史館今用諫官自拙始從監修李愚奏也己卯東岳三郎神贈威雄大將軍初帝不豫前淄州刺史劉遂淸薦泰山僧一人云善醫及召見乃庸僧耳問方藥僧曰不工醫嘗于泰山中親覩嶽神謂僧曰吾第三子威靈可愛而未有爵秩師爲我請之宮中神其事故有是命識者嫉遂淸之妖佞焉詔應臺官出行須令人訶引使軍巡職掌等規避壬午詔安從進班師時王師攻夏州無功故也乙酉以許州節度使孟鵠卒廢朝贈太傅詔賜在京諸軍將校優給有差時帝疾未瘳軍士有流言故也丁亥兩浙節度使檢校太傅守中書令錢元瓘封吳王八月戊申帝被袞冕御明堂殿受冊徽號曰聖明神武廣運法天文德恭孝皇帝禮畢制大赦天下常赦所不原者咸赦除之己酉賜侍衞諸軍優給有差時月內再有頒給自茲府藏無餘積矣辛亥以晉州節度使薄文卒廢朝丁巳以右龍武統軍李從昶爲許州節度使戊午以祕書監高輅卒廢朝辛酉以太子太師致仕

符習卒廢朝贈太師辛未秦王從榮以本官充天下兵馬大元帥加食邑萬戶實封三千戶以右羽林統軍翟璋爲晉州節度使以太子賓客馬鎬爲戶部侍郎壬申幸至德宮九月甲戌以戶部尚書李鏻爲兵部尚書以前戶部尚書韓彥惲爲戶部尚書丙子幸至德宮戊寅樞密使范延光趙延壽並加兼侍中依前充使中書奏元帥儀注諸道節度使以下帶兵權者階下具軍禮參見其帶使相者初見亦展一度公禮天下軍務公事元帥府行帖指揮其判六軍諸衛事則公牒往來其官屬軍職委元帥府奏請從之癸未以兵部侍郎盧詹爲吏部侍郎丙戌宰臣馮道加左僕射李愚加吏部尚書劉昫加刑部尚書戊子河陽節度使兼侍衛親軍都指揮使康義誠山南西道節度使檢校太傅張虔釗並加同平章事宣徽南院使判三司馮贇依前檢校太傅同平章事中書門下同二品充三司使贇亡父名章故改平章事爲同二品壬戌永寧公主石氏進封魏國公主興平公主趙氏進封齊國公主皇孫重光重哲並授銀青光祿大夫檢校工部尚書秦王宋王子也前洋州節度使梁漢顒以太子少傅致仕丁

酉以右龍武統軍高允韜爲滑州節度使以韶州刺史檢校司空王萬榮爲華州節度使萬榮王妃之父也戊戌以樞密使趙延壽爲汴州節度使以襄州節度使朱宏昭爲檢校太尉同平章事充樞密使時范延光趙延壽相繼辭退樞密務及朱宏昭有樞密之命又面辭訴帝叱之曰爾輩皆欲離朕左右怕在眼前素養爾輩將何用也宏昭退謝不復敢言吏部侍郎張文寶卒庚子清海軍節度使錢元璹加檢校太傅同平章事中吳建武等軍節度使錢元璙加檢校太師兼中書令以前滑州節度使李贊華遙領虔州節度使辛丑詔天下兵馬大元帥秦王從榮班宜在宰臣之上五代會要秦王從榮加兼中書令與宰臣分班左右定位及爲天下兵馬元帥勅曰秦王位隆將相望重磐維委任既崇等威合異班位宜在宰臣之上壬寅以北面行營都指揮使易州刺史楊檀爲振武軍節度使冬十月丙午以前同州節度使趙在禮爲襄州節度使丁未以前滑州節度使張敬詢卒廢朝以刑部侍郎任贊爲兵部侍郎充元帥府判官戊午以前鳳翔節度使孫岳爲三司使庚申以樞密使范延光爲鎮州節度使以三司使馮贇爲樞密使辛酉以前潞州節度使李承約爲左龍武統軍以

前威塞軍節度使王景戡爲右龍武統軍以左驍衛上將軍安崇阮爲左神武統軍以右監門上將軍高允貞爲右神武統軍壬戌以權知夏州事檢校司空李彝超爲夏州節度使檢校司徒丙寅詔在朝文武臣寮並與加恩以受冊尊號也戊辰以前安州節度使楊漢章爲兗州節度使以前雲州節度使張敬達爲徐州節度使庚午以前兗州節度使張延朗爲秦州節度使壬申秦州節度使劉仲殷移鎮宋州十一月丙子以前滄州節度使盧質爲右僕射庚辰改愼州懷化軍爲昭化軍升洮州爲保順軍辛巳以保大軍節度使檢校太尉鮑君福爲保順軍節度洮鄯等州觀察等使以彰義軍節度使檢校太尉同平章事杜建徽爲昭化軍節度愼瑞司等州觀察使乙酉以前汴州節度使李從曮爲鄆州節度使以鄆州節度使李從溫爲定州節度使丙戌新授右僕射盧質奏臣忝除官合赴省上事若準舊例左右僕射上事儀注所費極多欲從權務節只取尚書丞郎上事例止集南省屬寮及兩省官送上亦不敢輒援往例有費官用自量力排比兼不敢自臣隳廢前規他時任行舊制從之戊子帝不豫己

丑大漸自廣壽殿移居雍和殿是夜四鼓後帝自御榻蹶然而興顧謂知漏宮女曰夜漏幾何對曰四更因奏曰官家省事否帝曰省因唾出肉片如肺者數片便溺升餘六宮皆至慶躍而奏曰官家今日實還魂也因進粥一器侍醫進湯膳至曙帝小康壬辰天下大元帥守尚書令兼侍中秦王從榮領兵陣于天津橋內出禁軍拒之從榮敗奔河南府遇害帝聞之悲駭幾落御榻氣絶而蘇者再繇是不豫有加癸巳馮道率百寮見帝于雍和殿帝雨泣哽噎曰吾家事若此慚見卿等百寮皆泣下霑襟甲午賜宰臣樞密使御衣玉帶康義誠已下錦帛鞍馬有差遣宣徽使孟漢瓊召宋王于鄴都乙未以三司使孫岳爲亂兵所害廢朝丁酉勑秦王府官屬除諮議參軍高輦已處斬外元帥府判官兵部侍郎任贊配武州祕書監兼秦王傅劉贊配嵐州河南少尹劉陟配均州並爲長流百姓縱逢恩赦不在放還河南少尹李蕘配石州河南府判官司徒詡配寧州秦王友蘇瓚配萊州記室參軍魚崇遠配慶州河南府推官王說配隨州並爲長流百姓河南府推官尹諲六軍巡官董裔張九思河南府巡官張沆李

潮江文蔚並勒歸田里應長流人並除名六軍判官殿中監王居敏責授復州司馬六軍推官郭晙責授坊州司戶並員外置所在馳驛發遣時宰相樞密使共議任贊等已下罪馮道等曰任贊前在班行比與從榮無舊除官未及月餘便逢此禍王居敏司徒詡疾病請假將近半年近日之事計不同謀從榮所款昵者高輦劉陟王說三人昨從榮稱兵指闕之際沿路只與劉陟高輦並轡耳語至天津橋南指日影謂諸判官曰明日如今已誅王居敏矣則知其冗泛之徒不可一例從坐朱宏昭意欲盡誅任贊已下馮贇力爭之乃已戊戌帝崩于大內之雍和殿壽六十七十二月癸卯朔還梓宮于二儀殿宋王從厚自鄴都至是日發哀百寮縞素于位中書侍郎平章事劉昫宣遺制宋王從厚于柩前卽皇帝位服紀以日易月一如舊制云明年四月太常卿盧文紀上謚議曰聖智仁德欽孝皇帝廟號明宗宰臣馮道議請改聖智仁德四字爲聖德和武欽孝皇帝宰臣劉昫撰謚冊文宰臣李愚撰哀冊文是月二十七日葬于徽陵五代史補明宗之在位也一旦幸倉場觀納時主者以車駕親臨懼得其罪較量甚輕明宗因謂之曰且朕自省事以來倉場給散動經一二十年未畢今輕量如

此其後錙一折將何以償之對曰竭盡家產不足則繼之以身命明宗愴然曰只聞百姓養一家未聞一家養百姓今後每石加二斗耗以備鼠雀侵蠹謂之鼠雀耗倉糧起自此也　五代史闕文明宗出自邊地老于戰陣卽位之歲年已六旬純厚仁慈本乎天性每夕宮中焚香仰天禱祝云某蕃人也遇亂世爲衆推戴事不獲已願上天早生聖人與百姓爲主故天成長興閒比歲豐登中原無事言于五代粗爲小康

史臣曰明宗戰伐之勳雖高佐命潛躍之事本不經心會王室之多艱屬神器之自至諒由天贊匪出人謀及應運以君臨能力行乎王化政皆中道時亦小康近代已來亦可宗也儻使重誨得房杜之術從榮有啓誦之賢則宗祧未至于危亡載祀或期于綿遠矣惜乎君親可輔臣子非才遽泯烝嘗良可深歎矣

舊五代史卷四十四

舊五代史卷四十四考證

唐明宗紀十以端明殿學士尚書兵部侍郎劉昫爲中書侍郎平章事　案歐陽史劉昫傳作長興三年拜中書侍郎兼刑部尚書同中書門下平章事與本紀繫年先後互異見吳縝纂誤

二月癸丑朔　案上文正月爲戊寅朔則二月不得爲癸丑朔原文疑有舛誤

帝于便殿問范延光內外見管馬數　案錦繡萬花谷引薛史作范延慶疑傳寫之訛

以刑部侍郎劉贊爲祕書監　刑部侍郎通鑑作兵部侍郎歐陽史從是書

以著作佐郎尹拙爲左拾遺直史館　案五代會要尹拙爲左拾遺王愼徽爲右拾遺並直史館是書闕載王愼徽

戊子帝不豫　案歐陽史本紀十月壬申幸上和亭得疾家人傳十一月戊子雪明宗幸宮西上和亭得傷寒疾紀傳互異見吳縝纂誤

壬辰天下大元帥守尙書令兼侍中秦王從榮領兵陣于天津橋內出禁軍拒

之從榮敗奔河南府遇害　案五代春秋作壬午誅從榮蓋傳寫之訛歐陽史及通鑑並從是書作壬辰

舊五代史卷四十四考證

舊五代史卷四十五

宋門下侍郎參知政事監修國史薛居正等撰

唐書第二十一

閔帝紀

閔帝諱從厚小字菩薩奴明宗第三子也母昭懿皇后夏氏以天祐十一年歲在甲戌十一月二十八日庚申生帝于晉陽舊第帝髫齔好讀春秋略通大義貌類明宗尤鍾愛天成元年授金紫光祿大夫檢校司徒二年四月加檢校太保同平章事河南尹判六軍諸衞事十一月加檢校太傅三年三月授汴州節度使四年移鎮河東長興元年改授鎮州節度使尋封宋王二年加檢校太尉兼侍中移鎮鄴都三年加中書令秦王從榮帝同母兄也以帝有德望深所猜忌帝在鄴宮恆憂其禍然善于承順竟免間隙四年十一月二十日秦王誅翼日明宗遺宣徽使孟漢瓊馳驛召帝二十六日明宗崩二十九日帝至自鄴十二月癸卯朔發喪于西宮帝于柩前卽位丁未羣臣上表請聽政表再上詔允

己酉中外將士給賜有差庚戌帝縗服見羣臣于廣壽門之東廡下宰臣馮道進曰陛下久居哀毀臣等咸願一覩聖顏朱宏昭前舉帽羣臣再拜而退御光政樓存問軍民辛亥賜司衣王氏死坐秦王事也癸丑以前鎮州節度使涇王從敏權知河南府事辞以盧質代之乙卯賜司儀康氏死事連王氏也丙辰以天雄軍節度判官唐汭爲諫議大夫掌書記趙象爲起居郎元從都押衙宋令詢爲磁州刺史丁巳以左僕射平章事馮道爲山陵使戶部尚書韓彥惲爲副中書舍人王延爲判官禮部尚書王權爲禮儀使兵部尚書李鏻爲鹵簿使御史中丞龍敏爲儀仗使右僕射權知河南府盧質爲橋道頓遞使庚申以前相州刺史郝瓊爲右驍衛大將軍充宣徽北院使以光祿卿充三司副使王玫爲三司使癸亥故檢校太尉右衛上將軍充三司使孫岳贈太尉齊國公丁卯帝釋縗服羣臣三上表請復常膳御正殿從之辛未帝御中興殿羣臣列位馮道升階進酒帝曰比于此物無愛除賓友之會不近罇罍況在沉痛之中安事飲啖命徹之

應順元年春正月壬申朔帝御廣壽殿視朝百寮詣閤門奉慰時議者云月首以常服臨不視朝可也乙亥契丹遣使朝貢遼史太宗紀天顯九年閏月戊午唐遣使來告哀即日遣使祭弔丁丑以太常卿崔居儉爲祕書監以前蔡州刺史張繼祚爲左武衞上將軍充山陵橋道頓遞副使戊寅御明堂殿仗衞如儀宮懸樂作羣臣朝服就位宣制大赦天下改長興五年爲應順元年時議者以梓宮在殯宮懸樂作非禮也懸而不作可也回鶻可汗仁美遣使貢方物故可汗仁裕進遺留馬是日命中使三十五人以先帝鞍馬衣帶分賜藩位庚辰宰臣馮道加司空李愚加右僕射劉昫加吏部尙書餘並如故壬午侍衞親軍馬步軍都指揮使河陽節度使康義誠加檢校太尉兼侍中判六軍諸衞事甲申以侍衞馬軍都指揮使寧國軍節度使安彥威爲河中節度使以侍衞步軍都指揮使忠正軍節度使張從賓爲涇州節度使並加檢校太傅以捧聖左右廂都指揮使欽州刺史朱洪實爲寧國軍節度使加檢校太保充侍衞馬軍都指揮使以嚴衞左右廂都指揮使嚴州刺史皇甫遇爲中正軍節度使檢校太保充侍衞步軍都指揮使戊子樞

密使檢校太尉同平章事朱宏昭樞密使檢校太尉同中書門下二品馮贇並加兼中書令北京留守河東節度使兼大同彰國振武威塞等軍蕃漢馬步總管石敬瑭加兼中書令幽州節度使檢校太尉兼中書令趙德鈞加檢校太師兼中書令樞密使馮贇表堅讓中書令制改兼侍中封邠國公庚寅鳳翔節度使潞王從珂加兼侍中青州節度使檢校太尉兼中書令房知温加檢校太師辛卯以翰林學士承旨尚書右丞李懌爲工部尚書以祕書監盧文紀爲太常卿充山陵禮儀使壬辰荊南節度使檢校太尉兼中書令高從誨封南平王湖南節度使檢校太尉兼中書令馬希範封楚王甲午兩浙節度使檢校太師守中書令吳王錢元瓘進封吳越王前洛州團練使皇甫立加檢校太保充鄜州節度使前彰義軍節度使康福加檢校太傅充邠州節度使劍南東西兩川節度使檢校太尉兼中書令蜀王孟知祥加檢校太師制下知祥辭不受命丙申鎮州節度使檢校太尉兼侍中范延光汴州節度使檢校太尉兼侍中趙延壽並加檢校太師戊戌山南西道節度使檢校太傅同平章事張虔釗襄州節度

使趙在禮並加檢校太尉辛丑以振武軍節度使安北都護楊檀兼大同彰國振武威塞等軍都虞候充北面馬軍都指揮使閏月壬寅朔羣臣赴西宮臨癸卯御文明殿入閤以前右僕射權知河南府事盧質爲太子少傅兼河南尹以諫議大夫唐汭膳部郎中知制誥陳乂並爲給事中充樞密院直學士通鑑汭以文學從帝歷三鎮在幕府及即位將佐之有才者朱馮皆斥逐之汭性迂疎朱馮恐帝含怒有時而發乃引汭于密近以其黨陳乂監之宣徽南院使驃騎大將軍左衞上將軍知內侍省孟漢瓊加開府儀同三司賜忠貞扶運保泰功臣丙午正衙命使冊皇太后曹氏戊申以前雄武軍節度使劉仲殷爲右衞上將軍邢州節度使趙鳳加爵邑自是諸藩鎮文武臣寮皆次第加恩帝嗣位覃恩澤也以翰林學士中書舍人崔梲爲工部侍郎依前充職以給事中張鵬爲御史中丞以御史中丞龍敏爲兵部侍郎以太僕少卿竇維爲大理卿甲寅正衙命使冊皇太妃王氏集賢院上言準敕書修創凌烟閣尋奉詔問閣高下等級謹按凌烟閣都長安時在西內三清殿側畫像皆北面閣有中隔隔內面北寫功高宰輔南面寫功高諸侯王隔外面次第圖畫功臣題贊自西京板

蕩四十餘年舊日主掌官吏及畫像工人並已淪喪集賢院所管寫真官畫真官人數不少都洛後廢職今將起閣望先定佐命功臣人數請下翰林院預令寫真本及下將作監與功次序間架修建乃詔集賢御書院復置寫真官畫真官各一員餘依所奏丁巳安州奏此月七日夜節度使符彥超爲部曲王希全所害廢朝一日戊午以前振武軍節度使安北都護高行周爲彰武節度辛酉以前鄆州闕　使范政爲少府監丙寅幸至德宮車駕至興教門有飛鳶自空而墜殪于御前是日大風晦冥二月乙亥以前鎮州節度使涇王從敏爲宋州節度使己卯以前徐州節度使檢校太傅李敬周爲安州節度使是日宣授鳳翔節度使潞王從珂爲權北京留守以北京留守石敬瑭權知鎮州軍州事以鎮州范延光權知鄴都留守事以前河中節度使洋王從璋權知鳳翔軍軍府事庚寅幸山陵工作所是日西京留守王思同奏鳳翔節度使潞王從珂拒命丁酉王思同加同平章事充西面行營都部署以前邠州節度使藥彥稠爲副部署以河中節度使安彥威爲西面兵馬都監以前定州節度使李德珫爲權北

京留守山陵使奏伏覩御札皇帝親奉靈駕至園陵伏見累朝故事人君無親送葬之儀請車駕不行不從乙未樞密使馮贇起復視事時贇丁母憂也己亥以司農卿張鑄爲殿中監庚子殿直楚匡祚上言監取亳州團練使李重吉至宋州繫于軍院重吉潞王之長子及幽于宋州帝猶以金帛賜之及聞西師咸叛方遣使殺之三月甲辰以前太僕少卿魏仁鍔爲太僕卿興元節度使張虔釗奏會合討鳳翔丙午以右領衞上將軍武延翰爲郢州刺史丁未洋州孫漢韶奏至興元與張虔釗同議進軍己酉以鎮州節度使范延光依前檢校太師兼侍中行興唐尹充天雄軍節度使北面水陸轉運制置使以北京留守河東節度使石敬瑭依前檢校太尉兼中書令其真定尹充鎮州節度使大同彰國振武威塞等軍蕃漢馬步總管如故辛亥以前定州節度使李德珫爲北京留守充河東節度使許王從益加檢校太保前河中節度使洋王從璋加檢校太傅詔藩侯帶平章事以上薨許立神道碑差官撰文未帶平章事及刺史準令式合立碑者其文任自製撰不在奏聞乙卯興元張虔釗奏自鎮將兵赴鳳翔

收大散關宗正寺奏準故事諸陵有令丞各一員近例更委本縣令兼之緣河南洛陽是京邑兼令丞不便詔特置陵臺令丞各一員己未以前金吾大將軍李肅爲左衛上將軍充山陵修奉上下宮都部署庚申西面步軍都監王景從等自軍前至奏今月十五日大軍進攻鳳翔十六日嚴衞右廂都指揮使尹暉引軍東面入城右羽林都指揮使楊思權引軍西面入城山南軍潰帝聞之謂康義誠等曰朕幼年嗣位委政大臣兄弟之間必無榛梗諸公大計見告朕獨難違事至于此何方轉禍朕當與左右自往鳳翔迎兄主社稷朕自歸藩于理爲便朱宏昭馮贇不對義誠曰西師驚潰蓋由主將失策今駕下兵甲尚多臣請自往關西振其兵威扼其衝要義誠又累奏請行帝召侍衛都將以下宣曰先皇帝棄萬國朕于兄弟之中無心爭立一旦被召主喪便委社稷岐陽兄長果致猜嫌卿等頃從先朝千征萬戰今日之事寧不痛心今據府庫悉以頒賜卿等勉之乃出銀絹錢厚賜于諸軍是時方事山陵復有此賜府藏爲之一空軍士猶負賞物揚言于路曰到鳳翔更請一分其驕誕無畏如是辛酉幸左藏

庫視給將士金帛是日誅馬軍都指揮使朱洪實坐與康義誠忿爭故也癸亥以康義誠爲鳳翔行營都招討使餘如故以王思同爲副招討使以安從進爲順化軍節度使充侍衞馬軍都指揮使詔左右羽林軍四十指揮改爲嚴衞左右龍武神武軍改爲捧聖甲子陝州奏潞王至潼關害西面都部署王思同乙亥宣諭西面行營將士俟平鳳翔日人賞二百千府庫不足以宮闈服翫增給詔侍衞馬軍都指揮使安從進京城巡檢是日從進已得潞王書檄潛布腹心矣丁卯潞王至陝州戊辰帝急召孟漢瓊不至召朱宏昭宏昭懼投于井安從進尋殺馮贇于其第是夜帝以百騎出元武門謂控鶴指揮使慕容遷曰爾誠有馬控鶴從予及駕出卽闔門不行還乃帝素親信者也臨危如是人皆惡之是月二十九日夜帝至衞州東七八里遇騎從自東來不避左右叱之乃曰鎮州節度使石敬瑭也帝喜敬瑭拜舞于路帝下馬慟哭諭以潞王危社稷康義誠以下叛我無以自庇長公主見教逆爾于路謀社稷大計敬瑭曰衞州王宏贇宿舊諳事且就宏贇圖之敬瑭卽馳騎而前見宏贇曰主上播遷至此危迫

吾戚屬也何以圖全宏贇曰天子避狄古亦有之然于奔迫之中亦有將相國寶法物所以軍長瞻奉不覺其亡也今宰職近臣從乎寶玉法物從乎詢之無有宏贇曰大樹將顛非一繩所維今以五十騎奔竄無將相一人擁從安能與復大計所謂蛟龍失雲雨者也今六軍將士總在潞邸矣公縱以戚藩念舊無奈之何遂與宏贇同謁于驛亭宣坐謀之敬瑭以宏贇所陳以聞弓箭庫使沙守榮奔洪進前讓敬瑭曰主上即明宗愛子公即明宗愛壻富貴既同受休戚合共之今謀于戚藩欲期安復翻索從臣國寶欲以此爲辭爲賊算天子耶乃抽佩刀刺敬瑭敬瑭親將陳暉扞之守榮與暉單戰而死洪進亦自刎是日敬瑭盡誅帝之從騎五十餘輩獨留帝于驛乃馳騎趨洛四月三日潞王入洛五日即位七日廢帝爲鄂王遣宏贇子殿直王巒之衛州時宏贇已奉帝幸州廨九日巒至帝遇鴆而崩時年二十一是日辰時白虹貫日皇后孔氏在宮中及王巒迴即日與其四子並遇害晉高祖即位謚曰閔與秦王及末帝子重吉並葬于徽陵域中封纔數尺路人觀者悲之

史臣曰閔帝爰自沖年素有令問及徵從代邸入踐堯階屬軒皇之弓劍初遺吳王之几杖未賜遽生猜間遂至奔亡蓋輔臣無安國之謀非少主有不君之咎以至越在草莽失守京祧斯蓋天命之難忱土德之將謝故也

舊五代史卷四十五

舊五代史卷四十五考證

唐閔帝紀閔帝諱從厚小字菩薩奴明宗第三子也　案歐陽史作明宗第五子吳縝嘗辨其誤今考五代會要亦作第三子與是書同

十二月癸卯朔　案五代春秋作癸亥朔蓋傳寫之訛歐陽史通鑑俱從是書作癸卯

節度使符彥超爲部曲王希全所害　案彥超被害通鑑從是書作閏月五代春秋繫于正月殊誤

丁酉王思同加同平章事充西面行營都部署以前邠州節度使藥彥稠爲副部署　案歐陽史辛卯西京留守王思同爲西面行營都部署靜難軍節度使藥彥稠爲副是書作丁酉與歐陽史異據通鑑則思同以辛卯充都部署丁酉加同平章也蓋采薛歐二史而兼用之

殿直楚匡祚上言　楚匡祚原本作楚祚今從通鑑增匡字

陜州奏潞王至潼關害西面都部署王思同　歐陽史作思同奔歸于京師死

之與是書異

是夜帝以百騎出元武門　案契丹國志愍帝領五十騎自隨出奔衛州宋史李洪信傳又作少帝東奔捧聖軍數百騎從行與是書異據下文王宏贄曰今以五十餘騎奔竄則作五十騎者是也

九日巒至帝遇鴆而崩　案契丹國志云王巒至衛州進鴆于愍帝愍帝不飲巒縊殺之與是書異

舊五代史卷四十五考證

舊五代史卷四十六

宋門下侍郎參知政事監修國史薛居正等撰

唐書第二十二

末帝紀上

末帝諱從珂本姓王氏鎭州人也母宣憲皇后魏氏以光啓元年歲在己巳正月二十三日生帝于平山景福中明宗爲武皇騎將略地至平山遇魏氏擄之帝時年十餘歲明宗養爲己子小字二十三帝幼謹重寡言及壯長七尺餘方頤大體材貌雄偉以驍果稱明宗甚愛之在太原嘗與石敬瑭因擊毬同入于趙襄子之廟見其塑像屹然起立帝祕之私心自負及從明宗征討以力戰知名莊宗嘗曰阿三不惟與我同齒敢戰亦相類莊宗與梁軍戰于胡柳陂兩軍俱撓帝衞莊宗奪土山摧驍陣其軍復振時明宗先渡河莊宗不悅謂明宗曰公當爲我死渡河安往明宗待罪莊宗以帝從戰有功由是解慍天祐十八年莊宗營于河上議討鎭州留守符存審在德勝砦未行梁人謂莊宗已北乃悉

衆攻德勝莊宗命明宗存審爲兩翼以抗之自以中軍前進梁軍退卻帝以十數騎雜梁軍而退至壘門大呼斬首數級斧其望櫓而還莊宗大噱曰壯哉阿三賜酒一器同光元年四月從明宗襲破鄆州九月莊宗敗梁將王彥章于中都急趨汴州明宗將前軍帝率勁騎以從晝夜兼行率先下汴城莊宗勞明宗曰復唐社稷卿父子之功也二年以帝爲衞州刺史時有王安節者昭宗朝相杜讓能之宅吏也安節少善賈得相術于奇士因事見帝于私邸退謂人曰真北方天王相也位當爲天子終則我莫知也三年明宗奉詔北禦契丹以家在太原表帝爲北京內衙指揮使莊宗不悅以帝爲突騎都指揮使遣戍石門四年魏州軍亂明宗赴洛時帝在橫水率部下軍士由曲陽盂縣趨常山與王建立會倍道兼行渡河而南由是明宗軍聲大振天成初以帝爲河中節度使明年二月加檢校太保同平章事十一月加檢校太傅長興元年加檢校太尉先是帝與樞密使安重誨在常山因杯盤失意帝以拳擊重誨腦中其櫛走而獲免帝雖悔謝然重誨終銜之及帝鎮河中重誨知其出入不時因矯宣中旨令

牙將楊彥温遇出郭則閉門勿納是歲四月五日帝閱馬于黃龍莊彥温閉城拒帝帝聞難遽還遣問其故彥温曰但請相公入朝此城不可入也帝止虞鄉以聞明宗詔帝歸闕遣藥彥稠將兵討彥温令生致之面要鞫問十一月收城彥温已死明宗以彥稠不能生致彥温甚怒之後數日安重誨以帝失守諷宰相論奏行法明宗不悅重誨又自論奏明宗曰朕爲小將校時家徒衣食不足賴此兒荷石灰收馬糞存養以至今貴爲天子而不能庇一兒卿欲行朝典朕未曉其意卿等可速退從他私第閑坐遂詔歸清化里第不預朝請帝尚懼重誨多方危陷但日諷佛書陰禱而已二年安重誨得罪帝即授左衞大將軍未幾復檢校太傅同平章事行京兆尹充西京留守三年進位太尉移鳳翔節度使四年五月封潞王閔帝即位加兼侍中既而帝子重吉出刺亳州女尼入宮帝方憂不測應順元年二月移帝鎮太原是時不降制書唯以宣授而已帝聞之召賓佐將吏以謀之皆曰主上年幼未親庶事軍國大政悉委朱宏昭等王必無保全之理判官馬裔孫曰君命召不俟駕行焉諸君凶言非令圖也是夜

帝令李專美草檄求援諸道欲誅君側之罪朝廷命王思同率師來討三月十五日外兵大集（九國志李彥琦傳潞王守岐下諸道將急攻其壘彥琦時在圍中罄家財以給軍用）十六日大將督衆攻城帝登城垂泣諭于外曰我年未二十從先帝征伐出生入死金瘡滿身樹立得社稷軍士從我登陣者多矣今朝廷信任賊臣殘害骨肉且我有何罪因慟哭聞者哀之時羽林都指揮使楊思權謂衆曰大相公吾主也遂引軍自西門入嚴衛都指揮使尹暉亦引軍自東門而入外軍悉潰十七日率居民家財以賞軍士是日帝整衆而東二十日次長安副留守劉遂雍以城降率京兆居民家財犒軍二十三日次靈口誅王思同二十四日次華州收藥彥稠繫獄二十五日次閿鄉王仲皐父子迎謁命誅之二十六日次靈寶河中節度使安彥威來降待罪宥之遣歸鎮陝州節度使康思立奉迎二十七日次陝州下令告諭京城二十八日康義誠軍前兵士相繼來降義誠詣軍門請罪帝宥之駕下諸軍畢至誅宣徽南院使孟漢瓊于路左是夜閔帝與帳下親騎百餘出元武門而去夏四月壬申帝至蔣橋文武百官立班奉迎教旨以未拜梓宮未可相見

俟會于至德宮時六軍勳臣及節將內職已累表勸進是日帝入謁太后太妃至西宮伏梓宮慟哭宰相與百寮班見致拜帝答拜馮道等上牋勸進帝立謂羣臣曰予之此行事非獲已當俟主上歸闕園陵禮終退守藩服諸公言遽及此信無謂也衞州刺史王宏贄奏閔帝以前月二十九日至州癸酉皇太后下令降閔帝爲鄂王又太后令曰先皇帝誕膺天睠光紹帝圖明誠動于三靈德澤被于四海方期偃革遽歎遺弓自少主之承祧爲奸臣之擅命離間骨肉猜忌磐維既輒易于藩垣復驟興于兵甲遂致輕離社稷大撓軍民萬世鴻基將墜于地皇長子潞王從珂位居冢嗣德茂沖年乃武乃文惟忠惟孝前朝廓清多難有戰伐之大功纘紹丕圖有夾輔之盛業今以宗祧乏祀園寢有期須委親賢俾居監撫免萬機之壅滯慰兆庶之推崇可起今月四日知軍國事權以書詔印施行是日監國在至德宮宰臣馮道等率百官班于宮門待罪帝出于庭曰相公諸人何罪請復位乃退甲戌太后令曰先皇帝櫛風沐雨平定華夷嗣洪業于艱難致蒼生于富庶鄂王嗣位奸臣弄權作福作威不誠不信離間

骨肉猜忌磐維鄂王輕捨宗祧不克負荷洪基大寶危若綴旒須立長君以紹
丕構皇長子潞王從珂日躋孝敬天縱聰明有神武之英姿有寬仁之偉略先
朝經綸草昧廓靜寰區辛勤有百戰之勞忠貞贊一統之運臣誠子道冠古超
今而又克己化民推心撫士率土之謳歌有屬上蒼之睠命攸臨一日萬幾不
可以暫曠九州四海不可以無歸況因山有期同軌斯至永言嗣守屬任元良
宜卽皇帝位乙亥監國赴西宮柩前告奠卽位攝中書令李愚宣冊書曰維應
順元年歲次甲午四月庚午朔六日乙亥文武百寮特進守司空兼門下侍郎
同中書門下平章事充太微宮使弘文館大學士上國柱始平郡公食邑二千
五百戶臣馮道等九千五百九十三人上言帝王興運天地同符河出圖而洛
出書雲從龍而風從虎莫不恢張八表覆育兆民立大定之基保無疆之祚人
謠再洽天命顯歸須登宸極之尊以奉祖宗之祀伏惟皇帝陛下天資仁智神
助機權奉莊宗于多難之時從先帝于四征之際凡當決勝無不成功洎正皇
綱每嚴師律爲國家之志大守臣子之道全自泣遺弓常悲易月欲期同軌親

赴因山而自鄂王承祧奸臣擅命致神祇之乏饗激朝野以歸心使屈者伸令否者泰人情大順天象至明聚東井以呈祥拱北辰而應運由是文武百辟岳牧羣賢至于比屋之倫盡祝當陽之位今則承太后慈旨守先朝遠圖撫四海九州享千齡萬祀臣等不勝大願謹上寶冊稟太后令奉皇帝踐祚臣等誠慶誠忭謹言帝就殿之東楹受羣臣稱賀先是帝在鳳翔日有瞽者張濛自言知術數事太白山神其神祠卽元魏時崔浩廟也時之否泰人之休咎濛告于神卽傳吉凶之言帝親校房暠酷信之一日濛至府聞帝語聲駭然曰非人臣也暠詢其事卽傳神語曰三珠併一珠驢馬沒人驅歲月甲庚午中興戊己土暠請解釋曰神言予不知也長興四年五月府廨諸門無故自動人頗駭異遣暠問濛濛曰衙署小異勿怪不出三日當有恩命是夜報至封潞王及帝移鎮河東甚懼問濛濛曰王保無患王思同兵至又詰之濛曰王有天下不能獨力朝廷兵來迎王也王若疑臣臣惟一子請王致之麾下以質臣心帝乃以濛攝館驛巡官至是帝受冊冊曰維應順元年歲次甲午四月庚午朔帝迴視房暠曰

張濛神言甲庚午不亦異乎帝令嵩共術士解三珠一珠事言三珠三帝也驢馬沒人驅失位也帝卽位之後以濛爲將作少監同正仍賜金紫以酬之帝初封潞王言事者云潞字一足已入洛矣又帝在鳳翔日有何叟者年踰七十暴卒見陰官凭几告叟曰爲我言于潞王來年三月當爲天子二十三年叟旣蘇懼不敢言逾月復卒陰官見而叱之曰安得違吾旨不達其事再放汝還退見廊廡下簿書以問主者曰朝代將易此卽陞降人爵之籍也及蘇詣帝親校劉延朗告之帝召而問之叟曰請質之此言無徵戮之可也後人云二十三蓋帝之小字也又石壕人胡杲通善天文帝召問之曰王貴不可言若舉動宜以乙未年及舉兵又問之杲通曰今歲蔀首王者不宜建功立事若俟來歲入朝則福祚永遠矣其後皆驗夫如是則大寶之位必有冥數可輕道哉丙子詔河南府率京城居民之財以助賞軍丁丑又詔預借居民五個月房課不問士庶一概施行帝素輕財好施自岐下爲諸軍推戴告軍士曰候入洛人賞百千至是以府藏空匱于是有配率之令京城庶士自絕者相繼己卯衞州奏此月九日

鄂王薨庚辰以宰臣劉昫判三司辛巳邢州奏磁州刺史宋令詢自經而卒令詢鄂王在藩時都押牙也故至于是甲申帝以鄂王薨行服于內園羣臣奉慰癸未太后太妃出宮中衣服器用以助賞軍乙酉帝服袞冕御明堂殿文武百寮朝服就位宣制改應順元年爲清泰元年大赦天下常赦不原者咸赦除之丁亥以宣徽北院使郝瓊爲宣徽南院使權判樞密院以前三司使王玫爲宣徽北院使以隨駕牙將宋審虔爲皇城使劉延朗爲莊宅使鳳翔節度判官韓昭允爲左諫議大夫充端明殿學士觀察判官馬裔孫爲翰林學士掌書記李專美爲樞密院直學士戊子侍衞親軍都指揮使康義誠伏誅是日詔曰樞密使朱宏昭馮贇宣徽南院使孟漢瓊西京留守王思同前邠州節度使藥彥稠共相朋煽妄舉干戈互興離間之謀幾構傾亡之禍宜行顯戮以快羣情仍削奪官爵云庚寅鳳翔奏西川孟知祥僭稱大蜀年號明德有司上言皇帝以五月朔日御明堂殿受朝三日夏至祀皇地祇前二日奏告獻祖室不坐比正旦冬至是日有祀事則次日受朝今祀在五鼓前質明行禮畢御殿在旦後請比

例行之詔曰日出御殿舉祀事無妨宜依常年例史館奏凡書詔及處分公事
臣下奏議望令近臣錄付當館詔端明殿學士韓昭允樞密直學士李專美錄
送辛卯以左諫議大夫盧損爲右散騎常侍壬辰詔賜禁軍及鳳翔城下歸命
將校錢帛各有差（通鑑云禁軍在鳳翔歸命者自楊思權尹暉等各賜二馬一駝錢七十緡下至軍人錢二十緡其在京者各十緡）初
帝離岐下諸軍皆望以不次之賞及從至京師不滿所望相與謠曰去卻生菩
薩扶起一條鐵其無厭如此丙申葬明宗皇帝于徽陵丁酉奉神主于太廟戊
戌山陵使司空兼門下侍郎平章事馮道上表納政不允五月庚子朔御文明
殿受朝賀乙巳以左龍武指揮使安審琦爲左右捧聖都指揮使以右千牛上
將軍符彥饒爲左右嚴衛都指揮使丙午以端明殿學士韓昭允爲樞密使以
莊宅使劉延朗爲樞密副使以權知樞密事房暠爲宣徽北院使以成德軍節
度使大同彰國振武威塞等軍蕃漢馬步都部署檢校太尉兼中書令駙馬都
尉石敬瑭爲北京留守河東節度使加檢校太師兼中書令都部署如故汴州
節度使檢校太師兼侍中駙馬都尉趙延壽進封魯國公戊申中書門下奏太

常禮院狀明宗以此月二十日祔廟宰臣攝太尉行事緣馮道在假李愚十八日私忌在致齋內劉昫又奏判三司免祀事（五代會要清泰元年五月宰臣劉昫奏中書以近敕祠祭行事官致齋內唯祀事得行其餘悉斷又宰臣行事致齋內不押班不赴內殿起居不知印臣緣判三司公事其祀事國忌行香伏乞特免從之）詔禮官參酌有司上言李愚私忌在致齋內諸私忌日遇大朝會入閤宣召皆赴朝參今祔廟事大忌日屬私請比大朝會宣召例從之以陝府節度使康思立爲邢州節度使以同州節度使安重霸爲西京留守以羽林右第一軍都指揮使春州刺史楊思權爲邠州節度使己酉左監門衛將軍孔知鄴右驍衛將軍華光裔並勒停見任時差知鄴應州告廟稱疾辭命改差光裔復稱馬墜傷足故俱罷之庚戌以司空兼門下侍郎平章事馮道爲檢校太尉同平章事充同州節度使以天雄軍節度使范延光爲樞密使封齊國公鄆州節度使李從曮爲鳳翔節度使辛亥以嚴衛都指揮使尹暉爲齊州防禦使甲寅以侍衛馬軍都指揮順化軍節度使安從進爲河陽節度使典軍如故太常卿盧文紀奏明宗一室酌獻舞曲請名雍熙之舞從之丁巳以皇子銀青光祿大夫檢校工部尚書重

美爲檢校司徒守左衛上將軍自是諸道節度使刺史文武臣寮相繼加檢校官或階爵封邑以帝登位覃慶也戊午以隴州防禦使相里金爲陝州節度使初帝以檄書告藩鄰惟金遣判官薛文遇往來計事故以節鎮獎之宣徽北院使檢校工部尚書房暠加檢校司空行左威衛大將軍使如故以樞密使左諫議大夫韓昭允爲刑部尚書使如故己未太白晝見以樞密副使劉延朗爲左領軍大將軍職如故庚申左僕射門下侍郎平章事監修國史李愚加特進充太微宮使弘文館大學士餘如故中書侍郎兼吏部尚書同平章事集賢院大學士判三司劉昫加門下侍郎兼吏部尚書平章事監修國史判三司癸亥秦州奏西川孟知祥出軍迫陷成州以宣徽南院使右驍衛大將軍郝瓊爲左驍衛上將軍職如故以前義州刺史張承祐爲武勝軍留後戊辰以前右龍武統軍王景戡爲右驍衛上將軍六月庚午朔改侍衛捧聖軍爲彰聖改嚴衛軍爲寧衛壬申封吳岳成德公爲靈應王禮秩同五岳帝初起遣使祭岳以求祐及登阼故有是報五代會要載中書門下奏天寶十載正月封吳山爲成德公與沂山會稽醫巫閭同封至德二載十二月改吳山爲岳祠享官

屬一同五岳今國家以祈禱靈應宜示殊禮臣等商量請加封爲靈應王從之幽州節度使趙德鈞進封北平王青州節度使房知温進封東平王癸酉以前鄜州節度使索自通爲右龍武統軍甲戌皇子左衞上將軍重美加檢校太保同平章事充鎮州節度使兼河南尹判六軍諸衞事丁丑詔天下見禁罪人委所在長吏躬親慮問疾速疏決庚辰幸至德宮因幸房知温安元信范延光索自通李從敏第壬午以檢校太子太傅致仕王建立爲檢校太尉兼侍中鄆州節度使以前宋州節度使安元信爲檢校太尉兼侍中潞州節度使癸未三司使劉昫奏天下戶民自天成二年括定秋夏田稅迨今八年近者相次有百姓詣闕訴田不均累行蠲放漸失稅額望差朝臣一概檢視不報甲申帝爲故皇子亳州刺史重吉皇長女尼惠明大師幼澄舉哀行服羣臣詣閤門奉慰帝起兵之始重吉幼澄俱爲閔帝所害乙酉以戶部侍郎韓彥惲爲絳州刺史以左武衞上將軍李肅爲單州刺史丙戌襄州節度使趙在禮加同平章事甲午以武勝軍留後張承祐爲華州節度使以皇城使宋審虔爲壽州節度使充侍衞步軍都指揮使以右衞上將軍劉仲殷

爲宋州節度使以侍衛步軍都指揮使壽州節度使皇甫遇爲鄧州節度使以前華州節度使華温琪爲太子太傅致仕丁酉左神武統軍周知裕卒贈太傅是月京師大旱熱甚暍死者百餘人秋七月庚子太子少保致仕崔沂卒癸卯鳳翔進僞蜀孟知祥來書稱大蜀皇帝獻書于大唐皇帝且言見迫羣情以今年四月十二日卽皇帝位云帝不荅以前武州刺史鄭琮爲右衛上將軍甲辰幸龍門佛寺禱雨乙巳皇子故亳州團練使重吉贈太尉仍于宋州置廟丁未鳳翔節度使李從曮封西平王是日宰臣李愚劉昫因論公事于政事堂相詬辭甚鄙惡帝令樞密副使劉延朗宣諭曰卿等輔弼之臣不宜如是今後不得更然辛亥以太常卿盧文紀爲中書侍郎平章事是日中書門下三上章請立中宮從之丁巳制立沛國夫人劉氏爲皇后庚申太子少傅陳皐卒乙丑史官張昭遠以所撰莊宗朝列傳三十卷上之八月庚午詔蠲放長興四年十二月已前天下所欠殘稅辛未以前尚書左丞姚顗爲中書侍郎平章事詔應曾受帝

御署官逐攝同一任正官依期限赴選徐無黨五代史注云御署官疑是廢帝初舉兵時所置之官以其非吏部正授

故須有旨方得選荆南奏僞蜀孟知祥卒其子昶嗣僞位壬申以尚書禮部侍郎鄭韜光爲刑部侍郎以前工部侍郎楊凝式爲禮部侍郎甲戌以前金州防禦使婁繼英爲右神武統軍以右神武統軍高允貞爲左神武統軍乙亥以翰林學士承旨工部尚書知制誥李懌爲太常卿以翰林學士戶部侍郎知制誥程遜爲學士承旨甲申以兵部侍郎龍敏爲吏部侍郎以祕書監崔居儉爲工部尚書乙酉以右武衞上將軍張繼祚爲右衞上將軍以右驍衞上將軍王景戡爲右衞上將軍以右領衞上將軍劉衞爲左武衞上將軍以右千牛上將軍王陟爲右領軍上將軍以司農卿兼通事舍人判四方館事王景崇爲鴻臚卿依前通事舍人判四方館丁亥右龍武統軍索自通卒辛卯禮部尚書致仕李光憲卒甲午以太子少傅盧質爲太子少師乙未以前邢州節度使趙鳳爲太子太保詔文武百官差使宜令依倫次中書置簿不得重疊若當使者自緣有事或不欲行者注簿便當一使自長興三年正月後已曾奉使者便爲簿首已後差者次第注之有司上言皇后受册內外命婦上牋無答教從之丙申御文明殿册

皇后命使攝太尉宰臣盧文紀使副攝司徒右諫議大夫盧損詣皇后宮行禮
畢恩賜有差九月己亥以久雨分命朝臣營都城門告宗廟社稷辛丑夜有星
如五斗器西南流尾迹長數丈屈曲如龍形又衆星亂流不可勝數京師大雨
雹如彈丸曹州刺史欒縱之卒甲辰以霖霪甚詔都下諸獄委御史臺憲錄問
諸州縣差判官令錄親自錄問晝時疏理壬子中書門下舉行長興三年勅常
年薦送舉人州郡行鄉飲酒之時帖太常草定儀注奏聞甲寅以前潞州節度
使檢校太尉同平章事盧文進爲安州節度使己未雲州奏契丹寇境冬十月
辛未有雉金色止于中書政事堂中書門下奏請以正月二十三日皇帝誕慶
日爲千春節從之戊寅宰臣李愚劉昫罷相以愚守左僕射昫守右僕射契丹
寇雲應州詔河東節度使石敬瑭率兵屯代州戊子宰臣姚顗奏吏部三銓近
年併爲一司望令依舊分銓從之辛卯以左衞上將軍李宏元卒廢朝贈司徒
癸巳以禮部郎中知制誥呂琦守本官充樞密院直學士十一月辛丑以刑部
侍郎鄭韜光爲尚書右丞以光祿少卿烏昭遠爲少府監秦州節度使張延朗

奏率師伐蜀中書門下奏二十六日明宗忌陛下初遇忌辰不同常歲請于忌辰前後各一日不坐朝從之御史臺奏前任節度使刺史行軍副使雖每日于便殿起居每遇五日起居亦合綴班從之丙午以前興州刺史馮暉配同州衙前安置暉爲興州刺史屯乾渠蜀人來侵暉自屯所奔歸鳳翔故有是責丁未詔振武新州河東西北邊經契丹蹂踐處放免三年兩稅差配時契丹初退故也癸丑以前華州節度使王萬榮爲左驍衞上將軍致仕甲寅以振武節度使楊光遠充大同彰國振武威塞等軍兵馬都虞候以前右金吾大將軍穆延暉爲右武衞上將軍壬戌以禮部侍郎楊凝式爲戶部侍郎甲子以中書舍人盧導爲禮部侍郎十二月丁卯朔詔修奉本朝諸帝陵寢己巳以北面馬軍都指揮使易州刺史安叔千爲安北都護振武節度使以齊州防禦使尹暉爲彰國軍節度使庚午詔葬庶人從榮有司上言依貞觀中庶人承乾以公禮葬從之乙亥以秦州節度使張延朗爲中書侍郎同平章事判三司（五代會要二年三月宰臣張延朗奏臣判三司公事每日內殿祗候其合綴前班押班伏乞特免從之）以中書侍郎平章事盧文紀爲門下侍郎平

舊五代史卷四十六考證

唐末帝紀上末帝諱從珂本姓王氏鎮州人也母宣憲皇后魏氏以光啓元年歲在己巳正月二十三日生帝于平山景福中明宗爲武皇騎將略地至平山遇魏氏擄之帝時年十餘歲明宗養爲己子　案通鑑攷異引唐廢帝實錄云廢帝諱從珂明宗之元子也母曰宣憲皇后魏氏鎮州平山人中和末明宗徇地山東留戍平山得魏后帝以光啓元年正月二十三日生於外舍屬用兵不息音問阻絕帝甫十歲方得歸宗今攷五代會要歐陽史通鑑諸書皆作養子惟實錄作元子疑因太后令稱爲皇長子而傅會也

二十三日次靈口　靈口通鑑唐紀作零口攷册府元龜亦作靈口今仍其舊

二十七日次陝州　案歐陽史作己巳次陝州是書閔帝紀作丁卯通鑑從是書

夏四月壬申帝至蔣橋文武百官立班奉迎　案通鑑四月庚午朔太后令內諸司至乾壕迎潞王攷異引廢帝實錄作三月三十日

癸酉皇太后下令降閔帝爲鄂王　案通鑑攷異引閔帝實錄七日廢帝爲鄂王廢帝實錄作癸酉薛歐二史從廢帝實錄

潞字一足已入洛矣　洛原本訛潞今據册府元龜改正

甲申　案甲申疑當作壬午以下文卽癸未也

舊五代史卷四十六考證

舊五代史卷四十七

宋門下侍郎參知政事監修國史薛居正等撰

唐書第二十三

末帝紀中

清泰二年春正月丙申朔帝御明堂殿受朝賀仗衛如式乙巳中書門下奏遇千春節凡刑獄公事奏覆候次月施行今後請重繫者即候次月輕繫者即節前奏覆決遣從之戊申宗正寺奏北京應州曹州諸陵望差本州府長官朝拜（五代會要載宗正寺原奏云北京永興長寧建極三陵應州遂衍奕三陵準曹州温陵例下本州府官朝拜）雍坤和徽四陵差太常宗正卿朝拜從之己酉北京奏光祿卿致仕周元豹卒庚申鄴都進天王甲帝在藩時有相士言帝如毗沙天王帝知之竊喜及即位選軍士之魁偉者被以天王甲俾居宿衛因詔諸道造此甲而進之三司奏添徵蠶鹽錢及增麴價先是麴斤八十文增至一百五十文乙丑雲州節度使張温移鎮晉州以西京留守安重霸爲雲州節度使二月庚午定州節度使王從温移鎮兗州振武軍節

度使楊檀移鎮定州兼北面行營馬步都虞候甲戌以定州節度使李周爲京兆尹充西京留守以樞密使天雄軍節度使范延光爲檢校太師兼中書令充汴州節度使皇子鎮州節度使兼河南尹判六軍諸衛事左右街坊使重美加檢校太尉同平章事充天雄軍節度使餘如故辛巳以右諫議大夫盧損爲御史中丞以御史中丞張鵬爲刑部侍郎壬午寧遠軍節度使馬存加兼侍中鎮南軍節度使馬希振加兼中書令詔順義軍節度使姚彥章加兼侍中己丑宰臣盧文紀等上皇妣魯國太夫人尊謚曰宣憲皇太后請擇日册命從之三月戊戌故太子太保趙鳳贈太傅辛丑以前汴州節度使趙延壽爲許州節度使兼樞密使以夏州行軍司馬李彝殷爲本州節度使兄彝超卒故也癸卯以靜海軍節度使檢校太師兼中書令安南都護錢元球爲留守太保餘如故丙午以給事中趙光輔爲右散騎常侍戊申皇妹魏國夫人石氏封晉國長公主齊國公主趙氏封燕國長公主己酉有司上言宣憲皇后未及山陵權于舊陵所建廟從之辛亥功德使奏每年誕節諸州府奏薦僧道其僧尼欲立講論科講

經科表白科文章應制科持念科禪科聲贊科道士欲立經法科講論科文章應制科表白科聲贊科焚修料以試其能否從之丙辰以右龍武統軍李德珫爲涇州節度使庚申以鎮州節度使知軍府事董溫琪爲鎮州節度使檢校太保壬戌以左右彰聖都指揮使富州刺史安審琦領楚州順化軍節度使軍職如故審琦受閔帝命西征至鳳翔而降故有是命是月太常丞史在德上疏言事其略曰朝廷任人率多濫進稱武士者不閑計策雖披堅執銳戰則棄甲窮則背軍稱文士者鮮有藝能多無士行問策謀則杜口作文字則倩人所謂虛設具員枉耗國力逢陛下惟新之運是文明革弊之秋臣請應內外所管軍人凡勝衣甲者請宣下本部大將一一考試武藝短長權謀深淺居下位有將才者便拔爲大將居上位無將略者移之下軍其東班臣僚請內出策題下中書令宰臣面試如下位有大才者便拔居大位處大位無大才者卽移之下僚其疏大約如此盧文紀等見其奏不悅班行亦多憤悱故諫官劉濤楊昭儉等上疏請出在德疏辨可否宣行中書覆奏亦駁其錯誤帝詔學士馬裔孫謂曰史

在德語太凶其實難容朕初臨天下須開言路若朝士以言獲罪誰敢言者爾
代朕作詔勿加在德之罪詔曰左補闕劉濤等奏太常丞史在德所上章疏中
書門下駁奏未奉宣諭乞特施行分明黜陟朕嘗覽貞觀故事見太宗之治理
以貞觀昇平之運太宗明聖之君野無遺賢朝無闕政盡善盡美無得而名而
陝縣丞皇甫德參輒上封章恣行訕謗人臣無禮罪不容誅賴文貞之彌縫恕
德參之狂瞽魏徵奏太宗曰陛下思聞得失只可恣其所陳若所言不中亦何
損于國家朕每思之誠要言也遂得下情上達德盛業隆太宗之道彌光文貞
之節斯著朕惟寡昧獲奉宗祧業業兢兢懼不克荷思欲率循古道簡拔時材
懷忠抱直之人虛心渴見便佞詭隨之說杜耳惡聞史在德近所獻陳誠無避
忌中書以文字紕繆比類僭差改易人名觸犯廟諱請歸憲法以示戒懲蓋以
中書既委參詳合盡事理朕纘承前緒誘勸將來多言數窮雖聖祖之所戒千
慮一得冀愚者之可從因覽文貞之言遂寬在德之罪已令停寢不遺宜行劉
濤等官列諫垣宜陳讜議請定短長之理以行黜陟之文昔魏徵則請賞德參

今濤等請黜在德事同言異何相遠哉將議允俞恐虧開納方朝廷粗理俊乂畢臻留一在德不足爲多去一在德未足爲少苟可懲勸朕何憂焉但緣情在傾輸理難黜責濤等敷奏朕亦優容宜體含宏勉思竭進凡百在下悉聽朕言夏四月辛巳宰臣判三司張延朗奏州縣官徵科條格其令錄在任徵科依限了絶一年加階兩年與試銜三年皆及限了絶與服色攝任者一年內了絶及攝二年三年內皆及限與真命其主簿同縣令條本判官一年加階二年改試銜三年轉官本曹官省限內了絶與試銜諸節級三年內並了絶者與賞錢三十貫其責罰依天成四年五月五日敕施行從之癸未御史中丞盧損等進清泰元年以前十一年制敕堪悠久施行者三百九十四道編爲三十卷其不中選者各令所司封閉不得行用詔其新編敕如可施行付御史臺頒行以宰相盧文紀兼太微宮使弘文館大學士姚顗加門下侍郎監修國史張延朗兼集賢殿大學士以樞密使韓昭允爲中書侍郎兼兵部尚書平章事乙酉以前武勝軍節度使張萬進爲鄜州節度使辛卯以宣徽南院使劉延皓爲刑部尚書

充樞密使以司天監耿瑗爲太府卿以僞蜀右衛上將軍胡杲通爲司天監以宣徽北院使房暠爲左衛上將軍充宣徽南院使以樞密副使劉延朗爲左領軍上將軍充宣徽北院使兼樞密副使五月丙申新州振武奏契丹寇境乙巳詔天下見禁囚徒自五月十二日以前除十惡五逆放火燒舍持仗殺人官典犯贓僞行印信合造毒藥幷見欠省錢外罪無輕重一切釋放庚戌詔不得貢奉寶裝龍鳳雕鏤刺作組織之物中書奏準勑凡廟諱但迴避正文其偏旁文字不在減少點畫今定州節度使楊檀檀州金壇等名酌清制宜並請改之其表章文案偏旁字闕典畫凡臣寮名涉偏旁亦請改名詔曰偏旁文字音韻懸殊止避正呼不宜全改楊檀賜名光遠餘依舊甲寅以戶部侍郎楊凝式爲祕書監以尙書禮部侍郎盧導爲尙書右丞以尙書右丞鄭韜光爲尙書左丞丙辰以端明殿學士李專美爲兵部侍郎以端明殿學士李崧爲戶部侍郎以翰林學士馬裔孫爲禮部侍郎以禮部郎中充樞密院直學士呂琦爲給事中並充職如故太子少保致仕任圜贈尙書右僕射以順化軍節度使兼彰聖都指

揮使北面行營排陣使安審琦爲邢州節度使庚申以兵部尚書李鏻爲太常卿以禮部尚書王權爲戶部尚書以太常卿李懌爲禮部尚書癸亥以六軍諸衞判官給事中張允爲右散騎常侍六月甲子朔新州上言契丹入寇乙丑有司上言宣憲皇太后陵請以順從爲名從之振武奏契丹二萬騎在黑榆林丁卯以太子少保致仕朱漢賓卒廢朝壬申命史官修撰明宗實錄契丹寇應州以新州節度使楊漢賓爲同州節度使以前晉州節度使翟璋爲新州節度使庚辰北面招討使趙德鈞奏行營馬步軍都虞候定州節度使楊光遠行營排陣使邢州節度使安審琦帥本軍至易州見進軍追襲契丹次河東節度使石敬瑭奏邊軍乏芻糧其安重榮巡邊兵士欲移振武就糧從之尋又奏懷孟租稅請指揮于忻代州輸納朝廷以邊儲不給詔河東戶民積粟處量事抄借仍于鎮州支絹五萬匹送河東充博采之直是月北面轉運副使劉福配鎮州百姓車子一千五百乘運糧至代州時水旱民飢河北諸州困于飛輓逃潰者甚衆軍前使者繼至督促糧運由是生靈咨怨辛巳詔諸州府署醫博士丙戌以

前許州節度使李從昶爲右龍武統軍以前彰國軍節度使沙彥珣爲右神武統軍秋七月丙申石敬瑭奏斬挾馬都指揮使李暉等三十六人以謀亂故也時敬瑭以兵屯忻州一日軍士喧譟遽呼萬歲乃斬暉等以止之契丹國志契丹屢攻北邊時石敬瑭將大兵屯忻州潞王遣使賜軍士夏衣傳詔撫諭軍士呼萬歲者數四敬瑭懼幕僚段希堯請誅其倡者敬瑭命劉知遠斬三十六人以殉潞王聞益疑之御史中丞盧損奏準天成二年七月勑每月首十五日入閤罷五日起居臣以爲中旬排仗有勞聖躬請只以月首入閤五日起居依舊又準天成三年五月長興二年七月勑許諸州節度使帶使相歲薦寮屬五人餘薦三人防禦團練使薦二人今乞行釐革又長興二年八月勑州縣佐官差充馬步判官仍同一任乞行止絕依舊銜前選補詔曰今後藩臣帶使相許薦三人餘薦二人直屬京防禦團練使薦一人餘並從之丁酉回紇可汗仁美遣使貢方物西京弓弩指揮使任漢權奏六月二十一日與川軍戰于金州之漢陰王師不利其部下兵士除傷痍外已至鳳翔先是盩厔鎮將劉贇引軍入川界爲蜀將全師郁所敗金州都監崔處訥重傷諸州屯兵潰散金州防禦使馬全節收合州兵

固守獲全以樞密使劉延皓爲天雄軍節度使甲辰以右神武統軍沙彥珣權知雲州乙巳以徐州節度使張敬達充北面行營副總管時契丹入邊石敬瑭屢請益兵朝廷軍士多在北鄙俄聞忻州諸軍呼譟帝不悅乃命敬達爲北軍之副以減敬瑭之權也丁巳宰臣盧文紀等上疏其略曰臣近蒙召對面奉天旨凡軍國庶事利害可否卿等合盡言者臣等謬處台衡奉行制敕但緣事理互有區分軍戎不在于職司錢穀非關于局分苟陳異見卽類侵官況才不濟時職非經遠因五日起居之例于兩班旅見之時略獲對敭兼承顧問衞士周環于階陛庶臣羅列于殿庭四面聚觀十手所指臣等苟欲各伸愚短此時安敢敷陳韓非昔懼于說難孟子亦憂于言責臣竊奉本朝故事肅宗初平寇難再復寰瀛頗經涉于艱難尤勤勞于委任每正衙奏事則泛咨訪于羣臣及便殿詢謀則獨對敭于四輔自上元年後于長安東內置延英殿宰臣如有奏議聖旨或有特宣皆于前一日上聞對御之時秖奉冕旒旁無侍衞獻可替否得曲盡于討論捨短從長故無虞于漏洩君臣之際情理坦然伏望聖慈俯循故

事或有事關軍國謀繫否臧未果決于聖懷要詢訪于臣輩則請依延英故事前一日傳宣或臣等有所聽聞切關利害難形文字須面敷敭臣等亦依故事前一日請開延英當君臣奏議之時秪請機要臣寮侍立左右兼乞稍霽威嚴恕臣荒拙雖乏鷹鸇之效庶盡葵藿之心詔曰卿等濟代英才鎭時碩德或締搆于興王之日或經綸于纘聖之時鹽梅之任俱崇藥石之言並切請復延英之制以伸議政之規而況列聖遺芳皇朝盛事載詳徵引良切歎嘉恭惟五日起居先皇垂範俟百寮之俱退召四輔以獨昇接以溫顏詢其理道計此時作事之意亦昔日延英之流朕叨獲嗣承切思遵守將成其美不爽兼行其五日起居仍令仍舊尋常公事亦可便舉奏聞或事屬機宜理當祕密量事緊慢不限隔日及當日便可于閤門祗候具牓子奏聞請面敷敭卽當盡屏侍臣端居便殿佇聞高議以慰虛懷朕或要見卿時亦令當時宣召但能務致理之實何必拘延英之名有事足可以討論有言足可以陳述宜以沃心爲務勿以逆耳爲虞勉罄謀猷以裨寡昧帝性仁恕聽納不倦嘗因朝會謂盧文紀等曰朕在

藩時人說唐代爲人主端拱而天下治蓋以外恃將校內倚謀臣故端拱而事辦朕荷先朝鴻業卿等先朝舊臣每一相見除承奉外略無社稷大計一言相救坐視朕之寡昧其如宗社何文紀等引咎致謝因奏延英故事故有是詔八月庚午滑州節度使高允韜卒壬申以右衛上將軍王景戡爲左衛上將軍以右神武統軍婁繼英爲右衛上將軍己卯以西上閤門使行少府少監兼通事舍人蘇繼顏爲司農卿職如故辛巳以權知雲州右神武統軍沙彥珣爲雲州節度使鄴都殺人賊陳延嗣幷母妹妻等幷棄市延嗣父子相承與其妹妻于諸州郡誘人殺之而奪其財前後被殺者數百人至是事泄而誅之癸未以前潞州行軍司馬陳元爲將作監以元善醫故有是命丁亥以洺州團練使李彥舜爲義武軍節度使檢校太傅太原奏達靼部族于靈邱安置己丑以太子少保致仕戴思遠卒廢朝庚寅以前兗州節度使楊漢章爲左神武統軍以前邢州節度使康思立爲右神武統軍潞州奏前雲州節度使安重霸卒九月己亥以河陽節度使侍衛馬軍都指揮使安從進爲襄州節度使以襄州節度使趙

在禮爲宋州節度使癸卯以忠正軍節度使侍衛步軍都指揮使宋審虔爲河陽節度使典軍如故己酉禮部貢院奏進士請夜試童子依舊表薦重置明算道舉舉人落第後別取文解五科試紙不用中書印用本司印並從之以宣徽南院使房暠爲刑部尚書充樞密使以宣徽北院使充樞密副使劉延朗爲宣徽南院使充樞密副使丙辰以左僕射李愚卒廢朝冬十月丁卯幸崇道宮甘泉亭己巳以左衛上將軍李頊爲左領軍上將軍北面行營總管石敬瑭奏自代州歸鎮庚午以晉州節度使張溫卒廢朝甲戌幸趙延壽張延朗第丁丑以端明殿學士兵部侍郎李專美爲祕書監充宣徽北院使庚寅以左諫議大夫唐汭爲左散騎常侍十一月庚子以左驍衛上將軍郝瓊爲左金吾上將軍以光祿卿王玫爲太子賓客以徐州節度使張敬達爲晉州節度使依前充大同振武威塞彰國等軍兵馬副總管丁未以祕書少監丁濟爲太子詹事乙卯以前金州防禦使馬全節爲滄州留後（通鑑劉延朗欲除全節絳州刺史羣議沸騰帝聞之以爲橫海留後）渤海國遣使朝貢十二月戊辰禁用鉛錢壬申以中書侍郎兼兵部尚書充樞密使韓

昭允爲檢校司空同平章事充河中節度使甲戌以宗正少卿李延祚爲將作監致仕丁丑故武安軍州節度使累贈太傅劉建峯贈太尉從湖南之請也戊寅太常奏來年正月一日上辛祀昊天上帝于圜丘依禮大祠不朝詔曰祀事在質明前儀仗在日出後事不相妨宜依常年受朝壬午以翰林學士承旨戶部侍郎程遜爲兵部侍郎翰林學士工部侍郎崔梲爲戶部侍郎翰林學士中書舍人和凝爲工部侍郎並依前充職乙酉以前祕書監楊凝式爲兵部侍郎己丑以前同州節度使馮道爲司空以尚書右僕射劉昫爲左僕射以太子少師盧質爲右僕射以兵部侍郎馬縞兼國子祭酒

舊五代史卷四十七

舊五代史卷四十七考證

唐末帝紀中枉耗國力　枉耗通鑑注引薛史作枉費考冊府元龜亦作枉耗今仍其舊

辛卯以宣徽南院使劉延皓爲刑部尙書充樞密使　案劉延皓充樞密使歐陽史作五月與是書繫四月異通鑑從是書

侍衞步軍都指揮使宋審虔　宋審虔原本脫虔字今據通鑑增入

渤海國遣使朝貢　案歐陽史作九月乙卯渤海遣使者來五代會要作十二月渤海遣使列周卿等入朝貢方物俱與是書作十一月異

翰林學士工部侍郎崔梲　崔梲原本訛崔檜今據歐陽史改正

舊五代史卷四十七考證

舊五代史卷四十八

宋門下侍郎參知政事監修國史薛居正等撰

唐書第二十四

末帝紀下

清泰三年春正月辛卯朔帝御文明殿受朝賀仗衞如式乙未百濟遣使獻方物戊戌幸龍門佛寺祈雪癸卯以給事中充樞密院直學士呂琦爲端明殿學士以六軍諸衞判官尚書工部郎中薛文遇爲樞密院直學士乙巳以上元夜京城張燈帝微行置酒于趙延壽之第丁未皇子河南尹判六軍諸衞事重美封雍王己未以前司農卿王彥鎔爲太僕卿二月戊辰吐渾寧朔兩府留後李可久加檢校司徒可久本姓白氏前朝賜姓庚午監修國史姚顗史官張昭遠李祥吳承範等修撰明宗實錄三十卷上之五代會要同修撰官中書舍人張昭遠李祥直館左拾遺吳承範右拾遺楊昭儉等以大理卿竇維爲光祿卿以前許州節度判官張登爲大理卿各頒賚有差丁丑以太常卿李鏻爲兵部尚書以兵部尚書梁文矩爲太常卿庚辰以前鄜

州節度使皇甫立爲潞州節度使辛巳以前均州刺史仇暉爲左威衛上將軍保順軍節度使鮑君福加檢校太尉同平章事丁亥以昭義節度使安元信卒廢朝三月庚子中書門下奏準閤門分析內外官辭見謝規例諸州判官軍將進奉到闕舊例門見門辭今後只令朝見依舊門辭新除諸道判官書記以下無例中謝並放謝放辭得替到京無例見今後兩使判官許中謝赴任即門辭其書記以下並依舊例朝臣文五品武四品以上舊例中謝其以下無例對謝今請依天成四年正月敕凡升朝官並許中謝諸道都押衙馬步都指揮虞候鎮將諸色場院無例謝辭並進牓子放謝放辭得替到闕無例入見在京鹽麴稅官兩官巡即許中謝新除令錄並中謝次日門辭兼有口敕誡勵文武兩班所差弔祭使及告廟祠祭只在衙辭不赴內殿諸道進奏官到闕見得假進牓子門辭從之辛丑權知福建節度使王昶奏節度使王延鈞以去年十月十四日卒是時延鈞父子雖僭竊于閩嶺猶稱藩于朝廷故有是奏甲辰以右神武統軍楊漢章爲彰武軍節度使丙午以翰林學士禮部侍郎馬裔孫爲中書侍

郎同平章事丁巳以端明殿學士呂琦爲御史中丞案通鑑呂琦與李崧建和親契丹之策爲薛文遇所沮改爲御史中丞蓋疏之也戊午御史中丞盧損責授右贊善大夫知雜侍御史韋稅責授太僕寺丞侍御史魏遜責授太府寺主簿侍御史王岳責授司農寺主簿初延州保安鎭將白文審聞兵興岐下專殺郡人趙思謙等十餘人已伏其罪復下臺追繫推鞫未竟會去年五月十二日德音除十惡五逆放火殺人外並放盧損輕易即破械釋文審帝大怒收文審誅之臺司稱奉德音釋放不得追領祇證中書詰云德音言不在追窮枝蔓無不得追領祇證六字擅改勅語大理斷以失出罪人論故有是命是月有蛇鼠鬭于師子門外鼠生而蛇死夏四月己未朔以左衞上將軍王景戡爲左神武統軍以右領軍上將軍李頃爲華清宮使戊辰以太子詹事盧演爲工部尚書致仕辛未以中書舍人史館修撰張昭遠爲禮部侍郎以前滄州節度使李金全爲右領軍上將軍是月有熊入京城搏人五月辛卯以河東節度使兼大同彰國振武威塞等軍蕃漢馬步總管檢校太師兼中書令駙馬都尉石敬瑭爲鄆州節度使進封趙國公以河陽節度

使充侍衞馬步軍都指揮使宋審虔爲河東節度使甲午以前晉州節度使大
同彰國振武威塞等軍蕃漢副總管張敬達充西北面蕃漢馬步都部署落副
總管乙未詔諸州兩使判官畿赤令有闕取省郎遺補丞博少列宮寮選擇擢
任以忠正軍節度使侍衞步軍都指揮使張彥琪爲河陽節度使充侍衞馬軍
都指揮使以彰聖都指揮使饒州刺史符彥饒爲忠正軍節度使充侍衞步軍
都指揮使丙申以雍王重美與汴州節度使范延光結婚詔兗王從温主之丁
酉以國子祭酒馬縞卒廢朝戊戌昭義奏河東節度使石敬瑭叛以鴻臚卿兼
通事舍人判四方館王景崇爲衞尉卿充引進使壬寅削奪石敬瑭官爵使令
張敬達進軍攻討乙卯以晉州節度使張敬達爲太原四面兵馬都部署尋改
爲招討使以河陽節度使侍衞馬軍都指揮使張彥琪爲太原四面馬步軍都
指揮使以邢州節度使安審琦爲太原四面馬軍都指揮使以陜州節度使相
里金爲太原四面步軍都指揮使以右監門上將軍武廷翰爲壕寨使丙辰以
定州節度使楊光遠爲太原四面兵馬副部署兼馬步都虞候尋改爲太原四

面副招討使都虞候如故以前彰武軍節度使高行周爲太原四面招撫兼排陣使初帝疑河東有異志與近臣語及其事帝曰石郎與朕近親在不疑之地流言毀譽朕心自明萬一失歡如何和解左右皆不對翼日欲移石敬瑭于鄆州房暠等堅言不可司天監趙延乂亦言星辰失度尤宜安靜由是稍緩其事會薛文遇獨宿于禁中帝召之諭以太原之事文遇奏曰臣聞作舍于道三年不成國家利害斷自宸旨以臣料之石敬瑭除亦叛不除亦叛不如先事圖之帝喜曰聞卿此言豁吾憤氣先是有人言國家明年合得一賢佐主謀平定天下帝意亦疑賢佐者屬在文遇卽令手書除目子夜下學士院草制翼日宣制之際兩班失色居六七日敬瑭上章云明宗社稷陛下纂承未契輿情宜推令辟許王先朝血緒養德皇闈儻循當璧之言免負閱牆之議帝覽奏不悅手擲抵地召馬裔孫草詔報曰父有社稷傳之于子君有禍難倚之于親卿于鄂王故非疏遠往歲衛州之事天下皆知今朝許王之言人誰肯信英賢立事安肯如斯云戊申張敬達奏西北面先鋒都指揮使安審信率雄義左第二指揮二

百二十七騎幷部下共五百騎剽劫百井叛入太原又奏大軍已至太原城下詔安審信及雄義兵士妻男並處斬家產沒官先是雄義都在伏州屯戍其指揮使安元信謀殺伏州刺史張朗事洩戍兵自潰奔安審信軍審信與之入太原太常奏于河南府東權立宣憲太后寢宮從之己酉振武節度使安叔千奏西北界巡檢使安重榮驅掠戍兵五百騎叛入太原以新授河東節度使宋審虔爲宣州節度使充侍衛馬軍都指揮使壬子鄴都屯駐捧聖都虞候張令昭逐節度使劉延皓據城叛翼日令昭召副使邊仁嗣已下逼令奏請節旄六月辛酉天雄軍節度使劉延皓削奪官爵勒歸私第癸亥以天雄軍守禦右捧聖第二軍都虞候張令昭爲檢校司空行右千牛將軍權知天雄軍府事丙寅御敷政殿遣工部尚書崔居儉奉宣憲皇太后寶冊于寢宮時陵園在河東適會兵與故權于京城修奉寢宮上謚焉己巳以西上閤門副使少府監兼通事舍人劉頎爲鴻臚卿職如故庚午詔曰時雨稍愆頗傷農稼分命朝臣祈禱辛未工部尚書致仕許寂卒以權知魏府事右千牛將軍張令昭爲齊州防禦使以

捧聖右第三指揮使邢立爲德州刺史以捧聖第五指揮使康福進爲鄭州刺史甲戌以汴州節度使范延光爲天雄軍四面招討使知行府事丙子以西京留守李周爲天雄軍四面副招討使兼兵馬都監詔河東將佐節度判官趙瑩以下十四人並籍沒家產秋七月戊子范延光奏領軍至鄴都攻城次己丑誅右衛上將軍石重英皇城副使石重裔皆敬瑭之子也時重英等匿于民家井中獲而誅之幷族所匿之家奚首領達喇罕遣通事介老奏奚王李素姑謀叛入契丹已處斬訖達喇罕權知本部落事辛卯沂州奏誅都指揮使石敬德幷族其家敬瑭之弟也乙未以前彰武軍節度使高行周爲潞州節度使充太原四面招撫排陣使以潞州節度使皇甫立爲華州節度使丁酉雲州節度使沙彥珣奏此月二日夜步軍指揮使桑遷作亂以兵圍子城彥珣突圍出城就西山據雷公口三日招集兵士入城誅亂軍軍城如故辛丑以將作監丞介國公宇文頡爲汝州襄城令乙巳以衛尉卿聶延祚爲太子賓客戊申范延光奏此月二十一日收復鄴都羣臣稱賀己酉以禮部侍郎張昭遠爲御史中丞以御

史中丞呂琦爲禮部侍郎充端明殿學士庚戌中書奏劉延皓賓佐等帥臣既已削奪其行軍司馬李延筠副使邊仁嗣以下望命放歸田里奏入帝大怒詔大理曰帥臣失守已行削奪其寮佐合當何罪既而竟依中書所奏壬子詔范延光誅張令昭部下五指揮及忠銳忠肅兩指揮繼范延光奏追兵遣襲張令昭部下敗兵至邢州沙河斬首三百級幷獻張令昭邢立李貴等首級又奏獲張令昭同惡捧聖指揮使米全以下諸指揮使都頭凡十三人幷磔于府門癸丑左衛上將軍仇暉卒洛州奏擒獲魏府作亂捧聖指揮使馬彥柔以下五十八人邢磁州相次擒獲亂兵並送京師彰聖指揮使張萬迪以部下五百騎叛入太原詔誅家屬于懷州本營八月戊午契丹遣使摩哩入朝己未以汴州節度使范延光爲天雄軍節度使守太傅兼中書令以西京留守李周爲汴州節度使檢校太尉同平章事癸亥應州奏契丹三千騎迫城詔端明殿學士呂琦往河東忻代諸屯戍所犒軍以左龍武大將軍袁義爲右監門上將軍以振武軍節度使安叔千充代北兵馬都部署己巳雲州沙彥珣奏供奉官李讓勳送

夏衣到州縱酒淩轢軍都行劫殺兵馬都監張思懸都指揮使党行進其李讓
勳已處斬訖張敬達奏造五龍橋攻太原城次戊寅以鎮州節度使董温琪充
東北面副招討使己卯洛州獻野蠶二十觔辛巳張敬達奏賊城內出騎軍三
十隊步卒三千人衝長連城高行周襲殺入壕溺死者大半擒賊將安小喜以
下百餘人甲馬一百八十匹九月甲辰張敬達奏此月十五日與契丹戰于太
原城下王師敗績時契丹主自率部族來援太原高行周符彥卿率左右廂騎
軍出鬬蕃軍引退巳時後蕃軍復成列張敬達楊光遠安審琦等陣于賊城西
北倚山橫陣諸將奮擊蕃軍屢卻至晡我騎軍將移陣蕃軍如山而進王師大
敗投兵仗相藉而死者山積是夕收合餘衆保于晉祠南晉安寨蕃軍塹而圍
之自是音聞阻絶朝廷大恐是日遣侍衛步軍都指揮使符彥饒率兵屯河陽
詔范延光率兵由青山路趨榆次詔幽州趙德鈞由飛狐路出敵軍後輝州防
禦使潘環合防戍軍出磁隰以援張敬達以前絳州刺史韓彥惲爲太子賓客
契丹主移帳于柳林乙巳詔取二十二日幸北面軍前戊申帝發京師路經徽

陵帝親行謁奠夕次河陽召羣臣議進取盧文紀勸帝駐河橋庚戌樞密使趙
延壽先赴潞州辛亥幸懷州召吏部侍郎龍敏訪以機事敏勸帝立東丹王贊
華爲契丹主以兵援送入蕃則契丹主有後顧之患不能久駐漢地矣帝深以
爲然竟不行其謀遼史義宗傳云倍雖在異國常思其親問安之使不絕後明宗養子從珂弒其君自立倍密報太宗曰從珂弒君盍討之
是東丹王實啓兵端唐君臣或知其陰謀故龍敏之說不行帝自是酣飲悲歌形神慘沮臣下勸其親征則
曰卿輩勿說石郎使我心膽墮地其怯懦也如此冬十月丁巳夜彗星出虛危
長尺餘壬戌詔天下括馬又詔民十戶出兵一人器甲自備契丹國志唐發民爲兵每七戶出征
夫一人自備鎧仗謂之義軍凡得馬二千餘西征夫五千人民間大擾戊辰代州刺史張朗超授檢校太保以其
屢殺敵衆故以是命獎之癸酉幽州趙德鈞以本軍三千騎與鎮州董温琪由
吳兒谷趨潞州十一月戊子以趙德鈞爲諸道行營都統以趙延壽爲河東道
南面行營招討使以劉延朗副之庚寅以范延光爲河東道東南面行營招討
使以李周副之帝以呂琦嘗佐幽州幕乃命齎都統官告以賜德鈞兼犒軍士
琦至從容宣帝委任之意德鈞曰既以兵相委焉敢惜死德鈞志在併范延光

軍奏請與延光會合帝以詔諭延光延光不從丁酉延州上言節度使楊漢章爲部衆所殺以前坊州刺史劉景嚴爲延州留後庚子趙德鈞奏大軍至團栢谷前鋒殺蕃軍五百騎范延光奏軍至榆次蕃軍退入河東川界潘環奏隰州逐退蕃軍壬寅趙德鈞奏軍出谷口蕃軍漸退契丹主見駐柳林砦時德鈞累奏乞授延壽鎭州節制帝怒曰德鈞父子堅要鎭州苟能逐退蕃兵要代予位亦甘心矣若翫寇要君但恐犬兔俱斃德鈞聞之不悅閏月丙辰日南至羣臣稱賀于行宮帝曰晉安寨內將士應思家國矣因泣下久之丁巳以嵩嵐軍爲勝州辛酉以右龍武統軍李從昶爲左龍武統軍以前邠州節度使楊思權爲右龍武統軍壬戌丹州刺史康承詢停任配流鄧州時承詢奉詔率義軍赴延州義軍亂承詢奔鄜州故有是責甲子太原行營副招討使楊光遠殺招討使張敬達于晉安寨以兵降契丹時契丹圍寨自十一月以後芻糧乏絕軍士毀居屋茅淘馬糞剉松柹以供秣飼馬尾鬣相食俱盡楊光遠謂敬達曰少時人馬俱盡不如奮命血戰十得三四猶勝坐受其斃敬達曰更少待之一日光遠

伺敬達無備遂殺之與諸將同降契丹時馬猶有五千匹契丹主以漢軍與石敬瑭其馬及甲仗卽齎驅出塞丁卯契丹立石敬瑭爲大晉皇帝約爲父子之國改元爲天福契丹與晉高祖南行趙德鈞父子與諸將自團栢谷南奔王師爲蕃騎所蹙投戈棄甲自相騰踐擠于巖谷者不可勝紀己巳帝聞晉安寨爲敵所陷詔移幸河陽時議以魏府軍尚全契丹必憚山東未敢南下車駕可幸鄴城帝以李崧與范延光相善召入謀之薛文遇不知而繼至帝變色崧躡文遇足乃出帝曰我見此物肉顫適擬抽刀刺之崧曰文遇小人致誤大事刺之益醜崧因請帝歸京壬申車駕至河陽甲戌晉高祖與契丹至潞州契丹遣蕃將大詳衮率五千騎送晉高祖南行丁丑車駕至自河陽時左右勸帝固守河陽居數日符彥饒張彥琪至奏帝不可守城是日晚至東上門小黃門嗚鞘于路索然無聲己卯帝遣馬軍都指揮使宋審虔率千餘騎至白馬阪言踏陣地時諸將謂審虔曰何地不堪交戰誰人肯立于此審虔乃請帝還宮庚辰晉高祖至河陽辛巳辰時帝舉族與皇太后曹氏自燔于元武樓晉高祖入洛得帝

燼骨于火中來年三月詔葬于徽陵之封中帝在位二年年五十二五代史闕文晉高祖引契丹圍晉安寨降楊光遠清泰帝至自覃懷京師父老迎帝于上東門外帝垂泣不止父老奏曰臣等伏聞前唐時中國有難帝王多幸蜀以圖進取陛下何不且入西川帝曰本朝兩川節度使皆用文臣所以明皇僖宗避寇幸蜀今孟氏已稱尊矣吾何歸乎因慟哭入內舉族自焚

史臣曰末帝負神武之才有人君之量由尋戈而踐阼慚德應深及當宁以居尊政經未失屬天命不祐人謀匪臧坐俟焚如良可悲矣稽夫衽金甲于河壖之際斧眺樓于梁壘之時出沒如神何其勇也及乎駐革輅于覃懷之日絕羽書于汾晉之辰涕淚霑襟何其怯也是知時之來也雕虎可以生風運之去也應龍不免為醢則項籍悲歌于帳下信不虛矣

舊五代史卷四十八

舊五代史卷四十八考證

唐末帝紀下五月辛卯以河東節度使兼大同彰國振武威塞等軍蕃漢馬步總管檢校太師兼中書令駙馬都尉石敬瑭爲鄆州節度使進封趙國公

案歐陽史廢帝紀于五月以前卽書石敬瑭反與晉本紀自相矛盾據是書五月辛卯始移敬瑭于鄆州戊戌始聞拒命也五代春秋通鑑俱與是書同

戊戌昭義奏河東節度使石敬瑭叛　案通鑑作昭義節度使皇甫立奏石敬瑭叛

乙卯以晉州節度使張敬達爲太原四面兵馬都部署尋改爲招討使　案通鑑乙巳以張敬達兼太原四面排陣使丙午以爲太原四面都部署丁未又知太原行府事不言其爲招討使歐陽史又作都招討使與是書微異

捧聖第五指揮使康福進　康福進疑當作康福據冊府元龜引薛史亦作康福今姑仍其舊

誅右衛上將軍石重英皇城副使石重裔皆敬瑭之子也　案重英通鑑作重

殷又通鑑攷異引廢帝實錄作姪男尚食使重乂供奉官重英並與是書不同

九月甲辰張敬達奏此月十五日與契丹戰于太原城下　案張敬達及契丹戰于太原是書晉紀作辛丑蓋辛丑日戰越四日甲辰乃奏到也通鑑亦作辛丑遼史作庚午與是書異歐陽史作甲辰戰于太原殊誤

詔范延光率兵由青山路趨榆次　范延光遼史避太宗諱作范延廣

甲子太原行營副招討使楊光遠殺招討使張敬達于晉安寨以兵降契丹　案楊光遠降契丹歐陽史通鑑俱作閏十一月甲子五代春秋作十一月誤

契丹主以漢軍與石敬瑭其馬及甲仗即齎驅出塞　案遼史云所降軍士及馬五千匹以賜晉帝與是書異通鑑從是書

丁卯契丹立石敬瑭爲大晉皇帝　案契丹立晉是書晉高祖紀作十一月丁酉此紀作閏月丁卯前後互異據通鑑攷異引廢帝實錄亦作丁卯蓋契丹立晉在十一月丁酉唐人至閏十一月丁卯始奏聞也實錄誤以奏聞之日

爲立晉之日是書唐紀亦仍其誤

達喇罕舊作達刺于今改　摩哩舊作梅里今改　大詳袞舊作大相温今改

舊五代史卷四十八考證

舊五代史卷四十九

宋門下侍郎參知政事監修國史薛居正等撰

唐書第二十五

列傳一 后妃

武皇帝貞簡皇后曹氏莊宗之母也太原人以良家子嬪于武皇姿質閑麗性謙退而明辨雅爲秦國夫人所重常從容謂武皇曰妾觀曹姬非常婦人王其厚待之武皇多內寵乾寧初平燕薊得李匡儔妻張氏姿色絕代嬖幸無雙時姬侍盈室罕得進御唯太后恩顧不衰武皇性嚴急左右有過必峻于譴罰無敢言者唯太后從容救諫卽爲解顏及莊宗載誕體貌奇傑武皇異而憐之太后益寵貴諸夫人咸出其下后亦恭勤內助左右稱之武皇薨莊宗嗣晉王位時李克寧李存顥謀變人情危懼太后召監軍張承業指莊宗謂之曰先人把臂授公此兒如聞外謀欲孤付託公等但置予母子有地毋令乞食于汴幸矣承業因誅存顥克寧以清內難莊宗善音律喜伶人謔浪太后常提耳誨之天

祐七年鎮定求援莊宗促命治兵太后曰予齒漸衰兒但不墜先人之業爲幸矣何事櫛風沐雨離我晨昏莊宗曰稟先王遺旨須滅仇讐山東之事機不可失及發太后餞于汾橋悲不自勝莊宗平定趙魏駐于鄴城每一歲之內馳駕歸寧者數四氏士服其仁孝太后初封晉國夫人莊宗卽位命宰臣盧損奉冊書上皇太后尊號其年平定河南西幸洛陽令皇弟存渥皇子繼岌就太原迎奉莊宗親至懷州迎歸長壽宮太后素與劉太妃善分訣之後悒然不樂俄聞太妃寢疾尙醫中使問訊結轍既而謂莊宗曰吾與太妃恩如伯仲彼經年抱疾但見吾面差足慰心吾暫至晉陽旬朔與之俱來莊宗曰時方暑毒山路崎嶇無煩往復可令存渥輩迎侍太妃乃止及凶問至太后慟哭累旬由是不豫尋崩于長壽宮同光三年冬十月上謚曰貞簡皇太后葬于壽安陵

太妃劉氏武皇之正室也案劉太妃傳原本闕佚考北夢瑣言云晉王李克用妻劉夫人常隨軍行至于軍機多所宏益先是汴州上源驛有變晉王憤恨欲回軍攻之夫人曰公爲國討賊而以杯酒私忿必若攻城卽曲在于我不如回師自有朝廷可以論列于是班退天復中周德威爲汴軍所敗三軍潰散汴軍乘我晉王危懼與李存信議欲出保雲州夫人曰存信本北方牧羊兒也焉顧成敗王常笑王行瑜棄城失勢被人屠割今復欲效

之何也王頊歲避難塞外幾遭陷害賴遇朝廷多事方得復歸今一旦出城便有不測之變焉能遠及晉王止行居數日亡散之士復集軍城安定夫人之力也五代會要云同光元年四月冊爲皇太妃歐陽史云莊宗卽位冊尊曹氏爲皇太后而以嫡母劉氏爲皇太妃太妃往謝太后太后有慚色太妃曰願吾兒享國無窮使吾獲沒于地以從先君幸矣復何言哉莊宗滅梁入洛使人迎太后歸洛居長壽宮而太妃獨留晉陽同光三年五月太妃薨

魏國夫人陳氏襄州人本昭宗之宮嬪也乾寧二年武皇奉詔討王行瑜駐軍于渭北昭宗降朱書御札出陳氏及內妓四人以賜武皇陳氏素知書有才貌武皇深加寵重及光化之後時事多艱武皇常獨居深念嬪媵鮮得侍謁唯陳氏得召見陳氏性既靜退不以寵侍自侈武皇常呼爲阿媎及武皇大漸之際陳氏侍醫藥垂泣言妾爲王執掃除之役十有四年矣王萬一不幸妾將何託既不能以身爲殉願落髮爲尼爲王讀一藏佛經以報平昔武皇爲之流涕及武皇薨陳氏果落髮持經法名智願後居于洛陽佛寺莊宗賜號建法大師天成中明宗幸其院改賜圓惠大師晉天福中卒于太原追諡光國大師塔以惠寂爲名也

莊宗神閔敬皇后劉氏 案劉后傳原本闕佚攷北夢瑣言云莊宗劉皇后魏州成安人家世寒微太祖攻魏州取成安得后時年五六

歲歸晉陽宮爲太后侍者教吹笙及笄姿色絕衆聲伎亦所長太后賜莊宗爲韓國夫人侍者後誕皇子繼岌寵待日隆他日成安人劉叟詣鄴宮見上稱夫人之父有內臣劉建豐認之即昔日黃鬚丈人后之父也劉氏方與嫡夫人爭寵皆以門族誇尚劉氏恥爲寒家白莊宗曰妾去鄉之時妾父死于亂兵是時環尸而哭妾固無父是何田舍翁詐僞及此乃于宮門笞之其實后即叟之長女也莊宗好俳優宮中暇日自負蓍囊藥篋令繼岌相隨以后父劉叟以醫卜爲業也后方晝眠乃造其臥內自稱劉衙推訪女后大恚笞繼岌然爲太后不禮復以韓夫人居正無以發明大臣希旨請冊劉氏爲皇后議者以後出于寒賤好興利聚財初在鄴宮令人設法稗販所鬻樵蘇果茹亦以皇后爲名正位之後凡貢奉先入後宮惟寫佛經施尼師他無所賜闕下諸軍困乏以至妻子餓殍宰相請出內庫俵給后將出妝具銀盆兩口皇子滿喜等三人令鬻以贍軍一旦作亂亡國滅族與夫褒姒妲己無異也先是莊宗自爲俳優名曰李天下雜于塗粉優雜之間時爲諸優扑抶摑搭竟爲嚚婦惡伶之傾玷有國者得不以爲前鑒劉后以囊盛金合犀帶四欲于太原造寺爲尼沿路復通皇弟存渥同簀而寢明宗聞其穢即令自殺攷歐陽史作禪將袁建豐得后納之晉宮而北夢瑣言作內臣劉建豐亦傳聞之異辭也

淑妃韓氏莊宗正室

案韓淑妃傳原本闕佚攷五代會要云同光二年十二月冊以宰臣豆盧革韋說爲冊使出應天門登路車鹵簿鼓吹前導至于永福門降車入右銀臺門至淑妃宮受冊于內文武百官立班稱賀

德妃伊氏莊宗次室

案伊德妃傳原本闕佚攷北夢瑣言云莊宗皇帝嫡夫人韓氏後爲淑妃伊氏爲德妃又言夫人夏氏後嫁李贊華所謂東丹王即安巴堅長子性酷毒侍婢微過即以刀刲火灼夏氏少長宮掖不忍其凶求離婚歸河陽節度使夏魯奇家後爲尼也歐陽史家人傳明宗立悉放莊宗時宮人號國夫人夏氏歸夏魯奇家後嫁李贊華與北夢瑣言微異遼史又以夏氏爲莊宗皇后疑誤 又案五代會要莊宗朝內職又有昭儀侯

氏封汧國夫人昭媛白氏封沂國夫人出使美宣鄧氏封魏國夫人御正楚真張氏封涼國夫人司簿德美周氏封宋國夫人侍真吳氏封延陵郡夫人懿才王氏封太原郡夫人咸一韓氏封昌黎郡夫人瑤芳張氏封清河郡夫人懿德王氏封瑯琊郡夫人宣一馬氏封扶風郡夫人並同光二年十一月勅

明宗昭懿皇后夏氏生秦王從榮及閔帝同光初后以疾崩明宗即位追封爲晉國夫人長興中明宗以秦宋二王位望既隆因思從貴之義乃下制曰故晉國夫人夏氏素推仁德久睦宗親嘗施內助之方不見中興之盛予當御極子並爲王有鵲巢之高無翬衣之貴貞魂永逝懿範常存攷本朝之文沿追冊之制將慰懷于九族冀叶慶于四星宜追冊爲皇后兼定懿號既而有司上謚曰昭懿

和武顯皇后曹氏 案曹后傳原本闕佚攷五代會要云天成三年正月冊爲淑妃長興元年正月十四日冊爲皇后應順元年正月冊爲皇太后至清泰三年閏十一月隨末帝崩于後樓晉高祖使人護葬至天福五年正月二十八日追冊曰和武顯皇后

宣憲皇后魏氏 案魏后傳原本闕佚據通鑑攷異引唐廢帝實錄云宣憲皇后魏氏鎮州平山人中和末明宗徇地山東留戍平山得魏后又云明宗爲裨將性闊達不能治生曹后亦踈于畫略生計所資惟宣憲而已五代會要云初封魯國太夫人清泰二年二月中書門下奏臣聞漢昭帝承祚御歷奉尊謚于雲陽魏明帝繼體守文思外家于甄館而皆追從徽號祔饗廟庭克隆敬本之文式叶愛親之道臣等又覽國史竊肓見明皇帝母曰昭成皇后

竇氏代宗皇帝母曰章敬太后吳氏始嬪朱邸俄閟幽宮鴻圖既屬于明君尊號咸追于聖母伏以魯國夫人發祥沙麓貽慶河洲三后最賢周母允成于天統四妃有子唐宮先啓于帝基仰惟當宁之情彌軫寒泉之思久虛殷薦慮損皇猷臣等謹上尊諡曰宣憲皇太后請依昭成皇太后故事擇日備禮冊命又臣等伏聞先太后舊陵泝祔先祠則都下難崇別廟既追尊諡合祔閟宮按漢朝故事園寢不在王畿或就陵所便立寢祠今商量上諡後權立同廟以申告獻配祠之禮請俟他年從之據歐陽史云議建陵寢而太原石敬瑭反乃于京師河南府東立寢宮 又案五代會要所載明宗時內職德妃王氏天成三年正月冊立長興二年四月進號淑妃應順元年正月十三日冊爲太妃至周廣順元年四月追諡賢妃昭儀王氏封齊國夫人昭容葛氏封周國夫人昭媛劉氏封趙國夫人孫氏封楚國夫人御正張氏封曹國夫人司寶郭氏封魏國夫人司贊于氏封鄭國夫人尚服王氏封衛國夫人司記崔氏封蔡國夫人司膳翟氏封滕國夫人司醞吳氏封莒國夫人婕妤高氏封渤海郡夫人美人沈氏封太原郡夫人順御朱氏封吳郡夫人司飾聊氏封潁川郡夫人司衣劉氏封彭城郡夫人司藥孟氏封咸陽郡夫人梳篦張氏封清河郡夫人司服王氏封太原郡夫人櫛篦傅氏封潁川郡夫人知客張氏賜號尚書故江氏追封濟陽郡夫人以上皆長興三年九月勅其名號皆中書門下按六典內職倣而行之內人李氏封隴西縣君崔氏封清河縣君李氏封成紀縣君田氏封咸陽縣君白氏封南陽縣君並長興四年二月勅前代內職皆無封君之禮此一時之制

閔帝哀皇后孔氏 案孔后傳原本闕佚據通鑑云孔循陰遣人結王德妃求納其女德妃請娶循女爲從厚妃帝許之庚寅皇子從厚納孔循女爲妃五代會要云初封魯國夫人應順元年四月爲末帝所害晉天福五年正月二十八日追諡爲哀皇后

末帝劉皇后應州人也天成中封爲沛國夫人清泰初百官三上表請立中宮

遂立爲皇后后性強戾末帝甚憚之故其弟延皓自鳳翔牙校環歲之間歷樞密使出爲鄴都留守皆由后內政之力也及延皓爲張令昭所逐執政請行朝典后力制之止從罷免而已晉高祖入洛后與末帝俱就燔焉

史臣曰昔三代之興亡雖由于帝王亦繫于妃后故夏之興也以塗山及其亡也以妹喜商之興也以簡狄及其亡也以妲己周之興也以文母及其亡也以褒姒觀夫貞簡之爲人也雖未偕于前代亦無虧于懿範而劉后以牝雞之晨皇業斯墜則與夫三代之興亡同矣餘無進賢輔佐之德又何足以道哉 案五代史無外戚傳據五代會要武皇長女瓊華長公主降孟知祥同光二年十二月封第二女瑤英長公主降張延釗同光三年二月封明宗長女永寧公主降晉高祖第十三女興平公主降趙延壽天成三年四月封至長興四年九月改封齊國公主至清泰三年二月進封燕國長公主第十四女壽安公主長興四年六月封第十五女永樂公主長興四年六月封今攷會要所載亦多舛互如瓊華公主十國春秋諸書作太祖弟克讓之女會要以爲武皇長女此傳聞之異辭也莊宗女義寧公主降宋廷浩廷浩仕至房州刺史晉初爲汜水關使張從賓之叛戰死見東都事略及宋史又王禹偁小畜集有宋渥神道碑云母義寧公主天福中晉祖以嘗事莊宗有舊君之禮每貴主入見聽其不拜時兵戎方熾經費不充惟公主之家賜予甚厚盡而復取亦無倦色一日晉祖從容謂貴主曰朕于主家無所愛惜但朝廷多事府庫甚虛主所知矣今輦轂之下桂玉爲憂可命渥分司西京以豐就養因厚遺之且勅留司具晨昏伏臘之用至于鹽

臨率有備焉會要不載莊宗女幾人是其闕略也惟明宗諸女記之稍詳然攷薛史趙延壽傳其娶明宗小女爲繼室歐陽史亦云耶律德光爲延壽娶從益妹是爲永安公主而會要不載則其闕漏者亦多矣

舊五代史卷四十九

舊五代史卷四十九考證

唐列傳一貞簡皇后曹氏傳得李匡儔妻張氏　李匡儔原本避宋諱作李儔今據新唐書藩鎮傳增入

太后餞于汾橋　汾橋原本作渭橋今據通鑑注改正

安巴堅舊作阿保機今改

舊五代史卷四十九考證

舊五代史卷五十

宋門下侍郎參知政事監修國史薛居正等撰

唐書第二十六

列傳二 宗室

克讓武皇之仲弟也少善騎射以勇悍聞咸通中從討龐勛以功爲振武都校乾符中王仙芝陷荊襄朝廷徵兵克讓率師奉詔賊平以功授金吾將軍留宿衞初懿祖歸朝憲宗賜宅于親仁坊自長慶以來相次一人典衞兵武皇之起雲中殺段文楚朝議罪之命加兵于我懼將逃歸天子詔巡使王處存夜圍親仁坊捕克讓詰旦兵合克讓與紀綱何相温安文寬石的歷十餘騎彎弧躍馬突圍而出官軍數千人追之比至渭橋死者數百克讓自夏陽掠船而濟歸于鴈門明年武皇昭雪克讓復入宿衞黃巢犯闕僖宗幸蜀克讓時守潼關爲賊所敗以部下六七騎伏于南山佛寺夜爲山僧所害克讓既死紀綱渾進通冒刃獲免歸于黃巢中和二年冬武皇入關討賊屯沙苑黃巢遣使米重威齎賂

修好因送渾進通至兼擒送害克讓僧十人武皇燔僞詔還其使盡誅諸僧爲

克讓發哀行服悲慟久之

克修字崇遠武皇從父弟也父德成初爲天寧軍使從獻祖討龐勛以功授朔

州刺史克修少便弓馬從父征討所至立功武皇節制鴈門以克修爲奉誠軍

使從入關爲前鋒破黃揆于華陰敗尙讓于梁田坡蹙黃巢于光順門每戰皆

捷勇慴諸軍賊平授檢校刑部尙書爲左營軍使其年十月潞州牙將安居受

來乞師請復昭義軍武皇遣大將賀公雅李筠安金俊等以兵從與孟方立戰

于銅鞮不利武皇乃令克修將兵繼進是月平潞州斬其刺史李殷銳乃表克

修爲昭義節度使光啓二年九月克修出師山東收復邢洺十一月拔故鎮孟

方立遣將呂臻來援戰于焦岡大敗之擒呂臻俘斬萬計進拔武安臨洺諸屬

縣乘勝進圍邢州方立求援于鎮州王鎔出師三萬援之克修軍退及李罕之

來歸武皇授以澤州刺史與克修合勢進攻河陽連歲出師以苦懷孟十月孟

方立遣將奚忠信將兵三萬襲我遼州克修設伏于遼之東山大敗賊軍擒忠

信以獻龍紀元年武皇大舉以伐邢洺及班師因撫封于上黨克修性儉嗇不事華靡供帳饗膳品數簡陋武皇怒其非薄笞而詬之克修慚憤發疾明年三月卒于潞之府第時年三十一莊宗即位追贈太師克修子二人長曰嗣弼次曰嗣肱嗣弼初授澤州刺史歷昭義橫海節度副使改海州刺史天祐十九年契丹犯燕趙陷涿郡（遼史太祖紀十二月癸亥圍涿州有白兎緣壘而上是日破其郛）嗣弼舉家被俘遷于幕庭

嗣肱少有膽略屢立戰功夾城之役從周德威爲前鋒時兄嗣弼爲昭義副使與嗣昭守城兄弟內外奮戰忠力感動三軍潞圍既解以功授檢校左僕射入爲三城巡檢知衙內事天祐七年周德威援靈夏党項阻道音驛不通嗣肱奉命自麟州渡河應接德威與党項轉戰數十里合德威軍柏鄉之戰嗣肱爲馬步都虞候明年從莊宗會朱友謙于猗氏改教練使與存審援河中敗汴軍于胡壁堡獲將龐讓十年與存審屯趙州擊汴人于觀津時梁祖新居棗強其將賀德倫急攻蓨縣率師五萬合勢營于蓨之西嗣肱自下博率騎三百薄

晚與梁之樵芻者相雜日既晡入梁軍營門諸騎相合大譟弧矢星發虓闞馳突汴人不知所爲營中擾既暝斂騎而退是夜梁祖燒營而遁解脩縣之圍以功特授蔚州刺史鴈門以北都知兵馬使從平劉守光十二年改應州刺史累遷澤代二州刺史石嶺以北都知兵馬使十九年新州刺史王郁叛入契丹嗣肱進兵定嬀儒武等三州授山北都團練使二十年春卒于新州時年四十五

克恭武皇之諸弟也龍紀中爲決勝軍使大順初潞帥李克修卒克恭代爲昭義節度使性驕橫不法未閑軍政潞人素便克修之簡正惡克恭之恣縱又以克修非罪暴卒人士離心時武皇初定邢洺三州將有事于河朔大蒐軍實潞州有後院軍兵之雄勁者克恭選其五百人獻于武皇軍使安居受惜其兵不悅克恭令裨校李元審安建紀綱馮霸部送太原行次銅鞮縣馮霸劫衆謀叛殺都將劉杲縣令戴勞謙循山而南比及沁水有衆三千武皇令李元審將兵擊之與霸戰于沁水不利元審戰傷收軍于潞五月十五日克恭視元審于孔目吏劉崇之第是日州將安居受引兵攻克恭因風縱火克恭元審並遇害

州民推居受爲留後初孟方立之亂居受以澤潞歸于武皇至是孟遷以邢洺納降復任爲牙將居受懼其圖己乃叛殺克恭以結汴人居受遣人召馮霸于沁水霸不受命居受懼將奔歸朝廷至長子爲野人所殺傳首馮霸軍霸乃引軍據潞州自稱留後求援于汴武皇令康君立討之汴將葛從周來援霸九月李存孝急攻潞州汴軍夜遁獲霸等誅之武皇乃以康君立爲昭義節度使

克寧武皇之季弟也初從起雲中爲奉誠軍使赫連鐸之攻黃花城也克寧奉武皇及諸弟登城血戰三日力盡備竭殺賊萬計燕軍之攻蔚州克寧昆仲嬰城拒敵晝夜輟寢食者旬餘後從達靼入關逐黃寇凡征行無不衞從于昆弟之間最推仁孝小心恭謹武皇尤友愛之及鎮太原授遼州刺史累至雲州防禦使乾寧初改忻州刺史從入關討王行瑜充馬步軍都將以功授檢校司徒天祐初授內外都制置管內蕃漢都知兵馬使檢校太保充振武節度使凡軍政皆決于克寧五年正月武皇疾篤克寧等侍疾垂泣辭訣克寧曰王萬一不諱後事何屬因召莊宗侍側謂克寧張承業曰亞子累公等言終棄代將發哀

克寧紀綱軍府中外無譁初武皇獎勵軍戎多畜庶孽衣服禮秩如嫡者六七輩比之嗣王年齒又長各有部曲朝夕聚謀皆欲爲亂莊宗英察懼及于禍將嗣位讓克寧曰兒年孤稚未通庶政雖承遺命恐未能彈壓大事季父勳德俱高衆情推伏且請制置軍府俟兒有立聽季父處分克寧曰亡兄遺命屬在我兒孰敢異議者兒但嗣世中外之事何憂不辦視事之日率先拜賀莊宗嗣位軍民政事一切委之權柄既重趣向者多附之李存顥者以陰計干克寧曰兄亡弟及古今舊事季父拜姪理所未安富貴功名當宜自立天與不取後悔無及克寧曰公毋得不祥之言我家世立功三代父慈子孝天下知名苟吾兄山河有託我亦何求公無復言必斬爾首以徇克寧雖慈愛因心而日爲兇徒惑亂羣兇之妻復以此言干克寧妻孟夫人說激百端夫人懼事泄及禍屢讓克寧由是愈惑會克寧因事殺都虞候李存質又請兼領大同節度以蔚朔爲屬郡又數怒監軍張承業李存璋繇是知其有貳近臣史敬鎔素與存顥善盡知其事敬鎔告貞簡太后曰存顥與管內太保陰圖叛亂俟嗣王過其第卽擒之

幷太后子母欲送于汴州竊發有日矣莊宗召張承業李存璋謂曰季父所爲如此無猶子之情骨肉不可自相魚肉吾即避路則禍亂不作矣承業曰老夫親承遺託言猶在耳存顥輩欲以太原降賊王乃何路求生不即討除亡無日矣因令吳珙存璋爲之備二月二十日會諸將于府第擒存顥克寧于坐莊宗垂泣數之曰兒初以軍府讓季父季父不忍棄先人遺命今已事定復欲以兒子母投畀豺虎季父何忍此心克寧泣對曰蓋讒夫交構吾復何言是日與存顥俱伏法克寧仁而無斷故及于禍案新唐書宰相世系表國昌有子四人克恭克儉克用克柔是書李嗣昭傳云嗣昭武皇母弟代州刺史克柔之假子也是克柔爲武皇母弟新唐書沙陀傳武皇有弟克勤通鑑引紀年錄有兄克儉而是書俱無傳疑有闕文

史臣曰昔武皇發跡于陰山莊宗肇基于河朔雖奄有天下而享國日淺眷言枝屬空秀棣華固未及推帝堯敦敘之恩廣成王封建之義自克讓而下不獲就魯衛之封懋間平之德也況天橫相繼亦良可悲哉

舊五代史卷五十

舊五代史卷五十考證

唐列傳二宗室克讓傳比至渭橋　渭橋歐陽史作滑橋疑傳刻之訛據通鑑攷異引薛史亦作渭橋今仍其舊

明年武皇昭雪克讓復入宿衛黃巢犯闕僖宗幸蜀克讓時守潼關爲賊所敗　案僖宗幸蜀以前武皇未嘗昭雪克讓無由復入宿衛出守潼關通鑑攷異嘗辨其誤今攷新唐書黃巢傳巢攻潼關齊克讓以其軍戰關外時士饑甚潛燒克讓營克讓走入關疑當時因齊克讓之名與李克讓同遂致傳聞輾轉失實耳歐陽史秖據薛史原文不爲辨正今無可復攷姑附識于此

克修傳是月平潞州斬其刺史李殷銳　案新唐書僖宗紀中和三年十月李克用陷潞州刺史李殷銳死之與是書李克修傳同是書武皇紀又作十一月平潞州紀傳自相矛盾通鑑從克修傳作十月歐陽史從武皇紀作十一月

天祐十九年契丹犯燕趙陷涿郡　十九年歐陽史作十一年

克寧傳李存顥者　案歐陽史作養子存顥存實

懋間平之德　間平原本作開平繹其文義當是用漢時河間獻王東平憲王

今改正

舊五代史卷五十考證

舊五代史卷五十一

宋門下侍郎參知政事監修國史薛居正等撰

唐書第二十七

列傳三宗室

永王存霸武皇子莊宗第二弟同光三年封莊宗敗為軍卒所殺歐陽史云存霸歷昭義天平河中三軍節度使居京師食俸祿而已趙在禮反乃遣存霸于河中莊宗再幸汜水從存霸北京留守通鑑云李紹榮欲奔河中就永王存霸從兵稍散存霸亦率衆千人棄鎮奔晉陽又云存霸至晉陽從兵逃散俱盡存霸削髮僧服謁李彥超願為山僧幸垂庇護軍士爭欲殺之彥超曰六相公來當奏取進止軍士不聽殺之于府門之碑下

邕王存美武皇子莊宗第三弟同光三年封莊宗敗不知所終通鑑云存美以病風偏枯得免居于晉陽

薛王存禮武皇子同光三年封莊宗敗不知所終

申王存渥莊宗第四弟歐陽史存渥與存霸存紀皆莊宗同母弟同光三年封莊宗敗與劉皇后同奔太原為部下所殺通鑑云存渥至晉陽李彥超不納走至風谷為其下所殺

睦王存乂莊宗第五弟同光三年封案以下原闕歷鄜州刺史後以郭崇韜壻爲莊宗所殺北夢瑣言云莊宗異母弟存乂以郭崇韜女壻伏誅先是郭崇韜既誅之後朝野駭惋議論紛然莊宗令閹人察訪外事言存乂于諸將坐上訴郭氏之無罪其言怨望又于妖術人楊千郎家飲酒聚會攘臂而泣楊千郎者魏州賤民自言得墨子術于婦翁能役使陰物帽下召食物果實之類又蒱博必勝人有拳握之物以法必取又說煉丹乾汞易人形破局鑄貴要間神奇之官至尚書郎賜紫其妻出入宮禁承恩用事皇弟存乂常朋淫于其家至是與存乂並罹其禍

通王存確莊宗第六弟雅王存紀莊宗第七弟同光三年封莊宗敗並爲霍彥威所殺梁紀太祖有子廷鸞落落盧文進傳莊宗又有弟存矩今宗室傳皆不載

魏王繼岌莊宗子也莊宗即位于魏州以繼岌充北都留守及以鎮州爲北都又命爲留守五代會要三年九月二十三日封爲魏王三年伐蜀以繼岌爲都統郭崇韜爲招討使十月戊寅至鳳州武興軍節度使王承捷以鳳興文扶四州降甲申至故鎮康延孝收興州時僞蜀主王衍率親軍五萬在利州令步騎親軍三萬逆戰于三泉康延孝李嚴以勁騎三千犯之蜀軍大敗斬首五千級餘皆奔潰王衍聞其敗也棄利州奔歸西川斷吉柏津浮梁而去己丑繼岌至興州僞蜀東川節度

使宋光葆以梓潼劍龍普等州來降武定軍節度使王承肇以洋蓬壁三州符印降興元節度使王宗威以梁開通渠麟等五州符印送降階州王承岳納符印秦州節度使王承休棄城而遁辛丑繼岌過利州戊申至劍州己酉至綿州王衍遣使上牋乞降丁巳入成都自興師出洛至定蜀計七十五日走丸之勢前代所無師回至渭南聞莊宗敗師徒潰散自縊死太平廣記引王氏見聞錄云魏王繼岌伐蜀迴軍在道而有鄴都之變莊宗與劉后命內臣張漢賓齎急詔所在催魏王歸闕張漢賓乘驛倍道急行至興元西縣逢魏王宣傳詔旨王以本軍方討漢州康延孝相次繼來欲候之出山以陳凱歌漢賓督之有軍謀陳岷比事梁與漢賓熟密問張曰天子改換且是何人張色莊曰我當面奉宣詔魏王況大軍在行談何容易陳岷曰久忝知聞故敢諮問兩日來有一信風新人已即位矣復何形迹張乃說來時聞李嗣源過河未知近事岷曰魏王且請盤桓以覩其勢未可前邁張以莊宗命嚴不敢遷延督令進發魏王至渭南遇害矣

繼潼繼嵩繼蟾繼嶢竝莊宗子同光三年拜光祿大夫檢校司徒未封莊宗敗竝不知所終清異錄唐福慶公主下降孟知祥長興四年明宗晏駕唐室亂莊宗諸兒削髮爲苾芻間道走蜀時知祥新稱帝爲公主厚待猶子賜予千計

從審明宗長子性忠勇沈厚摧堅陷陣人罕偕焉從莊宗于河上累有戰功莊宗器賞之用爲金槍指揮使明宗在魏府爲軍士所逼莊宗詔從審曰爾父于

國有大功忠孝之心朕自明信今爲亂兵所劫爾宜自去宣朕旨無令有疑從審行至中途爲元行欽所制復與歸洛下莊宗改其名爲繼璟以爲己子命再往從審固執不行願死于御前以明丹赤從莊宗赴汴州明宗之親舊多策馬而去左右或勸從審令自脫終無行意尋爲元行欽所殺天成初贈太保

秦王從榮明宗第二子也明宗踐阼天成初授鄴都留守天雄軍節度使三年移北京留守充河東節度使四年入爲河南尹一日明宗謂安重誨曰近聞從榮左右有詐宣朕旨令勿接儒生儒生多懦恐鈍志相染朕方知之頗駭其事余比以從榮方幼出臨大藩故選儒雅賴其裨佐今聞此姦憸之言豈朕之所望也鞫其言者將戮之重誨曰若遽行刑又慮賓從難處且望嚴誡遂止從榮爲詩與從事高輦等更相唱和自謂章句獨步于一時有詩千餘首號曰紫府集長興中以本官充天下兵馬大元帥從榮乃請以嚴衞捧聖步騎兩指揮爲秦府衙兵每入朝以數百騎從行出則張弓挾矢馳騁盈巷既受元帥之命即令其府屬僚佐及四方遊士各試檄淮南書一道陳己將廓清宇內之意初言

事者請爲親王置師傅明宗顧問近臣執政以從榮名勢既隆不敢忤旨卽奏云王官宜委從榮乃奏刑部侍郎劉贊爲王傅又奏翰林學士崔梲爲元帥府判官明宗曰學士代予詔令不可擬議從榮不悅退謂左右曰既付以元帥之任而阻予請僚佐又未諭制旨也復奏刑部侍郎任贊從之宋史趙上交傳秦王從榮開府兼判軍衛以上交爲虞部員外郎充六軍諸衛推官李澣張沆魚崇遠皆白衣在秦府悉與上交友善累遷司封郎中充判官從榮素豪邁不遵禮法好昵羣小上交從容言曰王位尊嚴當修令德以慰民望王忍爲此獨不見恭世子戾太子之事乎從榮怒出之歷涇秦二鎮節度判官從榮及禍僚屬皆坐斥上交由是知名後舉兵犯宮室敗死廢爲庶人通鑑明宗紀云己丑大漸秦王從榮入問疾帝俛首不能舉王淑妃曰從榮在此帝不應從榮出聞宮中皆哭從榮意帝已殂明旦稱疾不入是夕帝實小愈而從榮不知從榮自知不爲時論所與恐不得爲嗣與其黨謀欲以兵入侍先制權臣壬辰從榮自河南府常服將步騎千人陳于天津橋孟漢瓊被甲乘馬召馬軍都指揮使朱洪實使將五百騎討從榮從榮方據胡牀坐橋上遣左右召康義誠端門已閉叩左掖門從門隙窺之見朱洪實引騎兵北來走白從榮從榮大驚命取鐵掩心擐之坐調弓矢俄而騎兵大至從榮走歸府僚佐皆竄匿牙兵掠嘉善坊潰去從榮與妃劉氏匿牀下皇城使安從益就斬之以其首獻丙申追廢從榮爲庶人五代會要云清泰元年葬以公禮 五代史補秦王從榮明宗之愛子好爲詩判河南府辟高輦爲推官輦尤能爲詩賓主相遇甚歡自是出入門下者當時名士有若張杭高文蔚何仲舉之徒莫不分庭抗禮更唱迭和時干戈之後武夫用事睹從榮所爲皆不悅于是康知訓等竊議曰秦王好文交遊者多詞客此子若一旦南面則我等轉死溝壑不如早圖之高輦知其謀

因勸秦王托疾此輩須來問候請大王伏壯士出其不意皆斬之庶幾免禍矣從榮曰至尊在上一旦如此得無危乎輦曰子弄父兵罪當笞爾不然則悔無及矣從榮猶豫不決未幾及禍高輦棄市初從榮之敗也高輦竄于民家且落髮爲僧既擒獲知訓以其毀形難認復使巾幘著緋驗其真僞然後用刑輦神色自若厲聲曰朱衣纔脫白刃難逃觀者笑之

從璨明宗諸子性剛直好客疏財意豁如也天成中爲右衛大將軍時安重誨方秉事權從璨亦不之屈重誨嘗以此忌之明宗幸汴留從璨爲大內皇城使一日召賓友于會節園酒酣之後戲登于御榻安重誨奏請誅之詔曰皇城使從璨朕巡幸汴州使警大內乃全乖委任但恣遨遊于予行從之園頻恣歌歡之會仍施峻法顯辱平人致彼喧譁達于聞聽方當立法固不黨親宜貶授房州司戶參軍仍令盡命長興中重誨之得罪也命復舊官仍贈太保

許王從益明宗之幼子也宮嬪所生明宗命王淑妃母之嘗謂左右曰惟此兒生于皇宮故尤所鍾愛長興末封許王晉高祖即位以皇后即其姊也乃養從益于宮中晉天福中以從益爲二王後改封郇國公食邑三千戶其後與母歸洛陽及開運末契丹主至汴以從益遙領曹州節度使復封許王與王妃尋歸

西京會契丹主死其汴州節度使蕭翰謀歸北地慮中原無主軍民大亂則己亦不得按轡徐歸矣乃詐稱契丹主命遣人迎從益于洛陽令知南朝軍國事從益與王妃逃于徽陵以避之使者至不得已而赴焉從益于崇元殿見羣官蕭翰率蕃首列拜于殿上羣官趨拜于殿下乃僞署王松爲左丞相趙上交爲右丞相李式翟光鄴爲樞密使王景崇爲宣徽使餘官各有署置又以北來燕將劉祚爲權侍衛使充在京巡檢翰北歸從益餞于北郊及漢高祖將離太原從益召高行周武行德欲拒漢高祖行周等不從且奏其事漢高祖怒車駕將至闕從益與王妃俱賜死于私第時年十七時人哀之五代史闕文漢高祖自太原起軍建號至洛陽命郭從義先入京師受密旨殺王淑妃與許王從益淑妃臨刑號泣曰吾家子母何罪吾既爲契丹所立非敢與人爭國何不且留吾兒每年寒食使持一盂飯灑明宗陵寢聞者無不泣下

重吉末帝長子爲控鶴都指揮使閔帝嗣位出爲亳州團練使末帝兵起爲閔帝所害通鑑云詔遣殿直楚匡祚執亳州李重吉幽于宋州又云遣楚匡祚殺李重吉于宋州匡祚榜捶重吉責其家財清泰元年詔贈太尉仍令宋州選隙地置廟明宗紀閔帝有子重哲授銀青光祿大夫檢校工部尙書歐陽史家人傳不載

雍王重美末帝第二子清泰三年封晉兵入與末帝俱自焚死通鑑云洛陽自聞兵敗衆心大震居人四出逃竄山谷門者請禁之雍王重美曰國家多難未能為百姓主徒增惡名耳不若聽其自便事寧自還乃出令任從所適衆心差安又云皇后積薪欲燒宮室重美諫曰新天子至必不露居他日重勞民力死而遺怨將安用之乃止

史臣曰繼岌以童騃之歲當統帥之任雖功成于劍外尋求死于渭濱蓋運盡天亡非孺子之咎也從審感厚遇之恩無苟免之意死于君側得不謂之忠乎從榮以狂躁之謀貫覆亡之禍謂為大逆則近厚誣從璨為權臣所忌從益為強敵所脅俱不得其死亦良可傷哉重美聽洛民之奔亡止母后之燔爇身雖燼于紅燄言則耀乎青編童年若斯可謂賢矣

舊五代史卷五十一

舊五代史卷五十一考證

唐列傳三宗室薛王存禮傳武皇子　案是書不言存禮爲武皇第幾子據五代會要太祖第二子存美第三子存霸第四子存禮第五子存渥第六子存乂第七子存確第八子存紀與是書所敘微有同異

魏王繼岌傳莊宗子也　案莊宗紀稱繼岌爲第三子然莊宗長子次子之名是書及五代會要俱不載

從璨傳從璨明宗諸子　案五代會要以從璨爲明宗第四子冊府元龜作諸子與明宗紀同今仍其舊

許王從益傳從益召高行周武行德欲拒漢高祖　案是書但載從益拒漢事考宋史趙上交傳云漢祖將至從益遣上交馳表獻款蓋獻款乃淑妃從益本意也歐陽史兩存之其事始備

舊五代史卷五十一考證

舊五代史卷五十二

宋門下侍郎參知政事監修國史薛居正等撰

唐書第二十八

列傳四

李嗣昭字益光武皇母弟代州刺史克柔之假子也小字進通不知族姓所出歐陽史云本姓韓氏汾州太谷縣民家子少事克柔頗謹愿雖形貌眇小而精悍有膽略沉毅不羣初嗜酒好樂武皇微伸儆戒乃終身不飲少從征伐精練軍機乾寧初王珂王珙爭帥河中珙引陝州之軍攻珂珂求救于武皇乃命嗣昭將兵援之敗珙軍于猗氏獲賊將李璠等四年改衙内都將復援河中敗汴軍于胡壁堡擒汴將滑禮以功加檢校僕射及王珂請婚武皇武皇以女妻之珂赴禮于太原以嗣昭權典河中留後事李罕之之襲我潞州也嗣昭率師攻潞州與汴將丁會戰于含口俘獲三千執其將蔡延恭代李君慶爲蕃漢馬步行營都將進攻潞州遣李存質李嗣本以兵扼天井關汴將澤州刺史劉屺棄城而遁乃以李存璋

爲刺史梁祖聞嗣昭之師大至召葛從周謂曰幷人若在高平當圍而取之先須野戰勿以潞州爲敵及聞嗣昭軍韓店梁祖曰進通扼八議路此賊決于我鬬公等臨事制機勿落姦便賀德倫閉壁不出嗣昭日以鐵騎環城汴人不敢芻牧援路斷絕八月德倫張歸厚棄城遁去我復取潞州光化三年汴人攻滄州劉仁恭求救遣嗣昭出師邢洺以應之嗣昭遇汴軍于沙河擊敗之獲其將胡禮進攻洺州下之獲其郡將朱紹宗九月梁祖自率軍三萬至臨洺葛從周設伏于青山口嗣昭聞梁祖至斂軍而退從周伏兵發爲其所敗偏將王郃郎楊師悅等被擒十月汴人大寇鎮定王郜告急于武皇乃遣嗣昭出師下太行擊懷孟汴將侯信守河陽不意嗣昭之師至旣無守備驅市人登城嗣昭攻其北門破其外垣俄而汴將閻寶救軍至乃退天復元年河中王珂爲汴人所擄河中晉絳諸郡皆陷四月汾州刺史李瑭謀叛納款于汴嗣昭討之三日而拔斬瑭是月汴人初得蒲絳乃大舉諸道之師來逼太原汴將葛從周陷承天軍氏叔琮營洞渦驛太原四面汴軍雲合武皇憂迫計無從出嗣昭朝夕選精騎

分出諸門掩擊汴營左俘右斬或燔或擊汴軍疲于奔命又屬霖雨軍多足腫腹疾糧運不繼五月氏叔琮引退嗣昭以精騎追之汴軍委棄輜重兵仗萬計六月嗣昭出師陰地攻慈隰降其刺史唐禮張瓌是時天子在鳳翔汴人攻圍有密詔徵兵十一月嗣昭出師晉絳屯吉上堡遇汴將王友通于平陽一戰擒之明年正月嗣昭進兵蒲縣十八日汴將朱友寧氏叔琮將兵十萬來拒二十八日梁祖自率大軍至平陽嗣昭之師大恐三月十一日有白虹貫周德威之營候者云不利宜班師翼日氏叔琮犯德威之營汴軍十餘萬列陣四合德威嗣昭血戰解之乃保軍而退汴軍因乘之時諸將潰散無復部伍德威引騎軍循西山而遁朱友寧乘勝陷慈隰汾等州武皇聞其敗也遣李存信率牙兵至清源應接復爲汴軍所擊汴軍營于晉祠嗣昭德威收合餘衆登城拒守汴人治攻具于西北隅四面營柵相望時鎮州河中皆爲梁有孤城無援師旅敗亡武皇晝夜登城憂不遑食召諸將欲出保雲州嗣昭曰王勿爲此謀兒等苟存必能城守李存信曰事勢危急不如且入北蕃別圖進取朱温兵師百萬天下

無敵關東河北受他指揮今獨守危城兵亡地蹙儻彼築室反耕環塹深固則亡無日矣武皇將從之嗣昭亟爭不可猶豫未決賴劉太妃極言于內武皇且止數日亡散之衆復集嗣昭晝夜分兵四出斬將搴旗汴軍保守不暇二十一日朱友寧燒營退去嗣昭追擊復收汾慈隰等州五月雲州都將王敬暉據城叛振武石善友亦爲部將契苾讓所逐嗣昭皆討平之天祐三年汴人攻滄景劉仁恭遣使求援十一月嗣昭合燕軍三萬進攻潞州降丁會武皇乃以嗣昭爲昭義節度使始嗣昭未到之前上黨有占者見一人家舍上常有氣如車蓋視之但一貧媼而已占者謂媼有子乎曰有見爲軍士出戍于外占者心異之以爲其子將來有土地之兆也未幾丁會既降嗣昭領兵入潞以媼家四面空缺乃駐于是舍丁會既歸太原武皇遣使命嗣昭爲帥乃自媼舍而入理所其氣尋息聞者異之四年六月汴將李思安將兵十萬攻潞州乃築夾城深溝高壘內外重複飛走路絕嗣昭撫循士衆登城拒守梁祖馳書說誘百端嗣昭焚其僞詔斬其使者城中固守經年軍民乏絕含鹽炭自生以濟貧民嗣昭嘗享

諸將登城張樂賊矢中嗣昭足密拔之坐客不之覺酣飲如故以安衆心五年五月莊宗敗汴軍破夾城嗣昭知武皇棄世哀慟幾絶時大兵攻圍歷年城中士民飢死大半鄽里蕭條嗣昭緩法寬租勸農務穡一二年間軍城完集三面鄰于敵境寇鈔縱橫設法枝梧邊鄙不聳胡柳之戰周德威戰沒師無行列至晚方集汴人四五萬登無石山我軍懼形于色或請收軍保營詰旦復戰嗣昭曰賊無營壘去臨濮地遠日已晡晚皆有歸心但以精騎逗撓無令返旆晡後追擊破之必矣我若收軍拔寨賊人入臨濮俟彼整齊復來卽勝負未決莊宗曰非兄言幾敗吾事軍校王建及又陳方略嗣昭與建及分兵于土山南北爲掎角汴軍懼下山因縱軍擊之俘斬三萬級由是莊宗之軍復振十六年嗣昭代周德威權幽州軍府事九月以李紹宏代嗣昭出薊門百姓號泣請留截鞍惜別嗣昭夜遁而歸十七年六月嗣昭自德勝歸藩莊宗帳餞于戚城莊宗酒酣泣而言曰河朔生靈十年饋輓引領鶴望俟破汴軍今兵賦不充寇孽猶在坐食軍賦有愧蒸民嗣昭曰臣忝急難之地每一念此寢不安席大王且持重

謹守惠養士民臣歸本藩簡料兵賦歲末春首卽舉衆復來莊宗離席拜送如家人禮是月汴將劉鄩攻同州朱友謙告急嗣昭與李存審援之九月破汴軍于馮翊乃班師十九年莊宗親征張文禮于鎭州冬契丹三十萬奄至嗣昭從莊宗擊之敵騎圍之數十重良久不解嗣昭號泣赴之引三百騎橫擊重圍馳突出沒者數十合契丹退翼莊宗而還是時閻寶爲鎭人所敗退保趙州莊宗命嗣昭代寶攻眞定七月二十四日王處球之兵出自九門嗣昭設伏于故營賊至伏發擊之殆盡餘三人匿于牆墟閒嗣昭環馬而射之爲賊矢中腦嗣昭箙中矢盡拔賊矢于腦射賊一發而殪之嗣昭日暮還營所傷血流不止是夜卒嗣昭節制澤潞官自司徒太保至侍中中書令莊宗卽位贈太師隴西郡王長與中詔配饗莊宗廟庭嗣昭有子七人長曰繼儔澤州刺史次繼韜繼忠繼能繼襲繼遠皆夫人楊氏所生楊氏治家善積聚設法販鬻致家財百萬

繼韜小字留得少驕獪無賴嗣昭既卒莊宗詔諸子扶喪歸太原襄事諸子違詔以父牙兵數千擁喪歸潞莊宗令李存渥馳騎追諭兄弟俱忿欲害存渥存

渥遁而獲免繼韜兄繼儔嗣昭長嫡也當襲父爵然柔而不武方在苫廬繼韜詐令三軍劫已爲留後因繼儔于別室以事奏聞莊宗不得已命爲安義軍兵馬留後時軍前糧餉不充租庸計度請潞州轉米五萬貯于相州繼韜辭以經費不足請轉三萬有幕客魏琢牙將申蒙者因入奏公事每揣陰事報繼韜云朝廷無人終爲河南呑噬止遲速閒耳由是陰謀叛計內官張居翰時爲昭義監軍莊宗將卽位詔赴鄴都潞州節度判官任圜時在鎭州亦奉詔赴鄴魏琢申蒙謂繼韜曰國家急召此二人情可知矣弟繼遠年十五六謂繼韜曰兄有家財百萬倉儲十年宜自爲謀莫受人所制繼韜曰定哥以爲何如曰申蒙之言是也河北不勝河南不如與大梁通盟國家方事之殷焉能討我無如此算乃令繼遠將百餘騎詐云于晉絳擒生遂至汴梁主見之喜因令董璋將兵應接營于潞州之南加繼韜同平章事改昭義軍爲匡義軍繼韜令其愛子二人入質于汴及莊宗平河南繼韜惶恐計無所出將脫身于契丹會有詔赦之乃齎銀數十萬兩隨其母楊氏詣闕冀以賂免將行其弟繼遠曰兄往與不往利

害一也以反爲名何面更見天下不如深溝峻壁坐食積粟尚可苟延歲月往則亡無日矣或曰君先世有大功于國主上季父也宏農夫人無恙保獲萬全及繼韜至厚賂宦官伶人言事者翕然稱留後本無惡意姦人惑之故也嗣昭親賢不可無嗣楊夫人亦于宮中哀祈劉皇后后每于莊宗前泣言先人之功以動聖情由是原之在京月餘屢從畋遊寵待如故李存渥深訶詆之繼韜心不自安復賂伶閹求歸本鎮莊宗不聽繼韜潛令紀綱書諭繼遠欲軍城更變望天子遣己安撫事泄斬于天津橋南二子齠年質于汴莊宗收城得之撫其背曰爾幼如是猶知能佐父造反長復何爲至是亦誅乃遣使往潞州斬繼遠函首赴闕命繼儔權知軍州事繼達充軍城巡檢未幾詔繼儔赴闕時繼儔以繼韜所畜婢僕玩好之類悉爲己有每日料選算校不時上路繼達怒謂人曰吾仲兄被罪父子誅死大兄不仁略無動懷而便烝淫妻妾詰責貨財慙恥見人生不如死繼達服縗麻引數百騎坐于戟門呼曰爲我反乎卽令人斬繼儔首投于戟門之内副使李繼珂聞其亂也募市人千餘攻于城門繼達登城樓

知事不濟啓子城東門至其第盡殺其孥得百餘騎出潞城門將奔契丹行不十里麾下奔潰自剄于路隅天成初繼能爲相州刺史母楊氏卒于太原繼能繼襲奔喪行服繼能笞掠母主藏婢責金銀數因笞至死家人告變言聚甲爲亂繼能繼襲皆伏誅嗣昭諸子自相屠害幾于流盡惟繼忠一人僅保其首領焉

裴約潞州之舊將也初事李嗣昭爲親信及繼韜之叛約方戍潞州因召民泣而諭之曰余事故使已餘二紀每見分財享士志在平讎不幸薨歿今郎君父喪未葬卽背君親余可傳刃自殺不能送死與人衆皆感泣繼而梁以董璋爲澤州刺史率衆攻城約拒久之告急于莊宗莊宗知其忠懇謂諸將曰朕于繼韜何薄于裴約何厚裴約能分逆順不附賊黨先兄一何不幸生此鴟梟乃顧李紹賦曰爾識機便爲我取裴約來朕不藉澤州彈丸之地卽遣紹賦率五千騎以赴之紹賦自遼州進軍未至城已陷約被害時同光元年六月也帝聞之嗟痛不已

李嗣本鴈門人本姓張父準銅冶鎮將嗣本少事武皇爲帳中紀綱漸立戰功得補軍校乾寧中從征李匡儔爲前鋒與燕人戰得居庸關以功爲義兒軍使因賜姓名從討王行瑜授檢校刑部尙書改威遠寧塞等軍使五年討羅宏信于魏州嗣本爲前鋒師還改馬軍都將從李嗣昭討王暉于雲州論功加檢校司空汴將李思安之圍潞州也從周德威軍于余吾嗣本率騎軍日與汴人轉鬬前後獻俘千計遷代州刺史六年從攻晉絳爲蕃漢副都校及武皇喪事有日嗣本監護其事改雲中防禦使雲蔚應朔等州都知兵馬使加特進檢校太保九年周德威討劉守光嗣本率代北諸軍生熟吐渾收山後八軍得納降軍使盧文進武州刺史高行珪以獻幽州平論功授振武節度使號威信可汗十二年莊宗定魏博劉鄩據莘縣命嗣本入太原巡守都城十三年從破劉鄩于故元城收洺磁衞三郡六月還鎮振武八月契丹安巴堅傾塞犯邊其衆三十萬攻振武嗣本嬰城拒戰者累日契丹爲火車地道晝夜急攻城中兵少禦備罄竭城陷嗣本舉族入契丹有子八人四人陷于幕庭嗣本性剛烈有節義善

戰多謀然治郡民頗傷苛急人以此少之也

李嗣恩本姓駱（歐陽史嗣恩本吐谷渾部人）年十五能騎射侍武皇于振武及鎭太原補鐵林軍小校從征王行瑜奉表獻捷加檢校散騎常侍漸轉突陣指揮使賜姓名天祐四年逐康懷英于河西解汾州之圍加檢校司空充左廂馬軍都將戰王景仁有功加檢校司徒救河中府與梁人接戰應弦斃者甚衆而稍中其口及退莊宗親視其傷深加慰勉轉內衙馬步都將遼州刺史十二年從莊宗入魏擊劉鄩有功轉天雄軍都指揮使劉鄩之北趣樂平也嗣恩襲之倍程先入晉陽時城中無備得嗣恩兵至人百其勇鄩聞其先過乃遁莘之戰以功轉代州刺史充石嶺關以北都知兵馬使稍遷振武節度使十五年追赴行在卒于太原天成初明宗敦念舊勳詔贈太尉有子二人長曰武八騎射推于軍中嘗有時輩臂飢鷹矜其搏擊武八持鳴鏑一隻賭其狩獲暮乃多之戰契丹于新州歿焉幼曰從郎累爲行軍司馬

史臣曰嗣昭以精悍勤勞佐經綸之業終沒王事得以爲忠然其後嗣皆不免

于刑戮者何也蓋貨殖無窮多財累愚故也抑苟能以清白遺子孫安有斯禍

哉裴約以偏裨而効忠烈尤可貴也嗣本嗣恩皆以中涓之効參再造之功故

可附于茲也

舊五代史卷五十二

舊五代史卷五十二考證

唐列傳四李嗣昭傳初嗜酒　案歐陽史作初喜嗜酒吳縝纂誤云喜卽嗜也疑賸喜字

武皇乃以嗣昭爲昭義節度使　案舊唐書作太原李克用以其子嗣昭爲留後考嗣昭本克柔養子舊唐書以爲武皇子殊誤

嗣昭有子七人長曰繼儔澤州刺史次繼韜繼忠繼能繼襲繼遠　案嗣昭有子七人此傳僅載其六歐陽史仍薛史之舊據繼韜附傳有弟繼達合數之恰得七人也

李繼韜傳命爲安義軍兵馬留後　案通鑑注云後唐改昭義爲安義蓋爲嗣昭避諱也歐陽史仍作昭義

裴約傳卽遣紹賦率五千騎以赴之　李紹賦歐陽史作李存審考是書莊宗紀亦作紹賦疑歐陽史誤

李嗣恩傳戰契丹于新州歿焉　案遼史太祖紀二年三月合戰于新州東殺

李嗣本之子武八考武八本嗣恩子而遼史以爲嗣本子蓋傳聞之誤

安巴堅舊作阿保機今改

舊五代史卷五十二考證

舊五代史卷五十三

宋門下侍郎參知政事監修國史薛居正等撰

唐書第二十九

列傳五

李存信本姓張，父君政，回鶻部人也。大中初，隨懷化郡王李思忠內附，因家雲中之合羅川。存信通黠，多數會四夷語，別六蕃書，善戰，識兵勢。初爲獻祖親信，從武皇入關平賊，始補軍職，賜姓名。大順中，累遷至馬步都校，與李存孝擊張濬軍于平陽，時存孝驍勇冠絶，軍中皆下之，惟存信與爭功，由是相惡，有同水火。及平定潞州，存孝以功望領節度，既而康君立授旄鉞，存孝怒，大剽潞民，燒邑屋，言發流涕。疑存信擯己故也。明年，存孝得邢洺，武皇與之節鉞，存孝慮存信離間，欲立大功以勝之，屢請兵于武皇，請兼幷鎮冀，存信間之，不時許。大順二年，武皇大舉略地山東，以存信爲蕃漢馬步都校，存孝聞之怒，武皇令存質代之。存孝乃謀叛，既誅，以存信爲蕃漢都校，從討李匡儔，降赫連鐸、白義誠，以

功授檢校僕射從入關討王行瑜加檢校司空領郴州刺史乾寧三年兗鄆乞
師于武皇武皇遣存信營于莘縣與朱瑄合勢以抗梁人梁祖患之遣使諜羅
宏信曰河東志在吞食河朔迴軍之日貴道堪憂而存信戢兵無法稍侵魏之
芻牧宏信怒翻然結于梁祖乃出兵三萬以攻存信存信斂衆而退爲魏人所
薄委棄輜重退保洺州軍士喪失者十二三武皇怒大出師攻魏博屠陷諸邑
五月存信攻于洹水汴將葛從周氏叔琮來援魏人存信與鐵林都將落落遇
汴人于洹水南汴人爲陷馬坎以待之存信戰敗落落被擒九月存信敗葛從
周于宗城乘勝至魏州之北門明年聞兗鄆皆陷乃班師八月從討劉仁恭師
次安塞爲燕軍所敗武皇怒謂存信曰昨日吾醉不悟賊至公不辦耶古人三
敗公始二矣存信懼泥首謝罪幾至不測自光化已後存信多稱病武皇以兵
柄授李嗣昭以存信爲右校而已天復二年十月以疾卒于晉陽時年四十七
李存孝本姓安名敬思（新唐書存孝飛狐人）少于俘因中得隸紀綱給事帳中及壯便騎
射驍勇冠絕常將騎爲先鋒未嘗挫敗從武皇救陳許逐黃寇及遇難上源每

戰無不剋捷張濬之加兵于太原也潞州小校馮霸殺其帥李克恭以城叛時汴將朱崇節入潞州梁祖令張全義攻澤州李罕之告急于武皇武皇遣存孝率騎五千援之初汴人攻澤州呼罕之曰相公常恃太原輕絕大國今張相公圍太原葛司空已入潞府旬日之內沙陀無穴自處相公何路求生耶存孝聞其言不遜選精騎五百繞汴營呼曰我沙陀求穴者俟爾肉餵軍可令肥者出鬭汴將有鄧季筠者亦以驍勇聞乃引軍出戰存孝激勵部衆舞矟先登一戰敗之獲馬千匹生擒季筠于軍中是夜汴將李讜收軍而遁存孝追擊至馬牢山俘斬萬計遂退攻潞州時朝廷命京兆尹孫揆爲昭義節度使令供奉官韓歸範送旌節至平陽揆乃仗節之潞梁祖與揆牙兵三千爲紀綱時揆爲張濬副招討所部萬人八月自晉絳踰刀黄嶺趨上黨存孝引三百騎伏于長子西崖間揆褒衣大蓋擁衆而行俟其軍前後不屬存孝出騎横擊之擒揆與歸範及俘囚五百獻于太原存孝乃急攻潞州九月葛從周棄城夜遁存孝收城武皇乃表康君立爲潞帥存孝怒不食者累日十月存孝引收潞州之師圍張濬

于平陽營于趙城華州韓建遣壯士三百夜犯其營存孝諜知設伏以擊之盡殪進壓晉州西門獲賊三千自是閉壁不出存孝引軍攻絳州十一月刺史張行恭棄城而去張濬韓建亦由含口而遁存孝收晉絳以功授汾州刺史大順二年三月邢州節度使安知建叛入汴軍武皇令存孝定邢洺因授之節鉞時幽州李匡威與鎮州王鎔屢弱中山將中分其疆土定州王處存求援于武皇武皇命存孝侵鎮趙之南鄙又令李存信李存審率師出井陘以會之幷軍攻臨城柏鄉李匡威救至且議旋師李存信與存孝不協因構于武皇言存孝望風退衂無心擊賊恐有私盟也存孝知之自恃戰功鬱鬱不平因致書通王鎔又歸款于汴明年武皇自出井陘將逼真定存孝面見王鎔陳軍機武皇暴怒誅先獲汴將安康八方旋師七月復出師討存孝自縛馬關東下攻平山渡滹水擊鎮州四關城王鎔懼遣使乞平請以兵三萬助擊存孝許之新唐書王鎔失幽州助因乞盟進幣五十萬歸糧二十萬請出兵助討存孝武皇蒐于欒城李存信屯琉璃陂九月存孝夜犯存信營奉誠軍使孫考老被獲存信軍亂武皇進攻邢州深溝高壘以環之旋爲

存孝衝突溝塹不成有軍校袁奉韜者密令人謂存孝曰大王俟塹成即歸太原如塹壘未成恐無歸志尚書所畏惟大王耳料諸將孰出尚書右王若西歸雖限以黃河亦可浮渡況咫尺之洫安能阻尚書鋒銳哉存孝然之縱兵成塹居旬日深溝高壘飛走不能及由是存孝至敗城中食盡乾寧元年三月存孝登城首罪泣訴于武皇曰兒蒙王深恩位至將帥苟非讒慝離間曷欲捨父子之深恩附仇讎之黨兒雖褊狹設計實存信搆陷至此若得生見王面一言而死誠所甘心武皇愍之遣劉太妃入城慰勞太妃引來謁見存孝泥首請罪曰兒立微勞本無顯過但被人中傷申明無路迷昧至此武皇叱之曰爾與王鎔書狀罪我萬端亦存信教耶縶歸太原車裂于市然武皇深惜其才存孝每臨大敵被重鎧櫜弓坐稍僕人以二騎從陣中易騎輕捷如飛獨舞鐵檛挺身陷陣萬人辟易蓋古張遼甘寧之比也存孝死武皇不視事旬日私憾諸將久之

李存進振武人本姓孫名重進歐陽史太祖破朔州得之賜以姓名養爲子父佺世吏單于府重進初仕嵐州刺史湯羣爲部校獻祖誅羣乃事武皇從入關還鎮太原署牙職景

福中爲義兒軍使賜姓名從討王行瑜以功授檢校常侍與李嗣昭同破王珙
于河中光化三年契丹犯塞寇雲中改永州軍使鴈門以北都知兵馬使天復
初破氏叔琮前軍于洞渦三年授石州刺史莊宗初嗣位入爲步軍右都檢校
司空師出井陘授行營馬軍都虞候破汴軍于相鄉論功授邠州刺史轉檢校
司徒俄兼西南面行營招討使出師收慈州授慈沁二州刺史十二年定魏博
授天雄軍都巡按使時魏人初附有銀槍効節都強傑難制專謀騷動存進沈
厚果斷犯令者梟首尸于市諸軍無不惕息靡然向風十四年擢蕃漢馬步副
總管從攻楊劉戰胡柳十六年以本職兼領振武節度使時王師據德勝渡汴
軍據楊村渡在上流汴人運洛陽竹木造浮橋以濟軍王師以船渡緩急難濟
存進率意欲造浮橋軍吏曰河橋須竹笮大艑兩岸石倉鐵牛以爲固今無竹
石竊慮難成存進曰吾成算在心必有所立乃課軍造葦笮維大艦數十艘作
土山植巨木于岸以纜之初軍中以爲戲月餘橋成制度條直人皆服其勤智
莊宗舉酒曰存進吾之杜預也賜寶馬御衣進檢校太保兼魏博馬步都將與

李存審園德勝十九年汴將王瓚率衆逼北城爲地穴火車百道進攻存進隨機拒應或經日不得食汴軍退加檢校太傅王師討張文禮于鎭州閻寶李嗣昭相次不利而歿七月存進代嗣昭爲招討進營東垣渡夾滹沲爲壘沙土散惡垣壁難成存進斬伐林樹版築旬日而就賊不能寇九月王處球盡率其衆乘其無備奄至壘門存進聞之得部下數人出鬬驅賊于橋下俄而賊大至後軍不繼血戰而歿時年六十六同光時贈太尉存進行軍出師雖無奇迹然能以法繩其驕放營壘守戰之備特推精力議者稱之有子四人長曰漢韶

漢韶字享天幼有器局風儀峻整初事莊宗爲定安軍使還河東牢城指揮使時孟知祥權知太原軍府事會契丹侵北鄙表令漢韶率師進討既而大破契丹以功加檢校右僕射同光中爲蔡州刺史天成初復姓孫氏尋授彰國軍留後累加檢校太保長興中爲洋州節度使九國志閔帝嗣位加特進漢韶以其父名上表讓之改檢校左僕射制曰改會稽之字抑有前聞換瓌寶之文非無故事末帝之起于鳳翔也漢韶與興元張虔釗各帥部兵會王師于岐山下及西師俱叛漢韶逃歸本鎭聞末帝卽位心不自安乃與張虔

劍各舉其城送款于蜀洎至成都孟知祥以漢韶故人尤善待之九國志漢韶與知祥敘汾上舊事及洛中更變相對感泣知祥曰豐沛故人相遇于此何樂如之于是賜第宅金帛供帳什物悉官給之僞命永平軍節度使孟昶嗣僞位歷興元遂州兩鎮連帥累僞官至中書令封安樂郡王年七十餘卒于蜀

李存璋字德璜雲中人武皇初起雲中存璋與康君立薛志勤等爲奔走交從入關以功授國子祭酒累管萬勝雄威等軍從討李匡儔改義兒軍使光化二年授澤州刺史入爲牢城使從李嗣昭討雲州叛將王暉平之改教練使檢校司空五年武皇疾篤召張承業與存璋授遺顧存璋爰立莊宗夷內難頗有力焉改河東馬步都虞候兼領鹽鐵初武皇稍寵軍士藩部人多干擾鄽市肆其豪奪法司不能禁莊宗初嗣位銳于求理存璋得行其志抑強扶弱誅其豪首期月之間紀綱大振弭羣盜務耕稼去姦宄息倖門當時稱其材幹從破汴軍于夾城轉檢校司徒柏鄉之役爲三鎮排陣使十一年從盟朱友謙于猗氏授汾州刺史汴將尹皓攻慈州逆戰敗之十三年王檀逼太原存璋率汾州之軍

入城固守授大同防禦使應蔚朔等州都知兵馬使秋契丹陷蔚州安巴堅遣使馳木書求賂存璋斬其使契丹逼雲州存璋拒守城中有古鐵車乃鎔爲兵仗以給軍士敵退以功加檢校太傅大同軍節度使應蔚等州觀察使十九年四月以疾卒于雲州府第同光初追贈太保平章事晉天福初追贈太師有子三人彥球爲裨校戰歿于鎮州

李存賢字子良本姓王名賢許州人祖啓忠父惲賢少遇亂入黃巢軍武皇破賊陳許存賢來歸景福中典義兒軍爲副兵馬使因賜姓名天祐三年從周德威赴援上黨營于交口五年權知蔚州刺史以禦吐渾六年權沁州刺史先是州當賊境不能保守乃于州南五十里據險立柵爲治所已歷十餘年矣存賢至郡乃移復舊郡剗闢荊棘特立廨舍州民完集莊宗嘉之轉檢校司空真拜刺史九年汴人乘其無備來攻其城存賢擊退之十一年授武州刺史山北團練使十二年移刺慈州七月汴將尹皓攻州城存賢督軍拒戰汴軍攻擊百端月餘遁去十八年河中朱友謙來求援命存賢師赴之十九年汴將段凝軍五

萬營臨晉蒲人大恐咸欲歸汴或問于存賢曰河中將士欲拘公降于汴存賢曰吾奉命河中死王事固其所也汴軍退以功加檢校司徒同光初授右武衛上將軍十一月入覲洛陽二年三月幽州李存審疾篤求入覲議擇帥代之方內宴莊宗曰吾披榛故人零落殆盡所存者存審耳今復衰疾北門之事知付何人因目存賢曰無易于卿卽日授特進檢校太保充幽州盧龍節度使五月到鎮時契丹疆盛城門之外烽塵交警一日數戰存賢性忠謹周慎晝夜戒嚴不遑寢食以至憂勞成疾卒于幽州時年六十五詔贈太傅存賢少有材力善角觝初莊宗在藩邸每宴私與王郁角觝鬬勝郁頻不勝莊宗自矜其能謂存賢曰與爾一博如勝賞爾一郡卽時角觝存賢勝得蔚州刺史

史臣曰昔武皇之起并汾也會鹿走于中原期龍戰于大澤蓄驍果之士以備鷹犬之用故自存信而下皆錫姓以結其心授任以責其效與夫董卓之畜呂布亦何殊哉惟存孝之勇足以冠三軍而長萬夫苟不爲叛臣則可謂良將矣

舊五代史卷五十三

舊五代史卷五十三考證

唐列傳五李存信傳李存信本姓張　案梁紀作張汚落蓋本名汚落賜名存信

李存孝傳位至將帥　案歐陽史作位至將相吳縝纂誤云存孝本傳止爲邢州留後未嘗爲平章事何故云位至將相耶

李存進傳父佺世吏單于　案九國志孫漢韶傳云祖昉嵐州刺史父存進振武軍節度使據是書存進父名佺未嘗爲刺史與九國志異

李存賢傳李存賢字子良本姓王名賢許州人祖啓忠父惲　案九國志李奉虔傳奉虔太原人本姓王氏祖欽唐隰州刺史父存賢佐唐武皇累著功賜姓李氏考是書作許州人又作父惲不載其官爵與九國志異

十八年河中朱友謙來求援　案吳縝纂誤據梁末帝紀及莊宗本紀當作十七年

汴軍退　案歐陽史作擊走梁兵吳縝纂誤云朱友謙符存審劉鄩傳載鄩討

友謙存審救之而鄩敗其事始末甚明無存賢擊走梁兵之事況大將自是存審安得隱其姓而存賢獨有功乎今考是書止作汴軍退不言存賢擊退

較歐陽史爲得其實

即日授特進檢校太保充幽州盧龍節度使　案九國志梁人攻上黨莊宗親總大軍以援之存賢先登陷敵以功授盧龍軍節度使與是書異

存賢勝得蔚州刺史　案存賢爲蔚州刺史在天祐五年蓋因角觝而得郡也

歐陽史作與爾一鎮以爲盧龍節度使與是書異

安巴堅舊作阿保機今改

舊五代史卷五十三考證

舊五代史卷五十四

宋門下侍郎參知政事監修國史薛居正等撰

唐書第三十

列傳六

王鎔其先回鶻部人也遠祖沒諾干唐至德中事鎮州節度使王武俊爲騎將武俊嘉其勇幹畜爲假子號王五哥其後子孫以王爲氏四代祖廷湊事鎮帥王承宗爲牙將長慶初承宗卒穆宗命田宏正爲成德軍節度使既而鎮人殺宏正推廷湊爲留後朝廷不能制因以旄鉞授之廷湊卒子元逵尚文宗女壽安公主元逵卒子紹鼎立紹鼎卒子景崇立皆世襲鎮州節度使並前史有傳景崇位至太尉中書令封常山王中和二年卒鎔卽景崇之子也年十歲三軍推襲父位大順中武皇將李存孝既平邢洺因獻謀於武皇欲兼幷鎮定乃連年出師以擾鎮之屬邑鎔苦之遣使求救於幽州（舊唐書云時天子蒙塵九州鼎沸河東節度使李克用虎視山東方謀吞據鎔以重賂結納請以修和好晉軍討孟方立于邢州鎔常奉以芻糧及方立平晉將李存孝侵鎔南部鎔求援于幽州）自是燕帥

李匡威頻歲出軍以爲鎔援時匡威兵勢方盛以鎔沖弱將有窺圖之志景福二年春匡威率精騎數萬再來赴援會匡威弟匡儔奪據兄位匡威退無歸路鎔乃延入府第館於寶壽佛寺鎔以匡威因己而失國又感其援助之力事之如父五月鎔謁匡威于其館匡威陰遣部下伏甲刼鎔抱持之鎔曰公戒部人勿造次吾國爲晉人所侵垂將覆滅賴公濟援之力幸而獲存今日之事本所甘心即並轡歸府舍鎔軍拒之竟殺匡威鎔本踈瘦時年始十七當與匡威並轡之時雷雨驟作屋瓦皆飛有一人于缺垣中望見鎔鎔就之遽挾于馬上肩之而去翼日鎔但覺項痛頭偏蓋因爲有力者所挾不勝其苦故也既而訪之則曰墨君和乃鼓刀之士也遂厚賞之太平廣記引劉氏耳目記云眞定墨君和幼名三旺眉目稜岸肌膚若鐵年十五六趙王鎔初即位曾見之悅而問曰此中何得崐崘兒也問其姓與形質相應即呼爲墨崐崘因以皂衣賜之是時常山縣邑屢爲幷州中軍所侵掠趙之將卒疲于戰敵告急于燕王李匡威率師五萬來救之幷人攻陷數城燕王聞之躬領五萬騎徑與晉師戰于元氏晉師敗績趙王感燕王之德椎牛灑酒大犒于槀城輦金二十萬以謝之燕王歸國比及境上爲其弟匡儔所拒趙人以其有德于我遂營東圃以居之燕王自以失國又見趙王之幼乃圖之遂伏甲俟趙王旦至即使擒之趙王請曰某承先代基構主此山河每被鄰寇侵漁困于守備賴大王武略累挫戎鋒獲保宗祧實資恩力顧惟幼懦夙有卑誠望不

匆匆可伸交讓願與大王同歸衙署即軍府必不拒違燕王以爲然遂與趙王並轡而進俄有大風并黑雲起于城上大雨雷電至東角門內有勇夫袒臂旁來拳毆燕之介士即挾負趙王踰垣而走遂得歸公府問其姓名君和恐其難記但言曰硯中之物王心志之左右軍士既見主免難遂逐燕王燕王退走于東圃趙人圍而殺之趙王召墨生以千金賞之兼賜上第一區良田萬畝仍恕其十死奏授光祿大夫鎔既失燕軍之援會武皇出師以逼真定鎔遣使謝罪出絹二十萬匹及具牛酒犒軍自是與鎔俱修好如初洎梁祖兼有山東虎視天下鎔卑辭厚禮以通和好新唐書羅紹威諷鎔絕太原共尊全忠鎔依違全忠不悅光化三年秋梁祖將吞河朔乃親征鎮定縱其軍燔鎮之關城鎔謂賓佐曰事急矣謀其所向判官周式者有口辯出見梁祖梁祖盛怒逆謂式曰王令公朋附并汾違盟爽信敝賦業已及此期于無捨式曰公爲唐室之桓文當以禮義而成霸業返欲窮兵黷武天下其謂公何新唐書李嗣昭攻洛州全忠自將擊走之得鎔與嗣昭書全忠怒引軍攻鎔周式請見全忠全忠即出書示式曰嗣昭在者宜速遣式曰王公所與和者息人鋒鏑間耳況繼奉天子詔和解能一番紙墜北路乎太原與趙本無恩嗣昭庸肯入耶梁祖喜引式袂而慰之曰前言戲之耳即送牛酒貨幣以犒軍式請鎔子昭祚及大將梁公儒李宏規子各一人往質于汴梁祖以女妻昭祚及梁祖稱帝鎔不得已行其正朔其後梁祖常慮河朔悠久難制會羅紹威卒

因欲除移鎭定先遣親軍三千分據鎔深冀二郡以鎭守爲名又遣大將王景
仁李思安率師七萬營于柏鄉鎔遣使告急莊宗莊宗命周德威率兵應之鎔
復奉唐朝正朔稱天祐七年及破梁軍于高邑我軍大振自是遣大將王德明
率三十七都從莊宗征伐收燕降魏皆預其功然鎔未嘗親軍遠出八年七月
鎔至承天軍與莊宗合宴同盟奉觴獻壽以申感槩莊宗以鎔父友曲加敬異
爲之聲歌鎔亦報之謂莊宗爲四十六舅中飲莊宗抽佩刀斷衿爲盟許女妻
鎔子昭誨因玆堅附于莊宗矣鎔自幼聰悟然仁而不武征伐出於下特以作
藩數世專制四州高屏塵務不親軍政多以閹人秉權出納決斷悉聽所爲皆
雕靡第舍崇飾園池植奇花異木遞相誇尚人士皆裒衣博帶高車大蓋以事
嬉游藩府之中當時爲盛鎔宴安既久惑於左道專求長生之要常聚緇黃合
鍊仙丹或講說佛經親受符籙西山多佛寺又有王母觀鎔增置館宇雕飾土
木道士王若訥者誘鎔登山臨水訪求仙迹每一出數月方歸百姓勞弊王母
觀石路既峻不通輿馬每登行命僕妾數十人維錦繡牽持而上有閹人石希

蒙者姦寵用事爲鎔所嬖恆與之臥起天祐八年冬十二月鎔自西山迴宿於鶻營莊將歸府第希蒙勸之他所宦者李宏規謂鎔曰方今晉王親當矢石櫛沐風雨王殫供軍之租賦爲不急之遊盤世道未夷人心多梗久虛府第遠出遊從如樂禍之徒翻然起變拒門不納則王欲何歸鎔懼促歸希蒙譖宏規專作威福多蓄猜防鎔由是復無歸志宏規聞之怒使親事偏將蘇漢衡率兵擐甲遽至鎔前露刃謂鎔曰軍人在外已久願從王歸宏規進曰石希蒙說王遊從勞弊士庶又結搆陰邪將爲大逆臣已偵視情狀不虛請王殺之以除禍本鎔不聽宏規因令軍士聚譟斬希蒙首抵于前鎔大恐遂歸是日令其子昭祚與張文禮以兵圍李宏規及行軍司馬李藹宅並族誅之詿誤者凡數十家又殺蘇漢衡收部下偏將下獄窮其反狀親軍皆恐復不時給賜衆益懼文禮因其反側密諭之曰王將坑爾曹宜自圖之衆皆掩泣相謂曰王待我如是我等焉能効忠是夜親事軍十餘人自子城西門尋垣而入鎔方焚香受籙軍士二人突入斷其首袖之而出遂焚其府第煙燄亘天兵士大亂鎔姬妾數百皆赴

水投火而死軍校有張友順者率軍人至張文禮之第請爲留後遂盡殺王氏之族鎔于昭宗朝賜號敦睦保定久大功臣位至成德軍節度使守太師中書令趙王梁祖加尚書令初鎔之遇害不獲其尸及莊宗攻下鎮州鎔之舊人于所焚府第灰間方得鎔之殘骸莊宗命幕客致祭葬于王氏故塋鎔長子昭祚亂之翼日張文禮索之斬于軍門次子昭誨當鎔被禍之夕昭誨爲軍人攜出府第置之地穴十餘日乃髠其髮被以僧衣屬湖南綱官李震南還軍士以昭誨託于震震置之茶褚中旣至湖湘乃令依南嶽寺僧習業歲給其費昭誨年長思歸震卽齎送而還時鎔故將符習爲汴州節度使會昭誨來投卽表其事曰故趙王王鎔小男昭誨年十餘歲遇禍爲人所匿免今尚爲僧名崇隱謹令赴闕明宗賜衣一襲令脫僧服頃之昭誨稱前成德軍中軍使檢校太傅詣中書陳狀特授朝議大夫檢校考功郎中司農少卿賜金紫符習因以女妻之其後累歷少列周顯德中遷少府監

案王處直傳原本止存王都廢立之事而處直事闕佚今考舊唐書列傳云處直字允明處存母弟也初爲定州後院軍都知兵馬使汴人入

王處直

寇處存拒戰不利而退三軍大譟推處直爲帥乃權知留後事汴將張存敬攻城梯衝雲合處直登城呼曰敝邑于朝廷未嘗不忠于藩鄰未嘗失禮不虞君之涉吾地何也朱温使人報之曰何以附太原而弱鄰道處直報曰吾兄與太原同時立勳王室地又親鄰修好往來常道也請從此改圖温許之仍歸罪于孔目吏梁問出絹十萬匹牛酒以犒汴軍存敬修盟而退温因表授旄鉞檢校左僕射天祐元年加太保封太原王後仕僞梁授北平王檢校太尉不數歲復歸于莊宗後十餘年爲其子都廢歸私第尋卒年六十一

王都本姓劉小字雲郎中山陘邑人也初有妖人李應之得于村落間養爲己子及處直有疾應之以左道醫之不久病間處直神之待爲羽人始假幕職出入無間漸署爲行軍司馬軍府之事咸取決焉處直時未有子應之以都遺於處直曰此子生而有異因是都得爲處直之子其後應之閱白丁于管內別置新軍起第於博陵坊面開一門動皆鬼道處直信重日隆將校相慮變在朝夕謀先事爲禍會燕師假道伏甲於外城以備不虞昧旦入郭諸校因引軍以圍其第應之死於亂兵咸云不見其尸衆不解甲乃逼牙帳請殺都處直堅靳之久乃得免翼日賞勞籍其兵于臥內自隊長已上記于別簿漸以他事孥戮迨二十年別簿之記略無孑遺都既成長總其兵柄姦詐巧佞生而知之處直愛

養漸有付託之意時處直諸子尚幼乃以都爲節度副大使王郁者亦處直之孽子也（案以下有闕文）天祐十八年十二月莊宗親征鎮州敗契丹于沙河明年正月乘勝追敵過定州都馬前奉迎莊宗幸其府第曲宴都有愛女十餘歲莊宗與之論婚許爲皇子繼岌之妻自是恩寵特異奏請無不從同光三年莊宗幸鄴都都來朝覲留宴旬日錫賚鉅萬遷太尉侍中時周元豹見之曰形若鯉魚難免刀匕及明宗嗣位加中書令然以其奪據父位心深惡之初同光中祁易二州刺史都奏部下將校爲之不進戶口租賦自贍本軍天成初仍舊既而安重誨用事稍以朝政釐之時契丹犯塞諸軍多屯幽易閒大將往來都陰爲之備屢廢迎送漸成猜閒和昭訓爲都籌畫曰主上新有四海其勢易離可圖自安之計會朱守殷據汴州反鎮州節度使王建立與安重誨不協心懷怨嫉都陰知之乃遣人說建立謀叛建立僞許之密以狀聞都又與青徐岐潞梓五帥蠟書以離閒之三年四月制削都在身官爵遣宋州節度使王晏球率師討之都急與王郁謀引契丹爲援洎王師攻城契丹將托諾率驍騎萬人來援都與契

丹合兵大戰于嘉山爲王師所敗惟托諾以二千騎奔入定州都仗之守城呼爲諾王屈身瀝懇冀其盡力孤壘周年亦甚有備諸校或思歸鄉以其訪察嚴密殺人相繼人無宿謀故數構不就都好聚圖書自常山始破梁國初平令人廣將金帛收市以得爲務不責貴賤書至三萬卷名畫樂器各數百皆四方之精妙者萃于其府四年三月晏球拔定州時都校馬讓能降于曲陽門都巷戰而敗奔馬歸于府第縱火焚之府庫妻孥一夕俱燼惟擒托諾幷其男四人弟一人獻于行在李繼陶者莊宗初略地河朔俘而得之收養于宮中故名曰得得天成初安重誨知其本末付段佪養之爲兒佪知其不稱許其就便王都素蓄異志潛取以歸呼爲莊宗太子及都叛遂僭其服裝時俾乘墉欲惑軍士人咸知其僞競詬辱之城陷晏球獲之拘送于闕下行至邢州遣使戮焉

史臣曰王鎔據鎮冀以稱王治將數世處直分易定以爲帥亦既重侯一則惑佞臣而覆其宗一則嬖孽子而失其國其故何哉蓋富貴斯久仁義不修目眩于妖姸耳惑於絲竹故不能防姦于未兆察禍于未萌相繼敗亡又誰咎也

舊五代史卷五十四

舊五代史卷五十四考證

唐列傳六王鎔傳紹鼎卒子景崇立　案新唐書藩鎭傳紹鼎卒子幼未能事以元逵次子紹懿爲留後紹懿卒乃復授紹鼎子景崇與是書異

自是燕帥李匡威頻歲出軍以爲鎔援　案太平廣記引劉氏耳目記趙王鎔方在幼沖而燕軍寇北鄙王遣將拒之有勇士陳力劉幹投刺軍門願以五百人嘗寇翼日力卒於鋒刃之下幹唱凱而還據是書鎔方以燕帥爲援未嘗與燕軍戰疑耳目記傳聞之誤

館于寶壽佛寺　案歐陽史作館于梅子園

和昭訓爲都籌畫　和昭訓宋史趙上交傳作和少微

都又與青徐岐潞梓五帥蠟書以離間之　案通鑑作青徐潞益梓五帥胡三省注云是時青帥霍彥威徐帥房知温潞帥毛璋益帥孟知祥梓帥董璋是書有岐帥而無益帥與通鑑異歐陽史從是書

托諾舊作禿餒今改

舊五代史卷五十五

宋門下侍郎參知政事監修國史薛居正等撰

唐書第三十一

列傳七

康君立蔚州興唐人世爲邊豪乾符中爲雲州牙校事防禦使段文楚時羣盜起河南天下將亂代北仍歲阻饑諸部豪傑咸有嘯聚邀功之志會文楚稍削軍人儲給戍兵咨怨君立與薛鐵山程懷信王行審李存璋等謀曰段公懦人難與共事方今四方雲擾武威不振丈夫不能于此時立功立事非人豪也吾等雖權係部衆然以雄勁聞于時者莫若沙陁部復又李振武父子勇冠諸軍吾等合勢推之則代北之地旬月可定功名富貴事無不濟也君立等乃夜謁武皇言曰方今天下大亂天子付將臣以邊事歲偶饑荒便削儲給我等邊人焉能守死公家父子素以威惠及五部當共除虐帥以謝邊人孰敢異議者武皇曰明天子在上舉事當有朝典公等勿輕議予家尊遠在振武萬一相迫俟

予稟命君立等曰事機已洩遲則變生曷俟千里咨稟衆因聚譟擁武皇比及雲州衆且萬人師營鬬雞臺城中械文楚以應武皇之軍旣收城推武皇爲大同軍防禦留後衆狀以聞朝廷不悅詔徵兵來討俄而獻祖失振武武皇失雲州朝廷命招討使李鈞幽州李可舉加兵于武皇攻武皇于蔚州君立從擊可舉之師屢捷及獻祖入達靼君立保感義軍武皇授鴈門節度以君立爲左都押牙從入關逐黃孽收長安武皇還鎭太原授檢校工部尚書先鋒軍使文德初李罕之旣失河陽來歸於武皇且求援焉乃以君立充南面招討使李存孝副之師二萬助罕之攻取河陽三月與汴將丁會牛存節戰于沇河臨陣之次騎將安休休叛入汴軍君立引退八月授汾州刺史大順元年潞州小校安居受反武皇遣君立討平之授檢校左僕射昭義節度使自武皇之師連歲略地於邢洺攻孟方立君立常率澤潞之師以爲犄角景福初檢校司徒食邑千戶二年李存孝據邢州叛武皇命君立討之以功加檢校太保乾寧初存孝平班師存孝旣死武皇深惜之怒諸將無解愠者初李存信與存孝不協屢相傾奪

而君立素與存信善九月君立至太原武皇會諸將酒博因語及存孝事流涕不已時君立以一言忤旨武皇賜酖而殂時年四十八明宗即位以念舊之故詔贈太傅

薛志勤蔚州奉誠人小字鐵山初爲獻祖帳中親信乾符中與康君立共推武皇定雲州以功授右牙都校從入達靼武皇授節鴈門志勤領代北軍使從入關收京城以功授檢校工部尙書河東右都押牙先鋒右軍使從武皇救陳許平黃巢武皇遇難於上源驛汴將楊彥洪連車樹柵遮絕巷陌時騎從皆醉宴席既闌汴軍四面攻傳舍志勤虓勇冠絕復酒膽激壯因獨登驛樓大呼曰朱僕射負恩無行邀我司空圖之吾三百人足以濟事因彎弧發射矢無虛發汴人斃者數十志勤私謂武皇曰事急矣如至五鼓吾屬無遺類矣可速行因扶武皇而去雷雨暴猛汴人扼橋志勤以其屬血戰擊敗之得侍武皇還營由是恩顧益厚大順初張濬以天子之師來侵太原十月大軍入陰地志勤與李承嗣率騎三千抗之敗韓建之軍于蒙坑進收晉絳以功授忻州刺史二年從討

鎭州收天長臨城志勤皆先登陷陣勇敢無前王暉據雲州叛討平之以志勤爲大同軍防禦使檢校司空乾寧初代康君立爲昭義節度使光化元年十二月以疾卒於潞時年六十二

史建瑭字國寶父敬思鴈門人仕郡至牙校武皇節制鴈門敬思爲九府都督從入關定京師及鎭太原爲裨將中和四年從援陳許爲前鋒敗黄巢于汴上追賊至徐兗常將騎挺身酣戰勇冠諸軍是時天下之師雲集軍中無不推伏六月衞從武皇入汴州舍于上源驛是夕爲汴人所攻敬思方大醉因蹶然而興操弓與汴人鬬矢不虛發汴人死者數百夜分冒雨方達汴橋左右扶武皇決圍而去敬思後拒血戰而歿武皇還營知失敬思流涕久之建瑭以父廕少仕軍門光化中典昭德軍與李嗣昭攻汾州率先登城擒叛將李瑭以獻授檢校工部尚書李思安之圍上黨也建瑭爲前鋒與總管周德威赴援時汴人夾城深固援路斷絕建瑭日引精騎設伏擒生夜犯汴營驅斬千計敵人不敢芻牧汴將王景仁營於柏鄉建瑭與周德威先出井陘高邑之戰日已晡晩汴軍

有歸志建瑭督部落精騎先陷其陣夾攻魏滑之間遂長驅追擊夜入柏鄉俘斬數千計論功加檢校左僕射師還留戍趙州汴將氏延賞數犯趙之南鄙建瑭設伏柏鄉獲延賞獻之九年梁祖親攻蓨縣時王師併攻幽州聲言汴軍五十萬將寇鎮定都將符存審謂建瑭曰梁軍儻以五十萬來我等何以待之裨將趙行實曰走入土門爲上策存審曰事未可知但老賊在東別將西來尚可徐圖不旬日楊師厚圍棗強賀德倫圍蓨縣梁祖自至攻城甚急存審曰吾王方事北面南鄙之事付我等數人今西道無兵坐滋賊勢何以爲謀老賊若不下蓨阜必西攻深冀與公等料閱騎軍偵視賊勢乃選精騎八百趨信都存審扼下博橋建瑭與李嗣肱分道擒生建瑭乃分麾下三百騎爲五軍自將一軍深入各命俘掠梁軍之芻牧者還會下博橋翼日諸軍皆至獲芻牧者數百人聚而殺之緩數十人令其逸去各曰沙陁軍大至矣梁軍震恐明日建瑭嗣肱爲梁軍服色與芻牧者相雜晡晚及賀德倫寨門殺守門者縱火大譟斬俘而去是夜梁祖燒營而遁比至貝州迷失道路委棄兵仗不可勝計十二年魏博

歸款建瑭與符存審前軍屯魏縣十三年敗劉鄩於元城收澶州以建瑭爲刺史檢校司空外衙騎軍都將尋歷貝相二州刺史屯于德勝十八年與閻寶討張文禮爲馬軍都將八月收趙州獲刺史王鋋進逼鎮州爲流矢所中卒於軍時年四十六

李承嗣代州鴈門人父佐方承嗣少仕郡補右職中和二年從武皇討賊關輔爲前鋒王師之攻華陰黃巢令僞客省使王汀會軍機於黃揆承嗣擒之以獻賊平以功授汾州司馬改榆次鎮將光啓初從討蔡賊于陳許上源之難遣承嗣奉表行在陳訴其事觀軍容田令孜館而慰諭令達情於武皇姑務協和仍授以左散騎常侍朱玫之亂遣承嗣率軍萬人援鄜州至渭橋迎扈車駕王行瑜既殺朱玫承嗣會鄜夏之師入定京城獲僞相裴徹鄭昌圖函送朱玫襄王首獻于行在駕還宮賜號迎鑾功臣檢校工部尚書守嵐州刺史賜犒軍錢二萬貫時車駕初還三輔多盜承嗣按兵警禦輦轂乂安及還屯於鄜留別將馬嘉福五百騎宿衞孟方立之襲遼州也武皇遣承嗣設伏于榆社以待之邢人

既至承嗣發伏擊其歸兵大敗之獲其將奚忠信以功授洛州刺史及張濬之加兵于太原也時鳳翔軍營霍邑承嗣率一軍攻之岐人夜遁追擊至趙城合大軍攻平陽旬有三日而拔師還改教練使檢校司徒乾寧二年兗鄆爲汴人所攻勢漸危蹙使乞師於武皇遣承嗣率三千騎假道于魏渡河援之時李存信屯于莘縣既而羅宏信背盟掩擊王師因茲隔絕及瑄瑾失守承嗣與朱瑾史儼同入淮南承嗣史儼皆驍將也淮人得之軍聲大振（十國春秋吳列傳太祖署爲淮南行軍副使）武皇深惜之如失左右手乃遣趙岳間道使於淮南請歸承嗣等楊行密許之遣使陳令存修好于武皇其年九月汴將龐師古葛從周出師將收淮南朱瑾率淮南軍三萬與承嗣設伏於清口大敗汴人生獲龐師古行密嘉其雄才留而不遣仍奏授檢校太尉領鎮海軍節度使天祐九年淮人聞莊宗有柏鄉之捷乃以承嗣爲楚州節度使以張犄角十七年七月卒於楚州時年五十五

史儼代州鴈門人以便騎射給事於武皇爲帳中親將驍果絕衆善擒生設伏望塵揣敵所向皆捷自武皇入定三輔誅黃巢每出師皆從乾寧中從討王行

瑜師次渭北遣儼率五百騎護駕石門時京城大擾士庶奔逃散布南山儼分騎警衛比駕還京盜賊不作以功授檢校右散騎常侍屯於三橋者累月昭宗寵錫優異明年與李承嗣率騎渡河援兗鄆時汴軍雄威自青徐兗鄆柵壘相望儼與騎將安福順等每以數千騎直犯營壘左俘右斬汴軍爲之披靡及朱瑾失守與李承嗣等奔淮南淮人比善水軍不閑騎射既得儼等軍聲大振尋挫汴軍于清口其後併鍾傳擒杜洪削錢鏐成行密之霸迹者皆儼與承嗣之力也淮人館遇甚厚妻孥第舍必推其甲故儼等盡其死力十國春秋云儼天累官滁州刺史祐十三年卒於廣陵

蓋寓蔚州人祖祚父慶世爲州之牙將武皇起雲中寓與康君立等推轂佐佑之因爲腹心武皇節制鴈門署職爲都押牙領嵐州刺史洎移鎮太原改左都押牙檢校左僕射武皇與之決事言無不從凡出征行靡不衛從通鑑光啓二年駕幸興元大將蓋寓說克用曰鑾輿播遷天下皆歸咎于我今不誅朱玫黜李熅無以自湔洗克用從之又通鑑考異引紀年錄云僞使至太原太祖詰其事狀曰皆朱玫所爲將斬之以徇大將蓋寓等言云云太祖燔僞詔械其使馳檄諭諸鎮曰今月二十日得襄王僞詔及朱玫文字云田令孜脅遷鑾駕播越梁洋行至半

塗六軍變擾遂至蒼皇而晏駕不知弑逆者何人永念丕基不可無主昨四鎮藩后推朕纂承已于正殿受冊畢改元大赦者李煴出自贅疣名汙藩邸智昏菽麥識昧機權李符擄之以塞辭朱玫賣之以爲利呂不韋之奇貨可見姦邪蕭世誠之土囊期于旦夕近者當道徑差健步奉表起居行朝現駐巴梁宿衞比無騷動而朱玫脅其孤騃自號台衡敢首亂階明言晏駕熒惑藩鎮淩弱廟朝云云乾寧二年從入關討王行瑜特授檢校太保開國侯食邑一千戶領容管觀察經略使光化初車駕還京授檢校太傅封成陽郡公寓性通黠多智數善揣人主情武皇性嚴急左右難事無委遇者小有違忤即寘于法惟寓承顏希旨規其趨向婉辭順意以盡參裨武皇或暴怒將吏事將不測寓欲救止必佯佐其怒以責之武皇怡然釋之有所諫諍必徵近事以爲喻自武皇鎮撫太原最推親信中外將吏無不景附朝廷藩鄰信使結託先及武皇次入寓門既總軍中大柄其名震主梁祖亦使姦人離間暴揚於天下言蓋寓已代李閏者寒心武皇略無疑間初武皇既平王行瑜還師渭北暴雨六十日諸將或請入覲且云天顏咫尺安得不行覲禮武皇意未決寓白曰車駕自石門還京寢未安席比爲行瑜兄弟驚駭乘輿今京師未寧姦宄流議大王移兵渡渭必恐復動宸情君臣始終不必朝覲但歸藩守姑

務勤王是忠臣之道也武皇笑曰蓋寓尙阻吾入覲況天下人哉卽日班師天祐二年三月寓病篤武皇日幸其第手賜藥餌初寓家每事珍膳窮極海陸精于府饌武皇非寓家所獻不食每幸寓第其往如歸恩寵之洽時無與比及其卒也哭之彌慟莊宗卽位追贈太師

伊廣字言原本闕一字元和中右僕射愼之後廣中和末除授忻州刺史遇天下大亂乃委質于武皇廣襟情灑落善占對累歷右職授汾州刺史時武皇主盟諸侯景附軍機締結聘遺旁午廣奉使稱旨累遷至檢校司徒乾寧四年從征劉仁恭武皇之師不利于成安寨廣歿于賊有女爲莊宗淑妃子承俊歷貝遼二州刺史

李承勳者與廣同爲牙將善于奉使名聞軍中承勳累遷至太原少尹劉守光之僭號也莊宗遣承勳往使問其釁端承勳至幽州見守光如藩方聘問之禮謁者曰燕王爲帝矣可行朝禮承勳曰吾大國使人太原亞尹是唐帝除授燕主自可臣其部人安可臣我哉守光聞之不悅拘留于獄數日而出詰之曰臣

我乎承勳曰燕君能臣我王則我臣之吾有死而已安敢辱命會王師討守光承勳竟歿於燕

史敬鎔太原人事武皇爲帳中紀綱甚親任之莊宗初嗣晉王位李克寧陰搆異圖將害莊宗事發有日矣克寧密引敬鎔以邪謀諭之既而敬鎔白貞簡太后惶駭召張承業李存璋等圖之克寧等伏誅以功累歷郡同光初爲華州節度使移鎮安州天成中入爲金吾上將軍期年復授鄧州至鎮數月卒贈太尉

舊五代史卷五十五

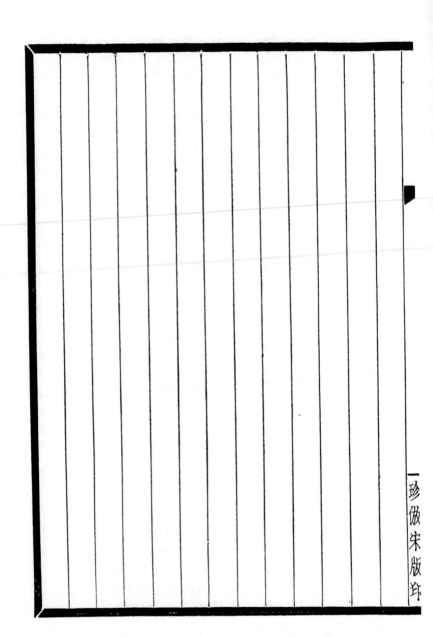

舊五代史卷五十五考證

唐列傳七康君立傳君立等乃夜謁武皇　案通鑑考異引趙鳳紀年錄云邊校程懷信康君立等十餘帳日譁於太祖之門疑非事實新唐書作夜謁克用通鑑作潛詣蔚州說克用皆以是書爲據

武皇賜酖而殂　案通鑑考異引唐遺錄以君立爲杖死與是書異

史建瑭傳建瑭乃分麾下三百騎爲五軍　案歐陽史作建瑭分其麾下五百騎爲五隊是書作三百騎史異文也

時年四十六　案歐陽史作四十二

史儼傳儼與騎將安福順等每以數千騎直犯營壘　案史儼援兗鄆在乾寧二年冬是書梁太祖紀正月擒蕃將安福順然則安福順不當與史儼同行疑傳文有訛字

舊五代史卷五十五考證

舊五代史卷五十六

宋門下侍郎參知政事監修國史薛居正等撰

唐書第三十二

列傳八

周德威字鎮遠小字陽五朔州馬邑人也初事武皇爲帳中騎督驍勇便騎射膽氣智數皆過人久在雲中諳熟邊事望煙塵之警懸知兵勢乾寧中爲鐵林軍使從武皇討王行瑜以功加檢校左僕射移內衙軍副光化二年三月汴將氏叔琮率衆逼太原有陳章者以驍勇知名衆謂之夜义言于叔琮曰晉人所恃者周陽五願擒之請賞以郡陳章常乘驄馬朱甲以自異武皇戒德威曰我聞陳夜义欲取爾求郡宜善備之德威曰陳章大言未知鹿死誰手他日致師戒部下曰如陣上見陳夜义爾等但走德威微服挑戰部下僞退陳章縱追之德威背揮鐵檛擊墮馬生獲以獻由是知名天復中我師不利于潘縣汴將朱友寧氏叔琮來逼晉陽時諸軍未集城中大恐德威與李嗣昭選募銳兵出諸

門攻其壘擒生斬馘汴人枝梧不暇乃退天祐三年與李嗣昭合燕軍攻潞州降丁會以功加檢校太保代州刺史代嗣昭爲蕃漢都將李思安之寇潞州也德威軍于余吾時汴軍十萬築夾城圍潞州內外斷絕德威以精騎薄之屢敗汴人進營高河令遊騎邀其芻牧汴軍閉壁不出乃自東門山口築甬道樹柵以通夾城德威之騎軍倒牆堙塹日數十戰前後俘馘不可勝紀梁有驍將黃角鷹方骨崙皆生致之五年正月武皇疾篤德威退營亂柳武皇厭代四月命德威班師時莊宗初立德威外握兵柄頗有浮議內外憂之德威旣至單騎入謁伏靈柩哭哀不自勝由是羣情釋然是月二十四日從莊宗再援潞州二十九日德威前軍營橫碾距潞四十五里五月朔晨霧晦暝王師伏于三垂岡下翼日直趨夾城斬關破壘梁人大敗解潞州之圍初德威與李嗣昭有私憾武皇臨終顧謂莊宗曰進通忠孝不負我重圍累年似與德威有隙以吾命諭之若不解重圍歿有遺恨莊宗達遺旨德威感泣由是勵力堅戰竟破強敵與嗣昭歡愛如初以功加檢校太保同平章事振武節度使七年岐人攻靈夏遣使

來求助德威渡河以應之師還授蕃漢馬步總管七年十一月汴人據深冀汴將王景仁軍八萬攻柏鄉鎭州節度使王鎔來告難帝遣德威率前軍出井陘屯于趙州十二月帝親征二十五日進薄汴營距柏鄉五里營于野河上汴將韓勍率精兵三萬鎧甲皆被繒綺金銀炫曜望之森然我軍懼形于色德威謂李存璋曰賊結陣而來觀其形勢志不在戰欲以兵甲燿威耳我軍人乍見其來謂其鋒不可當此時不挫其銳吾軍不振矣乃遣存璋諭諸軍曰爾見此賊軍否是汴州天武健兒皆屠沽傭販虛有表耳縱被精甲十不當一擒獲足以爲資德威自率精騎擊其兩偏左馳右決出沒數四是日獲賊百餘人賊渡河而退德威謂莊宗曰賊驕氣充盛宜按兵以待其衰莊宗曰我提孤軍救難解紛三鎭烏合之衆利在速戰卿欲持重吾懼其不可使也德威曰鎭定之士長于守城列陣野戰素非便習我師破賊惟恃騎軍平田廣野易爲施功今壓賊營令彼見我虛實則勝負未可必也莊宗不悅退臥帳中德威患之謂監軍張承業曰王欲速戰將烏合之徒欲當劇賊所謂不量力也去賊咫尺限此一渠

水彼若早夜以略彴渡之吾族其爲俘矣若退軍鄗邑引賊離營彼出則歸復以輕騎掠其芻餉不踰月敗賊必矣承業入言莊宗乃釋然德威得降人問之景仁下令造浮橋數日果如德威所料二十七日乃退軍保鄗邑八年正月二日德威率騎軍致師于柏鄉設伏于村塢間令三百騎以壓汴營王景仁悉其衆結陣而來德威轉戰而退汴軍因而乘之至于鄗邑南時步軍未成列德威陣騎河上以抗之亭午兩軍皆陣莊宗問戰時德威曰汴軍氣盛可以勞逸制之造次輕力殆難與敵古者師行不踰一舍蓋慮糧餉不給士有饑色今賊遠來決戰縱挾糗糒亦不遑食晡晚之後饑渴內侵戰陣外迫士心既倦將必求退乘其勞弊以生兵制之縱不大敗偏師必喪以臣所籌利在晡晚諸將皆然之時汴軍以魏博之人爲右廣宋汴之人爲左廣自未至申陣勢稍卻德威麾軍呼曰汴軍走矣塵埃漲天魏人收軍漸退莊宗與史建瑭安金全等因衝其陣夾攻之大敗汴軍殺戮殆盡王景仁李思安僅以身免獲將校二百八十人八月劉守光僭稱大燕皇帝十二月遣德威率步騎三萬出飛狐與鎮州將王

德明定州將程嚴等軍進討九年正月收涿州降刺史劉知温五月七日劉守光令驍將單廷珪督精甲萬人出戰德威遇于龍頭岡初廷珪謂左右曰今日擒周陽五既臨陣見德威廷珪單騎持槍躬追德威垂及德威側身避之廷珪少退德威奮檛擊墜其馬生獲廷珪賊黨大敗斬首三千級獲大將李山海等五十二人十二日德威自涿州進軍良鄉大城守光既失廷珪自是奪氣德威之師屢收諸郡降者相繼十年十一月擒守光父子幽州平十二月授德威檢校侍中幽州盧龍等軍節度使德威性忠孝感武皇獎遇常思臨難忘身十二月汴將劉鄩自洹水乘虛將寇太原德威在幽州聞之徑以五百騎馳入土門聞鄩軍至樂平不進德威徑至南宮以候汴軍初劉鄩欲據臨清以扼鎮定轉餉之路行次陳宋口德威遣將擒數十人皆傳刃于背縶而遣之既至謂劉鄩曰周侍中已據宗城矣德威其夜急騎扼臨清劉鄩乃入貝州是時德威若不至則勝負未可知也十四年三月契丹寇新州德威不利退保范陽遼史太祖紀神冊二年三月辛亥攻幽州節度使周德威以幽并鎮定魏五州兵拒戰于居庸關之西戰于新州東大破之斬首三萬級又通鑑契丹主帥衆三十萬德威衆寡不

敵大爲契丹所敗敵衆攻僅二百日外援未至德威撫循士衆晝夜乘城竟獲保守十五年我師營麻口渡將大舉以定汴州德威自幽州率本軍至十二月二十三日軍次胡柳陂詰旦騎報曰汴軍至矣莊宗使問戰備德威奏曰賊倍道而來未成營壘我營柵已固守備有餘旣深入賊疆須決萬全之策此去大梁信宿賊之家屬盡在其間人之常情孰不以家國爲念以我深入之衆抗彼激憤之軍不以方略制之恐難必勝王但按軍保柵臣以騎軍疲之使彼不得下營際晚糧餉不給進退無據因以乘之破賊之道也莊宗曰河上終日挑戰恨不遇賊今款門不戰非壯夫也乃率親軍成列而出德威不獲已從之謂其子曰吾不知其死所矣莊宗與汴將王彥章接戰大敗之德威之軍在東偏汴之游軍入我輜重衆駭奔入德威軍因紛擾無行列德威兵少不能解父子俱戰歿先是鎮星犯上將星占者云不利大將是夜收軍德威不至莊宗慟哭謂諸將曰喪我良將吾之咎也德威身長面黑笑不改容凡對敵列陣凜凜然有肅殺之氣中興之朝號爲名將及其歿也人皆惜之同光初追贈太師天成中詔與李

嗣昭符存審配饗莊宗廟廷晉高祖卽位追封燕王子光輔歷汾汝州刺史

符存審字德詳陳州宛邱人（歐陽史義兒傳惟符存審不在其列別自爲傳蓋存審子彥卿有女爲宋太宗后故存其本姓也）舊名存父楚本州牙將存審少豪俠多智算言兵家事乾符末河南盜起存審鳩率豪右庇捍州里會郡人李罕之起自羣盜授光州刺史因往依之中和末罕之爲蔡寇所逼棄郡投諸葛爽存審從至河陽爲小校屢戰蔡賊有功諸葛爽卒罕之爲其部將所逼出保懷州部下分散存審乃歸于武皇武皇署右職令典義兒軍賜姓名存審性謹厚寵遇日隆自是武皇四征存審常從所至立功從討赫連鐸冒刃死戰血流盈袖武皇手自封瘡日夕臨問乾寧初討李匡儔存審前軍拔居庸關明年從討邠州時邠之勁兵屯龍泉寨四面懸崖石壁險固存審奮力拔之師還授檢校左僕射副李嗣昭討李瑭于汾州擒之以功改左右廂步軍都指揮使天祐三年授蕃漢馬步副指揮使與李嗣昭降丁會于上黨從周德威破梁兵于夾城以功檢校司徒授忻州刺史領蕃漢馬步都指揮使七年檢校太保充蕃漢總管莊宗擊汴人于柏鄉留存審守太原三月

代李存璋戍趙州九年梁祖攻蓨縣存審與史建瑭李嗣肱赴援屯下博橋汴人驚亂燒營而遁以功遙領邢洺磁團練使十二年魏博歸款于莊宗遣存審率前鋒據臨清以俟進取莊宗入魏存審屯魏縣以抗劉鄩六月鄩營莘縣存審與鎮定之師營莘西三十里一日數戰八月率師攻張源德于貝州十三年二月劉鄩自莘悉衆來襲我魏州存審以大軍踵其後戰于故元城大敗汴人從收澶衛磁洺等州秋邢州閻寶降授存審安國軍節度邢洺磁等州觀察使十月戴思遠棄滄州毛璋以城降授存審檢校太傅横海軍節度使兼領魏博馬步軍都指揮使明年就加平章事十四年八月將兵援周德威于幽州敗契丹之衆冬破汴將安彥之于楊劉諸軍進營麻口時梁將謝彥章營行臺村莊宗勇于接戰每以輕騎當之遇窘者數四存審每俟其出必叩馬諫曰王將復唐宗社宜爲天下自愛搴旗挑戰一劍之任無益聖德請責效于臣古人不以賊遺君父臣雖不武敢不代君之憂莊宗即時迴駕十二月戰于胡柳晡晚之後存審引所部銀槍効節軍敗梁軍于土山下是日辰巳間周德威戰歿一軍

逗撓梁軍四集存審與其子彥圖冒刃血戰出沒賊陣與莊宗軍合午後師復集擊敗汴人十六年春代周德威爲內外蕃漢馬步總管于德勝口築南北城以據之七月汴將王瓚自黎陽渡河寇澶州存審拒戰瓚退營于楊村渡控我上游自是日與交鋒對壘經年大小凡百餘戰十七年汴將劉鄩攻同州朱友謙求援于我遣存審與李嗣昭將兵赴之九月次河中進營朝邑時河中久臣于梁衆持兩端及諸軍大集芻粟暴貴嗣昭懼其翻覆將急戰以定勝負居旬日梁軍逼我營會望氣者言西南黑氣如鬬雞之狀當有戰陣存審曰我方欲決戰而形于氣象得非天贊歟是夜閱其衆詰旦進軍梁軍來逆戰大敗之追斬二千餘級自是梁軍保壘不出存審謂嗣昭曰吾初懼劉鄩據渭河偏師既敗彼若退歸懼我踵之窮獸搏人勿謂無事可開其歸路然後追奔乃令王建及牧馬于沙苑劉鄩尹皓知之保衆退去（歐陽史鄩以爲晉軍且懈乃夜遁去存審追擊于渭河又大敗之）遂解同州之圍存審略地至奉先謁諸帝陵乃班師十八年王師討張文禮于鎮州李嗣昭李存進相次戰歿十九年遣存審率師進攻叛帥于城下文禮之將

李再豐陰送款于存審我師中夜登城擒文禮之子處球等露布以獻鎭州平
以功加檢校太傅兼侍中二十年正月師還于魏州莊宗出城迎勞就第宴樂
無何契丹犯燕薊郭崇韜奏曰汴寇未平繼韜背叛北邊捍禦非存審不可上
遣中使諭之存審臥病羸瘠附奏曰臣効忠稟命靡敢爲辭但痾恙纏綿未堪
祗役既而詔存審以本官充幽州盧龍節度使自鎭州之任同光初加開府儀
同三司檢校太師中書令食邑十戸賜號忠烈扶天啓運功臣十月平梁遷都
洛陽存審以身爲大將不得預收復中原之功舊疾愈作堅求入覲尋醫以情
告郭崇韜時崇韜自負一時佐命之功無出己右功名事望素在存審之下權
勢既隆人士輻湊不欲存審加于己上每有章奏求覲卽陰沮之存審妻郭氏
泣訴于崇韜曰吾夫于國粗効驅馳與公鄉里親舊公忍令死棄北荒何無情
之如是崇韜益慚𡡉明年春疾甚上章懇切乞生覲天顏不許存審伏枕而歎
曰老夫歷事二主垂四十年幸而遇今日天下一家遠夷極塞皆得面覲彤墀
射鉤斬袪之人孰不奉觴丹陛獨予壅隔豈非命哉漸增危篤崇韜奏請許存

審入覲四月制授存審宣武軍節度使諸道蕃漢馬步總管詔未至五月十五日卒于幽州官舍時年六十三遺命葬太原存審遺奏陳敘不得面覲詞旨悽惋莊宗震悼久之廢朝三日贈尚書令存審少在軍中識機知變行軍出師法令嚴明決策制勝從無遺悔功名與周德威相匹皆近代之良也常戒諸子曰予本寒家少小攜一劍而違鄉里四十年間位極將相其間屯危患難履鋒冒刃入萬死而無一生身方及此前後矢僅百餘乃出鏃以示諸子因以奢侈爲戒存審微時嘗爲俘囚將就戮于郊外臨刑指危垣謂主者曰請就戮于此下冀得壞垣覆尸旅魂之幸也主者哀之爲移次焉遷延之際主將擁妓而飲思得歌者以助歡妓曰俘囚有符存審者妾之舊識每令擊節以贊歌令主將欣然馳騎而舍之豈非命也

彥超存審之長子也少事武皇累歷牙職存審卒莊宗以彥超爲汾州刺史同光末魏州軍亂詔彥超赴北京巡檢先是朝廷令內官呂鄭二人在太原一監兵一監倉庫及明宗入洛皇弟存霸單騎奔河東與呂鄭謀殺彥超與留守張

憲彥超覺之密與憲謀未決部下大譟州兵畢集張憲出奔是夕軍士殺呂鄭
存霸于衙城詰旦聞洛城禍變彥超告諭三軍（宋史張昭傳云昭爲張憲推官莊宗及難聞鄴中兵士推戴明
宗憲部將符彥超合戍將應之憲死有害昭者執之以送彥超彥超曰推官正人無得害之又逼昭爲榜安撫軍民）明宗又令其弟龍武
都虞候彥卿馳騎安撫六月彥超入覲明宗召見撫諭尋授晉州留後未行會
其弟前曹州刺史彥饒平宣武亂軍明宗喜召彥超謂之曰吾得爾兄弟力餘
更何憂爾爲我往河東撫育耆舊即授北京留守太原尹明年冬移授昭義節
度使四年授驍衞上將軍改金吾上將軍長興元年授泰寧軍節度使尋移鎮
安州彥超廝養中有王希全者小字佛留粗知書計委主貨財歲久耗失甚多
彥超止于訶譴而已應順元年正月佛留聞朝廷多事因與任貨兒等謀亂一
夕叩門言朝廷有急遞至彥超出至廳事佛留挾刃害之詰旦本州節度副使
李端召州兵攻佛留等敗死餘衆奔淮南擒彥超部將趙温等二十六人誅之
彥超贈太尉存審次子彥饒晉史有傳次彥卿皇朝前鳳翔節度使守太師中
書令封魏王今居于洛陽次彥能終于楚州防禦使次彥琳仕皇朝爲金吾上

將軍卒于任

舊五代史卷五十六

舊五代史卷五十六考證

唐列傳八周德威傳有陳章者以艫勇知名衆謂之夜义言於叔琮曰晉人所特者周陽五願擒之請賞以郡　案歐陽史作梁軍圍太原令軍中曰能生得周陽五者爲刺史與是書微異

德威前軍營橫碾　橫碾莊宗紀作黃展

德威自率精騎擊其兩偏獲賊百餘人賊渡河而退德威謂莊宗曰賊驕氣充盛宜按兵以待其衰　案歐陽史祇載德威勉諭其衆即告莊宗曰賊兵甚銳未可與爭不載精騎擊退賊兵之事攷下文有去賊咫尺限此一渠水云云則賊渡河而退一節紀載殊不可闕

德威遣將擒數十人皆傳刃於背縶而遣之　案通鑑從莊宗實錄作擒其斥候者數十人斷腕而縱之

周侍中已據宗城矣　宗城通鑑作臨清攷異曰劉鄩見在宗城薛史云周侍中據宗城蓋臨清字誤耳

符存審傳以功遙領邢洺磁團練使　案歐陽史作遷領邢州團練使

秋邢州閻寶降授存審安國軍節度　案五代會要同光元年始改邢州爲安國軍據是書此傳則晉人得邢州卽改軍額疑會要誤也詳見通鑑攷異

符彥超傳皇弟存霸單騎奔河東與呂鄭謀殺彥超與留守張憲　案歐陽史作張憲欲納存霸是書作存霸謀殺張憲彥超兩史紀載微異

舊五代史卷五十六考證

舊五代史卷五十七

宋門下侍郎參知政事監修國史薛居正等撰

唐書第三十三

列傳九

郭崇韜字安時代州鴈門人也父宏正崇韜初爲李克修帳下親信克修鎮昭義崇韜累典事務以廉幹稱克修卒武皇用爲典謁奉使鳳翔稱旨署教練使崇韜臨事機警應對可觀莊宗嗣位尤器重之天祐十四年用爲中門副使與孟知祥李紹宏俱參機要俄而紹宏出典幽州留事知祥懇辭要職先是中門使吳珙張虔厚忠而獲罪知祥懼求爲外任妻瓊華公主泣請于貞簡太后莊宗謂知祥曰公欲避路當舉其代知祥因舉崇韜乃署知祥爲太原軍在城都虞候自是崇韜專典機務艱難戰伐靡所不從十八年從征張文禮于鎮州契丹引衆至新樂王師大恐諸將咸請退還魏州莊宗猶豫未決崇韜曰安巴堅祇爲王都所誘本利貨財非敦隣好苟前鋒小衄遁走必矣況我新破汴寇威

振北地乘此驅攘焉往不捷且事之濟否亦有天命莊宗從之王師果捷明年李存審收鎮州遣崇韜閱其府庫或以珍貨賂遺一無所取但市書籍而已莊宗卽位于魏州崇韜加檢校太保守兵部尙書充樞密使是時衞州陷于梁澶相之間寇鈔日至民流地削軍儲不給羣情恟恟以爲霸業終不能就崇韜寢不安席俄而王彥章陷德勝南城敵勢滋蔓汴人急攻楊劉城明宗在鄆音驛斷絕莊宗登城四望計無從出崇韜啓曰段凝阻絕津路苟王師不南鄆州安能保守臣請于博州東岸立柵以固通津但慮汴人偵知徑來薄我請陛下募敢死之士日以挑戰如三四日間賊軍未至則柵壘成矣崇韜率毛璋等萬人夜趨博州視矛戟之端有光崇韜曰吾聞火出兵刃破賊之兆也至博州渡河版築晝夜不息崇韜于葭葦間據胡牀假寢覺袴中冷左右視之乃蛇也其忘疲勵力也如是居三日梁軍果至城壘低庳沙土散惡戰具不完汴將王彥章杜晏球率衆攻擊軍不得休息崇韜身先督衆四面拒戰有急卽應城垂陷俄報莊宗領親軍次西岸梁軍聞之退走因解楊劉之圍未幾汴將康延孝來奔

崇韜延于臥內訊其軍機延孝曰汴人將四道齊舉以困我軍莊宗憂之召諸將謀進取之策宣徽使李紹宏請棄鄆州與汴人盟以河爲界無相侵寇莊宗不悅獨臥帳中召崇韜謂曰計將安出對曰臣不知書不能徵比前古請以時事言之自陛下十五年起義圖霸爲雪家讎國恥甲胄生蟣蝨黎人困輸輓今纂崇大號河朔士庶日望蕩平纔得汶陽尺寸之地不敢保守況盡有中原乎將來歲賦不充物議咨怨設若劃河爲界誰爲陛下守之臣自延孝言事已來晝夜籌度料我兵力算賊事機不出今年雌雄必決聞汴人決河自滑至鄆非舟楫不能濟又聞精兵盡在段凝麾下王彥章日寇鄆境彼既以大軍臨我南鄙又憑恃決河謂我不能南渡志在收復汶陽此汴人之謀也臣謂段凝保據河壖苟欲持我臣但請留兵守鄴保固楊劉陛下親御六軍長驅倍道直指大梁汴城無兵望風自潰若使僞主授首賊將自然倒戈半月之間天下必定如不決此計傍採浮譚臣恐不能濟也今歲秋稼不登軍糧纔支數月決則成敗未知不決則坐見不濟臣聞作舍道邊三年不成帝王應運必有天命成敗天

也在陛下獨斷莊宗蹶然而興曰正合我意丈夫得則爲王失則爲擄行計決矣即日下令軍中家口並還魏州莊宗送劉皇后與興聖宮使繼岌至朝城西野亭泣別曰事勢危蹙今須一決事苟不濟無復相見乃留李紹宏及租庸使張憲守魏州大軍自楊劉濟河是歲擒王彥章誅梁氏降段凝皆崇韜贊成其謀也莊宗至汴州宰相豆盧革在魏州令崇韜權行中書事俄拜侍中兼樞密使及郊禮畢以崇韜兼領鎮冀州節度使進封趙郡公邑二千戶賜鐵券恕十死崇韜既位極人臣權傾內外謀猷獻納必盡忠規士族朝倫頗亦收獎人物內外翕然稱之初收汴洛稍通賂遺親友或規之崇韜曰余備位將相祿賜巨萬但僞梁之日賂遺成風今方面藩侯多梁之舊將皆吾君射鉤斬袪之人也一旦革面化爲吾人堅拒其請得無懼乎藏余私室無異公帑及郊禋崇韜悉獻家財以助賞給時近臣勸莊宗以貢奉物爲內庫珍貨山積公府賞軍不足崇韜奏請出內庫之財以助莊宗沉吟有靳惜之意是時天下已定寇雖外息莊宗漸務華侈以逞己欲洛陽大內宏敞宮宇深邃宦官阿意順旨以希恩寵

聲言宮中夜見鬼物不謀同辭莊宗駭異其事且問其故宦者曰見本朝長安大內六宮嬪御殆及萬人椒房蘭室無不充牣今宮室大半空閑鬼神尙幽亦無所怪繇是景進王允平等于諸道採擇宮人不擇良賤內之宮掖三年夏雨河大水壞天津橋是時酷暑尤甚莊宗常擇高樓避暑皆不稱旨宦官曰今大內樓觀不及舊時長安卿相之家舊日大明興慶兩宮樓觀百數皆雕楹畫栱干雲蔽日今官家納涼無可御者莊宗曰予富有天下豈不能辦一樓卽令宮苑使經營之猶慮崇韜有所諫止使謂崇韜曰今年惡熱朕頃在河上五六月中與賊對壘行宮卑濕介馬戰賊恆若清涼今晏然深宮不耐暑毒何也崇韜奏陛下頃在河上汴寇未平廢寢忘食心在戰陣祁寒溽暑不介聖懷今寇既平中原無事縱耳目之玩不憂戰陣雖層臺百尺廣殿九筵未能忘熱于今日也願陛下思艱難創業之際則今日之暑坐變清涼莊宗默然王允平等竟加營造崇韜復奏曰內中營造日有縻費屬當災饉且乞權停不聽初崇韜與李紹宏同爲內職及莊宗卽位崇韜以紹宏素在己上舊人難制卽奏澤潞監軍

張居翰同掌樞密以紹宏爲宣徽使紹宏大失所望泣涕憤鬱崇韜乃置內勾使應三司財賦皆令勾覆令紹宏領之冀塞其心紹宏快悵不已崇韜自以有大功河洛平定之後權位熏灼恐爲人所傾奪乃謂諸子曰吾佐主上大事了矣今爲羣邪排毀吾欲避之歸鎮常山爲菟裘之計其子廷說等曰大人功名及此一失其勢便是神龍去水爲螻蟻所制尤宜深察門人故吏又謂崇韜曰侍中勳業第一雖羣官側目未必能離間宜于此時堅辭機務上必不聽是有辭避之名塞其讒慝之口魏國夫人劉氏有寵中宮未正宜贊成冊禮上心必悅內得劉氏之助羣閹其如余何崇韜然之于是三上章堅辭樞密之位優詔不從崇韜乃密奏請立魏國夫人爲皇后復奏時務利害二十五條皆便于時取悅人心又請罷樞密院事各歸本司以輕其權然宦官造謗不已三年堅乞罷兼領節鉞許之冊府元龜云同光中崇韜再表辭鎮批答曰朕以卿久司樞要常處重難或遲疑未決之機詢諸先見或憂撓不定之事訪自必成至于贊朕丕基登茲大寶衆興異論卿獨堅言天命不可違唐祚必須復請納家族明設誓文及其密取汶陽興師入不測之地潛通河口貢謀占必濟之津人所不知卿惟合意迨中都嘯聚羣黨窺陵朕決議平妖兼收淩水雖云先定更審前籌果盡贊成悉諧沈算斯卽何須冒刃始顯殊庸況常山陸

梁正虞未復卿能撫衆共定羣心惟朕知卿他人寧表所以賞卿之寵實異等倫沃朕之心非虛渥澤今卿再三謙遜重疊退辭始納常陽請歸上將又稱梁范不可兼權如此周身貴全名節古人操守未可

比方既覽堅辭難沮來表其再讓汴州所宜依允會客省使李嚴使西川迴言王衍可圖之狀莊宗與崇韜議討伐之謀方擇大將時明宗爲諸道兵馬總管當行崇韜自以宦者相傾欲立大功以制之乃奏曰契丹犯邊北面須藉大臣全倚總管鎭禦臣伏念興聖宮使繼岌德望日隆大功未著宜依故事以親王爲元帥付以討伐之權俾成其威望莊宗方愛繼岌即曰小兒幼稚安能獨行卿當擇其副崇韜未奏莊宗曰無踰于卿者乃以繼岌爲都統崇韜爲招討使是歲九月十八日率親軍六萬進討蜀川崇韜將發奏曰臣以非才謬當戎事仗將士之忠力憑陛下之威靈庶幾克捷若西川平定陛下擇帥如信厚善謀事君有節則孟知祥有焉望以蜀帥授之如宰輔闕人張憲有披榛之勞爲人謹重而多識其次李琪崔居儉中朝士族富有文學可擇而任之莊宗御嘉慶殿置酒宴征西諸將舉酒屬崇韜曰繼岌未習軍政卿久從吾戰伐西面之事屬之于卿軍發十月十九日入大散關崇韜以馬箠指山險謂魏王曰朝廷與

師十萬已入此中儻不成功安有歸路今岐下飛輓才支旬日必須先取鳳州收其儲積方濟吾事乃令李嚴康延孝先馳書檄以諭僞鳳州節度使王承捷及大軍至承捷果以城降得兵八千軍儲四十萬次至故鎮僞命屯駐指揮使唐景思亦以城降得兵四千又下三泉得軍儲三十餘萬自是師無匱乏軍聲大振其招懷制置官吏補置師行籌畫軍書告諭皆出于崇韜繼岌承命而已莊宗令內官李廷安李從襲呂知柔爲都統府紀綱見崇韜幕府繁重將吏輻輳降人爭先賂遺都統府唯大將省謁牙門索然繇是大爲詬耻及六軍使王宗弼歸款行賂先招討府王衍以成都降崇韜居王宗弼之第宗弼選王衍之妓妾珍玩以奉崇韜求爲蜀帥崇韜許之又與崇韜子廷誨謀令蜀人列狀見魏王請奏崇韜爲蜀帥繼岌覽狀謂崇韜曰主上倚侍中如衡華安肯棄元老于蠻夷之地況余不敢議此九國志王宗弼傳宗弼送款于魏王乃還成都盡輦內藏之寶貨歸于其家魏王遣使徵犒軍錢數千萬宗弼輒靳之魏王甚怒及王師至令其子承班齎衍玩用直百萬獻于魏王幷賂郭崇韜請以己爲西川節度使魏王曰此我家之物焉用獻爲魏王入城翼日數其不忠之罪並其子斬之于市李從襲等謂繼岌曰郭公收蜀部人情意在難測王宜自

備由是兩相猜察莊宗令中官向延嗣賫詔至蜀促班師詔使至崇韜不郊迎延嗣憤憤從襲謂之曰魏王貴太子也主上萬福郭公專弄威柄旁若無人昨令蜀人請己爲帥郭廷誨擁徒出入賁擬王者所與狎遊無非軍中驍果蜀中凶豪晝夜妓樂歡宴指天畫地父子如此可見其心今諸軍將校無非郭氏之黨魏王懸軍孤弱一朝班師必恐紛亂吾屬莫知暴骨之所因相向垂涕延嗣使還具奏皇后泣告莊宗乞保全繼岌莊宗復閱蜀簿曰人言蜀中珠玉金銀不知其數何如是之微也延嗣奏曰臣問蜀人知蜀中寶貨皆入崇韜之門言崇韜得金萬兩銀四十萬名馬千匹王衍愛妓六十樂工百犀玉帶百廷誨自有金銀十萬兩犀玉帶五十藝色絕妓七十樂工七十他財稱是魏王府蜀人賂遺不過匹馬而已莊宗初聞崇韜欲留蜀心已不平又聞全有蜀之妓樂珍玩怒見顏色即令中官馬彥珪馳入蜀視崇韜去就如班師則已如實遲留則與繼岌圖之彥珪見皇后曰禍機之發間不容髮何能數千里外復稟聖旨哉皇后再言之莊宗曰未知事之實否詎可便令果決皇后乃自爲教與繼岌令

殺崇韜時蜀土初平山林多盜孟知祥未至崇韜令任圜張筠分道招撫慮師還後部曲不寧故歸期稍緩四年正月六日馬彥珪至軍決取十二日發成都赴闕令任圜權知留事以俟知祥諸軍部署已定彥珪出皇后教以示繼岌繼岌曰大軍將發他無釁端安得爲此負心事公輩勿復言從襲等泣曰聖上既有口勅王若不行苟中途事洩爲患轉深繼岌曰上無詔書徒以皇后教令安得殺招討使從襲等巧造事端以間之繼岌既無英斷僶俛從之詰旦從襲以繼岌之命召崇韜計事繼岌登樓避之崇韜入左右檛殺之崇韜有子五人廷信廷誨隨父死于蜀廷說誅于洛陽廷讓誅于魏州廷議誅于太原家產籍沒明宗卽位詔令歸葬仍賜太原舊宅廷誨廷讓各有幼子一人姻族保之獲免崇韜妻周氏攜養于太原崇韜服勤盡節佐佑王家草昧艱難功無與比西平巴蜀宣暢皇威身死之日夷夏冤之然議者以崇韜功烈雖多事權太重不能處身量力而聽小人誤計欲取泰山之安如急行避跡其禍愈速性復剛戾遇事便發既不知前代之成敗又未體當時之物情以天下爲己任孟浪之甚也

及權傾四海車騎盈門士人謟奉漸別流品同列豆盧革謂崇韜曰汾陽王代北人徙家華陰侍中世在鴈門得非祖德歟崇韜應曰經亂失譜牒先人嘗云去汾陽王四世革曰故祖德也因是旌別流品援引薄徒委之心腹佐命勳舊一切鄙棄舊寮有干進者崇韜謂之曰公雖代邸之舊然家無門閥深知公才技不敢驟進者慮名流嗤余故也及征蜀之行于與平拜尙父子儀之墓嘗從容白繼岌曰蜀平之後王爲太子待千秋萬歲神器在手宜盡去宦官優禮士族不唯疏斥閹寺騸馬不可復乘內則伶官巷伯怒目切齒外則舊寮宿將戟手痛心掇其族滅之禍有自來矣復以諸子驕縱不法既定蜀川輦運珍貨實于洛陽之第籍沒之日泥封尙濕雖莊宗季年爲羣小所惑致功臣不保其終亦崇韜自貽其災禍也

史臣曰夫出身事主得位遭時功不可以不圖名不可以不立洎功成而名遂則望重而身危貝錦于是成文良玉以之先折故崇韜之誅蓋爲此也是知強吳滅而范蠡去全齊下而樂生奔苟非其賢孰免其禍明哲之士當鑒于斯

舊五代史卷五十七

舊五代史卷五十七考證

唐列傳九郭崇韜傳如三四日間　案歐陽史作十日

居三日梁軍果至　案歐陽史作六日壘成彥章果引兵急攻之

崇韜許之　案通鑑作崇韜陽許之

騙馬不可復乘　騙馬通鑑作扇馬考胡三省注引薛史亦作騙馬今仍其舊

安巴堅舊作阿保機今改

舊五代史卷五十七考證

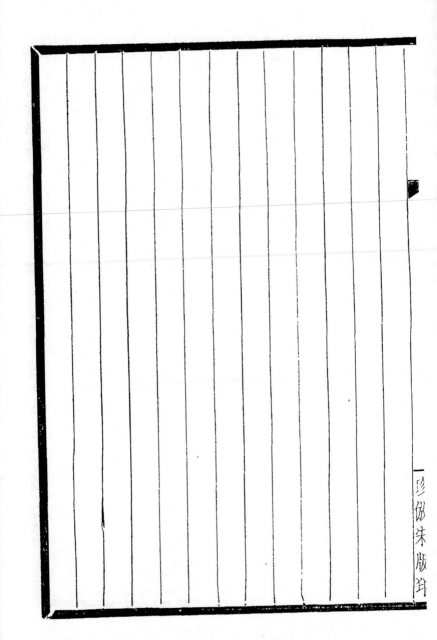

舊五代史卷五十八

宋門下侍郎參知政事監修國史薛居正等撰

唐書第三十四

列傳十

趙光逢字延吉曾祖植嶺南節度使祖存約興元府推官父隱右僕射光逢與弟光裔皆以文學德行知名舊唐書光裔光啓三年進士擢第累遷司勳郎中弘文館學士改膳部郎中知制誥季述廢立之後旅游江表以避患嶺南劉隱深禮之奏爲副使因家嶺外光逢幼嗜墳典動守規檢議者目之爲玉界尺僖宗朝登進士第踰月辟度支巡官歷官臺省內外兩制俱有能名轉尚書左丞翰林承旨昭宗幸石門光逢不從昭宗遣內養戴知權詔赴行在稱疾解官駕在華州拜御史中丞時有道士許巖士瞽者馬道殷出入禁庭驟至列卿宮相因此以左道求進者衆光逢持憲紀治之皆伏法自是其徒頗息改禮部侍郎知貢舉光化中王道寖衰南北司爲黨光逢素惟慎靜慮禍及己因挂冠伊洛屏絕交遊凡五六年門人柳璨登庸除吏部侍郎太常卿唐摭言云光化二年趙光逢放柳璨及第

後三年不遷時璨自內廷大拜光逢始以左丞徵入入梁爲中書侍郎平章事累轉左僕射兼租庸使上章求退以太子太保致仕梁末帝愛其才徵拜司空平章事無幾以疾辭授司徒致仕唐摭言云光逢膺大用居重地十餘歲七表乞骸守司空致仕居二年復徵拜上相同光初弟光允爲平章事時謁問于私第嘗語及政事他日光逢署其戶曰請不言中書事其清淨寡慾端默如此嘗有女冠寄黃金一鎰于其家時屬亂離女冠委化于他土後二十年金無所歸納于河南尹張全義請付諸宮觀其舊封尚在兩登廊廟四退邱園百行五常不欺闇室搢紳咸仰以爲名教主天成初遷太保致仕封齊國公卒于洛陽詔贈太傅

光允光逢之弟也新舊唐書俱云趙隱子三人光逢光裔光允爲後書相者光允也原本作光裔係誤俱以詞藝知名亦登進士第舊唐書云大順二年進士登第天祐初累官至駕部郎中光允仕梁歷清顯伯仲之間咸以方雅自高北人聞其名者皆望風欽重及莊宗平定汴洛時盧程以狂妄免郭崇韜自勳臣拜議者以爲國朝典禮故實須訪前代名家咸曰光允有宰相器薛廷珪李琪當武皇爲晉王時嘗因爲冊使至太原故皆有宿望當時咸謂宜處台

司郭崇韜採言事者云廷珪朽老浮華無相業琪雖文學高傾險無士風皆不
可相乃止同光元年十一月光允與韋說並拜平章事光允生于季末漸染時
風雖欲躍鱗振翮仰希前輩然才力無餘未能恢遠朝廷每有禮樂制度沿革
擬議以爲己任同列既匪博通見其浮譚橫議莫之測也豆盧革雖憑門地在
本朝時仕進尙微久從使府朝章典禮未能深悉光允每有發論革但唯唯而
已後革奏議或當光允謂羣官曰昨有所議前座一言粗當近日差進學者其
可已乎其自負如此先是條制權豪強買人田宅或陷害籍沒顯有屈塞者許
人自理內官楊希朗者故觀軍容使復恭從孫也援例理復恭舊業事下中書
光允謂崇韜曰復恭與山南謀逆顯當國法本朝未經昭雪安得論理崇韜私
抑宦者因具奏聞希朗泣訴于莊宗莊宗令自見光允言之希朗陳訴叔祖復
光有大功于王室伯祖復恭爲張濬所搆得罪前朝當時強臣掣肘國命不行
及王行瑜伏誅德音昭洗制書尙在相公本朝世族諳練故事安得謂之未雪
耶若言未雪吾伯氏彥博洎諸昆仲監護軍鎮何途得進漸至聲色俱厲光允

方恃名德爲其所折悒然不樂又以希朗幸臣盧攄他事危己心不自安三年
夏四月病疽卒贈左僕射
鄭珏昭宗朝宰相綮之姪孫父徽河南尹張全義判官光化中登進士第歐陽史云珏舉進士數不中全義以珏屬有司乃得及第歷弘文館校書集賢校理監察御史入梁爲補闕起居郎召入翰林累遷禮部侍郎充職珏文章美麗旨趣雍容自策名登朝張全義皆有力焉貞明中拜平章事莊宗入汴責授萊州司戶未幾量移曹州司馬張全義言于郭崇韜將復相之尋入爲太子賓客明宗即位任圜自蜀至安重誨不欲圜獨拜宰輔共議朝望一人共之孔循言珏貞明時久在中書性畏愼而長者美詞翰好人物重誨即奏與任圜並命爲相有頃珏以老病耳疾不任中書事四上章請明宗惜之久而方允乃授開府儀同三司行尚書左僕射致仕仍賜鄭州莊一區明宗自汴還洛陽遣中使撫問賜錢二十萬食羊百口長興初卒贈司空初珏應進士十九年方登第名姓爲第十九人自登第凡十九年爲宰相又昆仲之次第十九時亦異之子遘太平興國中任正郎

崔協字思化遠祖清河太守第二子寅仕後魏爲太子洗馬因爲清河小房至唐朝盛爲流品曾祖邠太常卿祖瓘吏部尚書父彥融楚州刺史彥融素與崔蕘善嘗爲萬年令蕘謁于縣彥融未出見案上有尺題皆賂遺中貴人蕘知其由徑始惡其爲人及除司勳郎中蕘爲左丞通刺不見蕘謂曰郎中行止鄙雜故未見宰相知之改楚州刺史卒于任誡其子曰世世無忘蕘故其子弟常與蕘讎協卽彥融之子也幼有孝行登進士第釋褐爲度支巡官渭南尉直史館歷三署入梁爲左司郎中萬年令給事中累官至兵部侍郎與中書舍人崔居儉相遇于幕次協厲聲而言曰崔蕘之子何敢相見居儉亦報之左降太子詹事俄拜吏部侍郎同光初改御史中丞憲司舉奏多以文字錯誤屢受責罰協器宇宏爽高談虛論多不近理時人以爲虛有其表天成初遷禮部尚書太常卿因樞密使孔循保薦拜平章事初豆盧革韋說得罪執政議命相樞密使孔循意不欲河朔人居相位任圜欲相李琪而鄭珏素與琪不協孔循亦惡琪謂安重誨曰李琪非無藝學但不廉耳朝論莫若崔協重誨然之因奏擇相明宗

曰誰可乃以協對任圜奏曰重誨被人欺賣如崔協者少識文字時人謂之沒字碑臣比不知書無才而進已爲天下笑何容中書之內更有笑端明宗曰易州刺史韋肅人言名家待我嘗厚置于此位何如肅苟未可則馮書記是先朝判官稱爲長者與物無競可以相矣道嘗爲莊宗霸府書記故明宗呼之朝退宰臣樞密使休于中興殿之廡下孔循拂衣而去曰天下事一則任圜二則任圜崔協暴死則已不死會居此位重誨私謂圜曰今相位缺人協且可乎圜曰朝廷有李琪者學際天人奕葉軒冕論才校藝可敵時輩百人而讒夫巧沮忌害其能必舍琪而相協如棄蘇合之丸取蛣蜣之轉也重誨笑而止然重誨與循同職循日言琪之短協之長故重誨竟從之而協登庸之後廟堂秉筆假手于人朝廷以國庠事重命協兼判祭酒事協上奏每歲補監生二百爲定物議非之北夢瑣言明宗問宰相馮道盧質近日喫酒否對曰質曾到臣居亦飲數爵臣勸不令過度事亦如酒過則患生崔協強言于坐曰臣聞食醫心鏡酒極好不加藥餌足以安心神左右見其膚淺不覺哂之四年春駕自夷門還京從至須水驛中風暴卒詔贈尚書左僕射諡曰恭靖子頎頌壽貞惟頌仕皇朝官至左諫議大夫卒于鄜

州行軍司馬

李琪字台秀五代祖憕天寶末禮部尚書東都留守安祿山陷東都遇害累贈太尉謚曰忠懿憕孫寀元和朝位至給事中寀子敬方文宗朝諫議大夫敬方子縠廣明中爲晉公王鐸都統判官以收復功爲諫議大夫琪即縠之子也年十三詞賦詩頌大爲王鐸所知然亦疑其假手一日鐸召縠讌于公署密遣人以漢祖得三傑賦題就其第試之琪援筆立成賦尾云得士則昌非賢罔共龍頭之友斯貴鼎足之臣可重宜哉項氏之敗亡一范增而不能用鐸覽而駭之曰此兒大器也將擅文價（太平廣記琪總角謁鐸鐸顧曰適蜀中詔到用夏州拓跋思恭爲收復都統可作一詩否即秉筆立製云飛騎經巴棧洪恩及夏臺將從天上去人自日邊來此處金門遠何時玉輦迴蚤平關右賊莫待詔書催鐸益奇之因執琪手曰此真鳳毛也時年十四明年丁母憂因流寓青齊然練照薪俾夜作晝覽書數千卷間爲詩賦唐僖宗再幸梁洋竊賦云哀痛不下詔登封誰上書）昭宗時李谿父子以文學知名琪年十八袖賦一軸謁谿谿覽賦驚異倒屣迎門出琪調啞鐘捧日等賦謂琪曰余嘗患近年文士辭賦皆數句之後未見賦題吾子入句見題偶屬典麗吁可畏也琪由是益知名舉進士第天復初應博學弘詞居第四等

授武功縣尉辟轉運巡官遷左拾遺殿中侍御史自琪爲諫官憲職凡時政有所不便必封章論列文章秀麗覽之者忘倦琪兄珽亦登進士第才藻富贍兄弟齊名而尤爲梁祖所知以珽爲崇政學士琪自左補闕入爲翰林學士北夢瑣言梁李相國琪唐末以文學策名仕至御史昭宗播遷衣冠蕩析琪藏跡于荆楚間自晦其迹號華原李長官其堂兄光符宰宜都嘗厭薄之琪寂寞每臨流踞石摘樹葉而試草制詞吁嗟怏悵而投葉水中梁祖受禪徵入拜翰林學士累遷戶部侍郎翰林承旨梁祖西抗邠岐北攻澤潞出師燕趙經略四方暫無寧歲而琪以學士居帳中專掌文翰下筆稱旨寵遇踰倫是時琪之名播于海內琪重然諾憐才獎善家門雍睦貞明龍德中歷兵禮吏侍郎受命與馮錫嘉張充郄殷象同撰梁太祖實錄三十卷遷御史中丞累擢尚書左丞中書門下平章事時琪與蕭頃同爲宰相頃性畏慎深密琪倜儻負氣不拘小節中書奏覆多行其志而頃專掎摭其咎會琪除吏是試攝名銜改攝爲守爲頃所奏梁帝大怒將投諸荒裔而爲趙巖輩所援罷相爲太子少保莊宗入汴素聞琪名累欲大任同光初歷太常卿吏部尚書三年秋天下大水國計不充莊宗召百寮許上封事陳經國之要琪因上疏曰

臣聞王者富有兆民深居九重所重患者百姓凋耗而不知四海困窮而莫救下情不得上達羣臣不敢指言今陛下以水潦之災軍食乏闕焦勞罪己迫切疚懷避正殿以責躬訪多士而求理則何思而不獲何議而不臧止在改而行之足以擇其善者臣聞古人有言曰穀者人之司命也地者穀之所生也人者君之所理也有其穀則國力備定其地則人食足察其人則徭役均知此三者爲國之急務也軒黃已前不可詳記自堯湮洪水禹作司空于時辨九等之田收什一之稅其時戶一千三百餘萬定墾地約九百二十萬頃最爲太平之盛及商革夏命重立田制每私田十畝種公田一畝水旱同之亦什一之義也洎乎周室立井田之法大約百里之國提封萬井出車百乘戎馬四百匹畿內兵車萬乘馬四萬匹以田法論之亦什一之制也故當成康之世比堯舜之朝戶口更增二十餘萬非他術也蓋三代以前皆量入以爲出計農以立軍雖逢水旱之災而有凶荒之備降及秦漢重稅工商急關市之征倍舟車之算人戶既以減耗古制猶以兼行按此時戶口尚有千二百餘萬墾田亦八百萬頃至平

三國並與兩晉之後則農夫少于軍衆戰馬多于耕牛供軍須奪于農糧秣馬必侵于牛草于是天下戸口只有二百四十餘萬洎隋文之代兩漢比隆及煬帝之年又三分去一我唐太宗文皇帝以四夷初定百姓未豐延訪羣臣各陳所見惟魏徵獨勸文皇力行王道由是輕徭薄賦不奪農時進賢良悅忠直天下粟價斗直兩錢自貞觀至于開元將及一千九百萬戸五千三百萬口墾田一千四百萬頃比之堯舜又極增加是知救人瘼者以重斂爲病源料兵食者以惠農爲軍政仲尼云百姓足君孰與不足臣之此言是魏徵所以勸文皇也伏惟深留宸鑒如以六軍方闕不可輕徭兩稅之餘猶須重斂則但不以折納爲事一切以本色輸官又不以紐配爲名止以正耗加納猶應感悅未至流亡況今東作是時羸牛將駕數州之地千里運糧有此差徭必妨春種今秋若無糧草何以贍軍臣伏思漢文帝時欲人務農乃募人入粟得拜爵及贖罪景帝亦如之後漢安帝時水旱不足三公奏請富人入粟得關內侯及公卿以下散官本朝乾元中亦曾如此今陛下縱不欲入粟授官願明降制旨下諸道合差

百姓轉倉之處有能出力運官物到京師五百石以上白身授一初任州縣官有官者依資遷授欠選者便與放選千石以上至萬石不拘文武明示賞酬免令方春農人流散斯亦救民轉倉贍軍之一術也莊宗深重之尋命爲國計使垂爲輔相俄遇蕭牆之難而止及明宗卽位豆盧革韋說得罪任圜陳奏請命琪爲相爲孔循鄭珏排沮乃相崔協琪時爲御史大夫安重誨于臺門前專殺殿直馬延雖曾彈奏而依違詞旨不敢正言其罪以是託疾三上章請老朝旨不允除授尚書左僕射自是之後尤爲宰執所忌凡有奏陳靡不望風橫沮天成末明宗自汴州還洛琪爲東都留司官班首奏請至偃師奉迎時琪奏中有敗契丹之兇黨破真定之逆城之言詔曰契丹卽爲兇黨真定不是逆城李琪罰一月俸又嘗奉勅撰霍彥威神道碑文琪梁之故相也敘彥威仕梁歷任不言其僞中書奏曰不分真僞是混功名望令改撰詔從之多此類也琪雖博學多才拙于遵養時晦知時不可爲然猶多岐取進動而見排由己不能鎮靖也以太子太傅致仕長興中卒于福善里第時年六十子貞官至邑宰琪以在內

署時所爲制詔編爲十卷目曰金門集大行于世

蕭頃字子澄京兆萬年人故相倣之孫京兆尹廩之子頃聰悟善屬文昭宗朝擢進士第歷度支巡官太常博士右補闕時國步艱難連帥倔強率多奏請欲立家廟于本鎮頃上章論奏乃止累遷吏部員外郎先是張濬自中書出爲右僕射梁祖判官高劭使梁祖廕求一子出身官省寺皆稱無例濬曲爲行之指揮甚急吏徒惶恐頃判云僕射未集郎官赴省上指揮公事且非南宮舊儀濬聞之慚悚致謝頃由是知名梁祖亦奬之頃入梁歷給諫御史中丞禮部侍郎知貢舉咸有能名自吏部侍郎拜中書門下平章事與李琪同輔梁室事多矛盾莊宗入汴頃坐貶登州司戶量移濮州司馬數年遷太子賓客天成初爲禮部尚書太常卿太子少保致仕卒時年六十九輟朝一日贈太子少師

史臣曰夫相輔之才從古難得蓋文學政事履行謀猷不可缺一故也如數君子者皆互有所長亦近代之良相也如齊公之明節李琪之文章足以主表搢紳笙簧典誥陟之廊廟宜無愧焉

舊五代史卷五十八

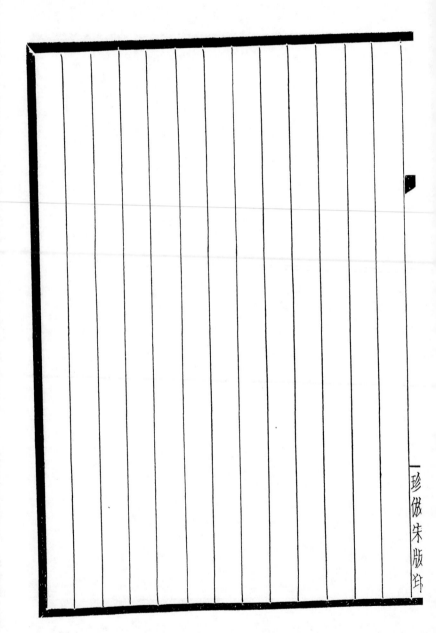

舊五代史卷五十八考證

唐列傳十趙光逢傳父隱右僕射　案舊唐書作左僕射

僖宗朝登進士第　僖宗原本作昭宗據舊唐書光逢係乾符五年進士當作僖宗今改正

時有道士許巖士　許巖士原本脫士字今據新唐書及通鑑增入

李琪傳敬方子縠廣明中爲晉公王鐸都統判官　案太平廣記引李琪集序作父敬佐王鐸滑州幕考李琪祖名敬方其父不得名敬疑太平廣記傳寫之訛

戎馬四百匹　四百原本作四千今據漢書改正

以太子太傅致仕　案太傅歐陽史作少傅

舊五代史卷五十八考證

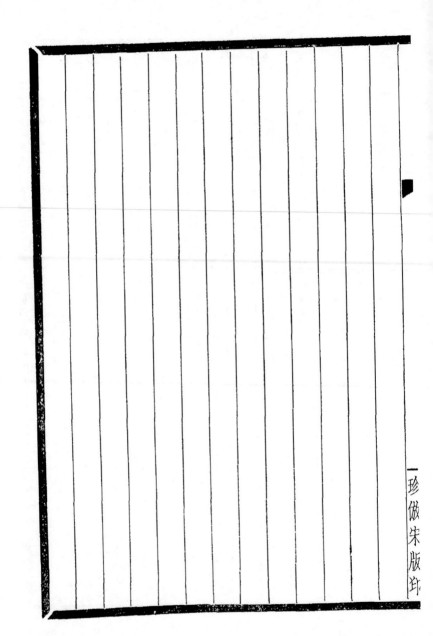

舊五代史卷五十九

宋門下侍郎參知政事監修國史薛居正等撰

唐書第三十五

列傳十一

丁會字道隱壽州壽春人父季會幼放蕩縱橫不治農產恆隨哀挽者學紼謳尤嗜其聲既長遇亂合雄兒爲盜有志功名黃巢渡淮會從梁祖爲部曲梁祖鎮汴會歷都押衙自梁祖誅宗權併時溥屠朱瑄走朱瑾會恆以兵從多立奇功文德中表授懷州刺史歷滑州留後河陽節度使檢校司徒自河陽以疾致政于洛陽梁祖季年猜忌故將功大者多遭族滅會陰有避禍之志稱疾者累年天復元年梁祖奄有河中晉絳乃起會爲昭義節度使昭宗幸洛陽加同平章事其年昭宗遇弒哀問至會三軍縞素流涕久之時梁祖親討劉守文于滄州駐軍于長蘆三年十二月王師攻會居旬日會以潞州歸于武皇北夢瑣言梁祖雄猜疑忌功臣忽謂敬翔曰吾夢丁會在前祗候吾將乘馬欲出圉人以馬就臺忽爲丁會跨之以出時夢中怒叱喝數聲因驚覺甚惡之是月丁會舉潞州軍民

歸河東矣引見會泣曰臣非不能守潞但以汴王簒弱唐祚猜嫌舊將臣雖蒙保薦之恩而不忍相從今所謂吐盜父之食以見王也武皇納之賜甲第于太原位在諸將上五年汴將李思安圍潞州以會爲都招討使檢校太尉莊宗嗣王位與會決謀破汴軍于夾城七年十一月卒于太原莊宗即位追贈太師有子七人知沆爲梁祖所誅餘皆歷內職

閻寶字瓊美鄆州人父佐海州刺史寶少事朱瑾爲牙將瑾之失守于兖也寶與瑾將胡規康懷英歸汴梁皆擢任之自梁祖陳師河朔爭霸關西寶與葛從周丁會賀德倫李思安各爲大將統兵四出所至立功歷洛隨宿鄭四州刺史天祐六年梁祖以寶爲邢洛節度使檢校太傅莊宗定魏博十三年攻相衞洛磁下之寶獨保邢州城孤援絶八月寶以邢州降莊宗嘉之進位檢校太尉同平章事遥領天平軍節度使東南面招討等使待以賓禮位在諸將上每有謀畫與之參決契丹之寇幽州也周德威危急寶與李存審從明宗擊契丹于幽州西北解圍而還胡柳之役諸軍逗撓汴軍登無石山其勢甚盛莊宗望之畏

其不敵且欲保營寶進曰王深入敵境偏師不利王彥章騎軍已入濮州山下
唯列步兵向晚皆有歸志我盡銳擊之敗走必矣今若引退必爲所乘我軍未
集更聞賊勝卽不戰而自潰也凡決勝料情情勢已得斷在不疑今王之成敗
在此一戰若不決勝設使餘衆渡河河朔非王有也王其勉之莊宗聞之聳聽
曰微公幾失計卽引騎大譟奮穳登山大敗汴人十八年張文禮殺王鎔叛寶
帥師進討八月收趙州進渡滹水擒賊黨張友順以獻九月進逼真定結營西
南隅掘塹柵以環之決大悲寺漕渠以浸其郛十九年正月契丹三十萬來援
鎮州前鋒至新樂衆心憂之寶見莊宗指陳方略軍情乃安敵退加檢校侍中
三月城中饑王處瑾之衆出城求食寶縱其出伏兵截擊之饑賊大至諸軍未
集爲賊所乘寶乃收軍退保趙州因慚憤成疾疽發背而卒時年六十同光初
追贈太師晉天福中追封太原郡王有子八人宏倫宏儒皆位至郡守
符習趙州昭慶縣人少從軍事節度使王鎔積功至列校自莊宗經略河朔與
鎔連衡常令習率師從莊宗征討鎔爲張文禮所害時習在德勝寨文禮上書

請習等歸鎭習兩泣訴于莊宗曰臣本趙人家世事王氏故使嘗授臣一劍俾臣平蕩兇寇自聞變故徒懷冤憤欲以自剄無益于營魂且張文禮乃幽滄叛將趙王知人不盡過意任使致被反噬臣雖不武願在霸府血戰而死不能委身于兇首莊宗曰爾既懷舊君之愛可復仇乎吾當助爾習等舉身投地號慟感激謝曰王必以故使輔翼之勞雪其冤恥臣不敢期師旅爲助但悉本軍可以誅其逆豎莊宗卽令閻寶史建瑭助習討文禮乃以習爲成德軍兵馬留後及文禮誅將正授節鉞習不敢當其任辭曰臣緣故使未葬又無嗣息臣合服斬縗候臣禮制畢聽命及莊宗兼領鎭州乃割相衞二州置義寧軍以習爲節度使習奏曰魏博六州見係霸府不宜遽有割隸但授臣河南一鎭臣自攻取乃授天平軍節度東南面招討使習有器度性忠壯自莊宗十年沿河戰守習常以本軍從心無顧望諸將服其爲人同光初以習爲邢州節度明年移鎭青州四年二月趙在禮盜據魏州習受詔以淄青之師進討至則會軍亂習乃退軍渡河明宗自鄴赴洛遣使召之習不時而至既至謁明宗于胙縣霍彥威謂

習曰主上所知者十人公在其四何猶豫乎習乃從明宗入汴明宗即位加兼侍中令歸本鎮屬青州守將王公儼拒命復授習天平軍節度使宋史顏衎傳天成初爲鄆平令符習初鎮天平習武臣之廉愼者以書告屬邑毋聚斂爲獻賀衎未領書以故規行之尋爲吏所訟習遽召衎詣之幕客軍吏咸以爲辱及正人習甚悔焉卽表爲觀察判官且塞前事四年移汴州節度使安重誨素不悅習會汴人言習厚賦民錢以代納藁及納軍租多收加耗由是罷歸京師通鑑習自恃宿將議論多抗安重誨故重誨求其過奏之授太子太師致仕求歸故里許之乃歸昭慶縣明宗以其子令謙爲趙州刺史習飛揚痛飲周遊田里不集朋徒不過郡邑如此累年中風而卒贈太師子蒙嗣位至禮部侍郎

烏震冀州信都人也少孤自勤于鄉校弱冠從軍初爲鎮州隊長以功漸升部將與符習從征于河上頗得士心聞張文禮弑王鎔志復主讎雪泣請行兵及恆陽文禮執其母妻洎兒女十口誘之不迴攻城日急文禮忿之咸割鼻斷腕不絕于膚放至軍門觀者皆不忍正視震一慟而止憤激奮命身先矢石鎮州平以功授震深趙二州刺史其性純質以清直御下在河北獨有政聲移易州

刺史兼南北面水陸轉運招撫等使契丹犯塞漁陽路梗震率師運糧三入薊門擢爲河北道副招討遙領宣州節度使代房知温軍于盧臺及至軍會戍兵龍晊所部鄴都奉節等軍數千人作亂未及交印而遇害明宗聞之廢朝一日詔贈太傅震略涉書史尤嗜左氏傳好爲詩善筆札凡郵亭佛寺多有留題之跡及其遇禍燕趙之士皆歎惜之

王瓚故河中節度使重盈之諸子也天復初梁祖既平河中追念王氏舊恩辟瓚爲賓佐梁祖即位歷諸衛大將軍兗華兩鎮節度使開封尹貞明五年代賀瓌統軍駐于河上時李存審築壘于德勝渡秋八月瓚率汴軍五萬自黎陽渡河將掩擊魏州明宗出師拒之瓚至頓丘而旋于楊村夾河築壘架浮航自滑饋運相繼瓚嚴于軍法令行禁止然機略應變則非所長十一月瓚率其衆觀兵于戚城明宗以前鋒擊之獲其將李立十二月邏騎報汴之饋糧千計沿河而下可掩而取之莊宗遣徒兵五千設伏以待之使騎軍循河南岸西上俘獲饋役數千瓚結陣河曲以待王師既而兵合一戰敗之瓚衆走保南城瓚以小

珍倣宋版印

舟北渡僅免是日獲馬千餘匹俘斬萬級王師乘勝徇地曹濮梁主以瓚失律令戴思遠代還及王師襲汴時瓚爲開封府尹梁主聞王師將至自登建國門樓日夜垂泣時持國寶謂瓚曰吾終保有此者繫卿耳令瓚閱市人散徒登城爲備洎明宗至封邱門瓚開門迎降翼日莊宗御元德殿瓚與百官待罪及進幣馬詔釋之仍令收梁主尸備棺櫝權厝于佛寺漆首函送于郊社居數日段凝上疏奏梁朝掌事權者趙巖等並助成虐政結怨于人聖政惟新宜誅首惡以謝天下于是張漢傑張漢融張漢倫張希逸趙穀朱珪等並族誅家財籍沒瓚聞諸族當法憂悸失次每出則與妻子訣別郭崇韜遣人慰譬之詔授宣武軍節度副使知府事檢校太傅如故歐陽史瓚伏地請死莊宗勞而起之曰朕與卿家世婚姻然人臣各爲主耳復何罪耶因以爲開封尹遷宣武軍節度使瓚心憂疑成疾十二月卒贈太子太師瓚雖爲治嚴肅而慘酷有家世風自歷守藩鎭頗能除盜而明不能照下及尹正京邑委政于愛壻牙將辛廷蔚曲法納賄因緣爲奸初汴人駐軍于河上軍計不足瓚請率汴之富戶出助軍錢賦取不均人靡控訴至有雉經者又有富室致賂幸而免率者

及明宗即位素知廷蔚之奸乃勒歸田里然瓚能優禮搢紳抑挫豪猾故當時

士流皆稱仰焉

袁象先宋州下邑人也自稱唐中宗朝中書令南陽郡王恕己之後曾祖進朝

成都少尹梁以象先貴累贈左僕射祖忠義忠武軍節度判官累贈司空父敬

初太府卿累贈司徒駙馬都尉敬初娶梁祖之妹初封沛郡太君開平中追封

長公主貞明中追封萬安大長公主象先即梁祖之甥也性寬厚不忤于物幼

遇亂慨然有憂時之意象先嘗射一水鳥不中箭落水中下貫雙鯉見者異之

梁祖鎮夷門象先起家授銀青光祿大夫檢校太子賓客兼御史中丞景福元

年自檢校左省常侍遷檢校工部尚書充元從馬軍指揮使兼左靜邊都指揮

使乾寧五年再遷檢校右僕射左領軍衛將軍同正充宣武軍內外馬步軍都

指揮使光化二年權知宿州軍州事天復元年表授刺史充本州團練埇橋鎮

遏都知兵馬使會淮寇大至圍逼州城象先殫力禦備時援兵未至頗懷憂沮

一日登北城憩其樓堞之上恍然若寢夢人告曰我陳璠也嘗板築是城舊第

猶在今爲軍舍可爲我立廟卽助公陰兵象先納之翼日淮寇急攻其壘梯衝角進是日州城幾陷頃之有大風雨居民望見城上兵甲無算寇不敢進卽時退去象先方信神鬼之助乃爲之立祠至今里人禱祝不輟三年權知洺州軍州事天祐三年授陳州刺史檢校司空是歲陳州大水民饑有物生于野形類蒲萄其實可食貧民賴焉梁開平二年授左英武軍使再遷左神武右羽林統軍三年轉右衞上將軍封汝南縣男四年權知宋州留後到任五月改天平軍兩使留後時鄆境再饑戶民流散象先卽開倉賑卹蒙賴者甚衆五年梁祖北征以象先爲鎭定東南行營都招討應接副使進封開國伯領兵攻蓨縣不克而還俄奉詔自鄆赴闕鄆人遮留毀石橋而不得進乃自他門而逸尋授左龍武統軍兼侍衞親軍都指揮使乾化三年與魏博節度使楊師厚合謀誅朱友珪于洛陽梁末帝卽位以功授檢校太保同平章事遙領洪州節度使行開封尹判在京馬步諸軍進封開國公四年授青州節度使加檢校太傅未幾移鎭宋州加檢校太尉象先在宋凡十年初梁祖領四鎭擁兵十萬威震天下關東

藩守皆其將吏方面補授由其保薦四方輿金輦璧駿奔結轍納賂于其庭如
是者十餘年寖成風俗藩侯牧守下逮羣吏罕有廉白者率皆掊斂剝下以事
權門象先恃甥舅之勢所至藩府侵刻誅求尤甚以此家財巨萬莊宗初定河
南象先率先入覲輦珍幣數十萬遍賂權貴及劉皇后伶官巷伯居旬日內外
翕然稱之初梁將未復官資者凡上章奏姓名而已郭崇韜奏曰河南征鎮將
吏昭洗之後未有新官每上表章但書名姓未頒綸制必負憂疑卽日復以象
先爲宋亳耀輝頴節度使依前檢校太尉平章事仍賜姓名紹安尋令歸鎮明
年以郊禮象先復來朝是時制改宋州宣武軍爲歸德軍因侍宴莊宗謂象先
曰歸德之名無乃著題否象先拜謝而退卽命歸鎮其年夏以疾卒于理所年
六十一册贈太師周廣順中贈中書令追封楚國公象先二子長曰正辭歷衢
雄二州刺史次曰義周顯德中終于滄州節度使

張温字德潤魏州魏縣人也始仕梁祖爲步直小將改崇明都校貞明初蔣殷
以徐州叛從劉鄩討平之改左右捉生都指揮使莊宗伐邢臺獲之用爲永清

都校歷武州刺史山後八軍都將從莊宗襲契丹于幽州收新州歷銀槍效義都指揮使再任武州刺史同光初契丹陷嬀儒檀順平薊六州武州獨全改授蔚州刺史天成初歷振武昭武留後尋授利州節度使入爲右衞上將軍無幾授洋州節度使右龍武統軍改雲州節制清泰初屯兵鴈門逐契丹出塞移鎭晉州嬰疾而卒詔贈太尉

李紹文鄆州人本姓張名從楚少事朱瑄爲帳下瑄敗歸于梁祖爲四鎭牙校累與諸軍天祐八年從王景仁戰敗于柏鄉紹文與别將曹儒收殘衆退保相州王師之攻魏州也紹文率衆自黎陽將渡河時汴人大恐河無舟楫紹文懼爲王師所逼乃剽黎陽臨河內黄至魏州歸于莊宗莊宗嘉納之賜姓名分其兩將三千人爲左右匡霸軍旅仍令紹文曹儒分將之從周德威討劉守光進檢校司空移將匡衞軍十二年授博州刺史預破劉鄩于故元城歷貝隰代三郡刺史領天雄軍馬步副都將屯于德勝從閻寶討張文禮爲馬步軍都虞候明宗收鄆州以紹文爲右都押牙馬步軍都將從破王彥章于中都同光中歷

徐滑二鎮副使知府事三年從郭崇韜討西川爲洋州節度留後領鎮江軍節度天成初爲武信軍節度使尋卒于鎮

史臣曰昔丁會之事梁祖也功既隆矣禍將及矣挺身北首故亦宜然然食人之祿豈合如是哉閻寶再降于人夫何足貴焉符習雪故主之沉冤享通侯之貴位乃趙之奇士也烏震不憫其親仁斯鮮矣雖慕樂羊之跡豈事文侯之宜瓚洎象先而下皆降將也又何足以譏焉

舊五代史卷五十九

舊五代史卷五十九考證

唐列傳十一丁會傳梁祖季年猜忌故將功大者多遭族滅會陰有避禍之志 案梁祖季年無誅戮大臣之事考朱珍李讜先後爲梁祖所殺丁會蓋鑒于前事也見通鑑考異

閻寶傳梁祖以寶爲節度使檢校太傅 案歐陽史太祖時爲諸軍都虞候末帝時以寶爲保義軍節度使與是書詳略先後互異

符習傳飛揚痛飲 飛揚原本作飛鷹今考杜詩痛飲狂歌空度日飛揚跋扈爲誰雄鷹字蓋揚字之訛今改正

烏震傳移易州刺史 易州歐陽史作冀州

詔贈太傅 太傅歐陽史作太師

張溫傳 案溫于潼關擒劉浣見梁紀此傳不載

舊五代史卷五十九考證

舊五代史卷六十

宋門下侍郎參知政事監修國史薛居正等撰

唐書第三十六

列傳十二

李襲吉自言左相林甫之後父圖爲洛陽令因家焉襲吉乾符末應進士舉遇亂避地河中依節度使李都擢爲鹽鐵判官及王重榮代不喜文士時喪亂之後衣冠多逃難汾晉間襲吉訪舊至太原武皇署爲府掾出宰榆社光啓初武皇遇難上源記室殁焉既歸鎮辟掌奏者多不如旨或有薦襲吉能文召試稱旨即署爲掌書記襲吉博學多通尤諳悉國朝近事爲文精意練實動據典故無所放縱羽檄軍書辭理宏健自武皇上源之難與梁祖不協乾寧末劉仁恭負恩其間論列是非交相聘答者數百篇警策之句播在人口文士稱之三年還節度副使從討王行瑜拜右諫議大夫及師還渭北武皇不獲入覲爲武皇作違離表中有警句云穴禽有異聽舜樂以猶來天路無梯望堯雲而不到昭

宗覽之嘉歎洎襲吉入奏面詔諭之優賜特異北夢瑣言襲吉從李克用至渭南令其入奏帝重其文章授諫議大夫使上事北省以榮之其年十二月師還太原王珂爲浮梁于夏陽渡襲吉從軍時笮斷航破武皇僅免襲吉墜河得大冰承足沿流七八里達岸而止救之獲免天復中武皇議欲修好于梁命襲吉爲書以貽梁祖書曰一別清德十有餘年失意杯盤爭鋒劍戟山長水闊難追二國之歡鴈逝魚沈久絕八行之賜比者僕與公實聯宗姓原忝恩知投分深情將期棲託論交馬上薦美朝端傾嚮仁賢未省疎闕豈謂運由奇特謗起奸邪毒手尊拳交相于暮夜金戈鐵馬蹂踐于明時狂藥致其失歡陳事止于堪笑今則皆登貴位盡及中年蘧公亦要知非君子何勞用壯今公貴先列辟名過古人合縱連衡本務家邦之計拓地守境要存子孫之基文王貴奔奏之交仲尼譚損益之友僕顧慚虛薄舊忝眷私一言許心萬死不悔壯懷忠力猶勝他人盟于三光願赴湯火公又何必終年立敵懇意相窺徇一時之襟靈取四郊之倦弊今日得其小衆明日下其危牆弊師無遺鏃之憂鄰壤抱剝牀之痛又慮悠悠之黨妄瀆聽聞見僕韜勇枕威戢

兵守境不量本末誤致窺覦且僕自壯歲已前業經陷敵以殺戮爲東作號兼并爲永謀及其首陟師壇躬被公袞天子命我爲羣后明公許我以下交所以斂迹愛人蓄兵務德收燕薊則還其故將入蒲坂而不負前言況五載休兵三邊校士鐵騎犀甲雲屯谷量馬邑兒童皆爲銳將鷲峯宮闕咸作京坻問年猶少于仁明語地幸依于險阻有何覘覦便誤英聰況僕臨戎握兵粗有操斷屈伸進退久貯心期勝則撫三晉之民敗則徵五部之衆長驅席卷反首提戈但慮隳突中原爲公後患四海羣謗盡歸仁明終不能見僕一夫得僕一馬銳師儻失則難整齊請防後艱願存前好矧復陰山部落是僕懿親回紇師徒累從外舍文靖求始畢之衆元海徵五部之師寬言虛詞猶或得志今僕散積財而募勇輩輦寶貨以誘義戎徵其密親啗以美利控弦跨馬寧有數乎但緣荷位天朝惻心疲瘵峨峨亭障未忍起戎亦望公深識鄙懷洞迴英鑒論交釋憾慮禍革心不聽浮譚以傷霸業夫易惟忌滿道貴持盈儻恃勇以喪師如擊盤而失水爲蛇刻鶴幸賜徊翔僕少負褊心天與直氣間謀詭論誓不爲之唯將藥

石之譚願託金蘭之分儻愚衷未豁彼抱猶迷假令磬三朝之威窮九流之辯
遺迴肝膈如俟河清今者執簡吐誠願垂保鑒僕自眷私睽隔翰墨往來或有
鄙詞稍侵英聽亦承嘉論每賜罵言敘歡既罷于尋戈焚謗幸蠲其載筆窮因
尚口樂貴和心願袪沈閼之嫌以復壎篪之好今者卜于囊分不欲因人專遣
使乎直詣鈴閣古者兵交兩地使在其間致命受辭幸存前志昔賢貴于投分
義士難于屈讎若非仰戀恩私安可輕露肝膈悽悽丹愫炳炳血情臨紙嚮風
千萬難述梁祖覽之至毒手尊拳之句怡然謂敬翔曰李公斗絕一隅安得此
文士如吾之智算得襲吉之筆才虎傅翼矣又讀至馬邑兒童陰山部落之句
梁祖怒謂敬翔曰李太原殘喘餘息猶氣吞宇宙可詬罵之及翔爲報書詞理
非勝由是襲吉之名愈重（通鑑攷異引唐末見聞錄載全忠回書云前年洹水曾獲賢郎去歲青山又擒列將蓋梁之書檄皆此類）
也自廣明大亂之後諸侯割據方面競延名士以掌書檄是時梁有敬翔燕有
馬郁華州有李巨川荊南有鄭準（唐新纂云鄭準士族未第時佐荊門上谷蓮幕飛書走檄不讓古人秉直去邪無慚往哲攷準爲成汭書記汭封上谷郡王）鳳翔有王超（北夢瑣言唐末鳳翔判官王超推奉李茂貞挾曹馬之勢牋奏文檄恣意翱翔後爲興元留後）

遇害有鳳鳴集三十卷行于世錢塘有羅隱魏博有李山甫皆有文稱與襲吉齊名于時襲吉在武皇幕府垂十五年視事之暇唯讀書業文手不釋卷性恬于榮利獎誘後進不以己能格物參決府事務在公平不交賂遺綽綽有士大夫之風概焉天祐三年六月以風病卒于太原同光二年追贈禮部尚書

王緘幽州劉仁恭故吏也少以刀筆直記室仁恭假以幕職令使鳳翔還經太原屬仁恭阻命武皇留之緘堅辭復命書詞稍抗武皇怒下獄詰之謝罪聽命乃署爲推官歷掌書記契丹國志韓延徽傳延徽自契丹奔晉晉王欲置之幕府掌書記王緘嫉之延徽不自安求東歸省母遂復入契丹寓書于晉王敘所以北去之意且曰非不戀英主非不思故鄉所以不留正懼王緘之讒耳從莊宗經略山東承制授檢校司空魏博節度副使緘博學善屬文燕薊多文士緘後生未知名及在太原名位驟達燕人馬郁有盛名于鄉里而緘素以吏職事郁及郁在太原謂緘曰公在此作文士所謂避風之鳥受賜于魯人也每于公宴但呼王緘而已十年從征幽州既獲仁恭父子莊宗命緘爲露布觀其旨趣緘起草無所辭避義士以此少之胡柳之役緘隨輜重前行歿于亂兵際晚盧質還營莊宗問副使所

在曰某醉不之知也既而緘凶問至莊宗流涕久之得其喪歸葬太原
李敬義本名延古太尉衛公德裕之孫初隨父煒貶連州遇赦得還嘗從事浙東自言遇涿道士問之曰子方厄運不宜仕進敬義悚然對曰吾終老賤哉涿曰自此四十三年必遇聖王大任子其志之敬義以爲然乃無心仕宦退歸洛南平泉舊業爲河南尹張全義所知歲時給遺特厚出入其門欲署幕職堅辭不就初德裕之爲將相也大有勳于王室出藩入輔綿歷累朝及留守洛陽有終焉之志于平泉置別墅採天下奇花異竹珍木怪石爲園池之玩自爲家戒序錄志其草木之得處刊于石云移吾片石折樹一枝非子孫也洎巢蔡之亂洛都灰燼全義披榛而創都邑李氏花木多爲都下移掘樵人鬻賣園亭掃地矣有醒酒石德裕醉卽踞之最保惜者光化初中使有監全義軍得此石置于家園敬義知之泣謂全義曰平泉別業吾祖戒約甚嚴子孫不肖動違先旨因託全義請石于監軍他日宴會全義謂監軍曰李員外泣告言內侍得衛公醒酒石其祖戒堪哀內侍能迴遺否監軍忿然厲聲曰黃巢敗後誰家園池完復

豈獨平泉有石哉全義始受黃巢僞命以爲訴己大怒曰吾今爲唐臣非巢賊也卽署奏笞斃之昭宗遷都洛陽以敬義爲司勳員外郎柳璨之陷裴趙諸族希梁祖旨奏云近年浮薄相扇趨競成風乃有卧邀軒冕視王爵如土梗者司空圖李敬義三度除官養望不至咸宜屏黜以勸事君者翌日詔曰司勳員外郎李延古世荷國恩兩葉相位幸從筮仕累忝寵榮多歷歲時不趨班列而自遷都卜洛紀律載張去明庭而非遙處別墅而無憚罔思報效姑務便安爲臣之節如斯貽厥之謀何在須加懲責以肅朝倫九寺勾稽尚謂寬典可責授衛尉寺主簿司空圖亦追停前詔任從閑適圖唐史有傳舊唐書哀帝紀六月戊申勅前司勳員外郎賜緋魚袋李延古責授衛尉寺主簿九月壬寅勅前大中大夫尚書兵部侍郎賜紫金魚袋司空圖放還中條山蓋延古與司空圖同時被劾其降勅則有先後也時全義既不能庇護乃密託楊師厚令敬義潛往依之因挈族客居衛州者累年師厚給遺周厚十二年莊宗定河朔史建瑭收新鄉敬義謁見是歲上遣使迎至魏州署北京留守判官承制拜工部尚書奉使王鎔敬義以遠祖趙郡昇鎔展維桑之敬鎔遣判官李翥送贊皇集三卷令謁前代碑壠使還歸職太

原監軍張承業尤不悅本朝宰輔子孫待敬義甚薄或面折于公宴或指言德裕過惡敬義不得志鬱憤而卒同光二年贈右僕射

五代史闕文司空圖字表聖自言泗州人少有俊才咸通中一舉登進士第雅好為文躁于進取頗自矜伐端士鄙之初從事使府臯登朝驟歷清要巢賊之亂車駕播遷圖有先人舊業在中條山極林泉之美圖自禮部員外郎因避地焉日以詩酒自娛屬天下板蕩士多往依之互相推奬由是聲名藉甚昭宗反正以戶部侍郎徵至京師圖既負才慢世謂己當為宰輔時要惡之稍抑其銳圖憤憤謝病復歸中條與人書疏不名官位但稱知非子又稱耐辱居士其所居曰禎貽谿谿上結茅屋命曰休休亭嘗自為記云

臣謹案圖河中虞鄉人少有文彩未為鄉里所稱會王凝自尚書郎出為絳州刺史圖以文謁之大為凝所賞歎由是知名未幾凝入知制誥遷中書舍人知貢舉擢圖上第頃之凝出為宣州觀察使辟圖為從事既渡江御史府奏圖以監察下詔追之圖感知己之恩不忍輕離幕府滿百日不赴闕為臺司所劾遂以本官分司久之徵拜禮部員外郎俄知制誥故集中有文曰戀恩稽命點繫洛師于今十年方忝綸閣此豈躁于進取者耶舊史不詳一至于此圖見唐政多僻中官用事知天下必亂即棄官歸中條山尋以中書舍人徵又拜禮戶部侍郎皆不起及昭宗播遷華下圖以密邇乘輿即時奔問復辭還山故詩曰多病形容五十三誰憐借笏趁朝參此豈有意于相位耶河中節度使王重榮請圖撰碑得絹數千匹圖致于虞鄉市心恣鄉人所取一日而盡是時盜賊充斥獨不入王官谷河中士人依圖避難全者甚衆昭宗東遷又以兵部侍郎召至洛下為柳璨所阻一謝而退梁祖受禪以禮部尚書徵辭以老疾卒時年八十餘

臣又案梁室大臣如敬翔李振杜曉楊涉等皆唐朝舊族本當忠義立身重侯累將三百餘年一旦委質朱梁其甚者贊成弑逆惟圖以清直避世終身不事梁祖故梁史揭圖小瑕以泯大節者良有以也

盧汝弼（宣和書譜汝弼字子諧祖綸唐貞元年有詩名父簡求爲河東節度使汝弼少力學不喜爲世胄篤志科舉登進士第文彩秀麗一時士大夫稱之）唐昭宗景福中擢進士第歷臺省昭宗自秦還洛時爲祠部郎中知制誥時梁祖凌弱唐室殄滅衣冠懼禍渡河由上黨歸于晉陽初武皇平王行瑜天子許承制授將吏官秩是時藩侯倔強者多僞行墨制武皇恥而不行長吏皆表授及莊宗嗣晉王位承制置吏又得汝弼有若符契由是除補之命皆出汝弼之手既而畿內官吏考課議擬奔走盈門頗以賄賂聞士論少之洎帝平定趙魏汝弼每請謁迎勞必陳說天命顯俟中興帝亦以宰輔期之建國前卒于晉（宣和書譜贈兵部尚書）

李德休字表逸趙郡贊皇人也祖絳山南西道節度使唐史有傳父璋宣州觀察使德休登進士第歷鹽鐵官渭南尉右補闕侍御史天祐初兩京喪亂乃寓跡河朔定州節度使王處直辟爲從事莊宗即位于魏州徵爲御史中丞轉兵部吏部侍郎權知左丞以禮部尚書致仕卒時年七十四贈太子少保

蘇循父特陳州刺史循咸通中登進士第累歷臺閣昭宗朝再至禮部尚書循

性阿諛善承順苟容以希進取昭宗自遷洛之後梁祖凶勢日滋唐室舊臣陰懷主辱之憤名族之胄往往有違禍不仕者唯循希旨附會及梁祖失律于淮南西屯于壽春要少帝欲授九錫朝臣或議是非循揚言云梁王功業顯大曆數有歸朝廷速宜揖讓當時朝士畏梁祖如虎罔敢違其言者明年梁祖逼禪循爲冊禮副使梁祖既受命宴于元德殿舉酒曰朕夾輔日淺代德未隆置朕及此者羣公推崇之意也楊涉張文蔚慚懼失對致謝而已循與張禕薛貽矩因盛陳梁祖之德業應天順人之美循自以奉冊之勞旦夕望居宰輔而敬翔惡其爲人謂梁祖曰聖祚維新宜選端士以鎮風俗如循等輩俱無士行實唐家之鴟梟當今之狐魅彼專賣國以取利不可立維新之朝初循子楷乾寧二年登進士第中使有奏御者云今年進士二十餘人僥倖者半物論以爲不可昭宗命學士陸扆馮渥重試于雲韶殿及格者一十四人詔云蘇楷盧賡等四人詩句最卑蕪累頗甚曾無學業敢竊科名澆我至公難從濫進宜付所司落下不得再赴舉場楷以此慚恨長幸國家之災昭宗遇弒輝王嗣位國命出于

朱氏楷始得爲起居郎柳璨陷害朝臣衣冠惕息無敢言者初梁祖欲以張廷範爲太常卿裴樞以爲不可柳璨懼梁祖之毒乃歸過于樞故裴趙罹白馬之禍楷因附璨復依廷範時有司初定昭宗諡號楷謂廷範曰諡者所以表行實前有司之諡先帝爲昭宗所謂名實不副司空爲樂卿余忝史職典章有失安得不言乃上疏曰帝王御宇察理亂以審污隆祀享配天資諡號以定升降故臣下君上皆不得而私也先帝睿哲居尊恭儉垂化其于善美孰敢蔽虧然而否運莫興至理猶鬱遂致四方多事萬乘播遷始則宦豎凶狂受幽辱于東內終則嬪嬙悖亂罹天閼于中闈其于易名宜循考行有司先定尊諡曰聖穆景文孝皇帝廟號昭宗敢言溢美似異直書今郊禋有日祫祭惟時將期允愜列聖之心更在詳議新廟之稱庶使叶先朝罪己之德表聖上無私之明舊唐書云蘇楷目不知書僅能執筆其文羅袞作也太常卿張廷範奏議曰昭宗初實彰于聖德後漸減于休明致季述幽辱于前茂貞劫幸于後雖數拘厄運亦道失始終違陵寢于西京徙兆民于東洛軔輦輅未踰于寒暑行大事俄起于宮闈謹聞執事堅固之謂恭

亂而不損之謂靈武而不遂之謂莊在國逢難之謂閔因事有功之謂襄今請改諡曰恭靈莊閔皇帝廟號襄宗輝王荅詔曰勉依所奏哀咽良深楷附會幸災也如是及梁祖卽位于汴楷自以遭遇千載一時敬翔深鄙其行尋有詔云蘇楷高貽休蕭聞禮等人材寢陋不可塵穢班行並勒歸田里循楷既失所望懼以前過獲罪乃退歸河中依朱友謙莊宗將卽位于魏州時百官多缺乃求訪本朝衣冠友謙令赴行臺時張承業未欲莊宗卽尊位諸將賓僚無敢贊成者及循至入衙城見府廨卽拜謂之拜殿時將吏未行蹈舞禮及循朝謁卽呼萬歲舞抃泣而稱臣莊宗大悅翼日又獻大筆三十管曰畫日筆莊宗益喜承業聞之怒會盧汝弼卒卽令循守本官代爲副使明年春循因食蜜雪傷寒而卒同光二年贈左僕射以楷爲員外郎天成中累歷使幕會執政欲糾其駮諡之罪竟以憂慚而卒

史臣曰昔武皇之樹霸基莊宗之開帝業皆旁求多士用佐丕圖故數君子者或以書檄敏才或以搢紳舊族咸登貴仕諒亦宜哉唯蘇循贊梁祖之強禪蘇

楷駮昭宗之舊諡士風臣節豈若是乎斯蓋文苑之豺狼儒林之荊棘也

舊五代史卷六十

舊五代史卷六十考證

唐列傳十二李襲吉傳　李襲吉北夢瑣言作李習吉

乾符末應進士舉　案唐新纂作應廣文舉不第

出宰榆社　案北夢瑣言作攝榆次令

李敬義傳移吾片石　案原本脫移字今據册府元龜增入

李德休傳　德休原本作德林今案其字表逸林字蓋休字之訛今改正

舊五代史卷六十考證

宋門下侍郎參知政事監修國史薛居正等撰

唐書第三十七

列傳十三

安金全代北人世爲邊將少驍果便騎射武皇時爲騎將屢從征討莊宗之救潞州及平河朔皆有戰功累爲刺史以老病退居太原天祐中汴將王檀率師三萬乘莊宗在鄴來襲幷州時城無備兵敵軍奄至監軍張承業大恐計無所出閱諸司丁匠登陴禦捍外攻甚急金全遽出謂承業曰老夫退居抱病不任軍事然吾王家屬在此王業本根之地如一旦爲敵所有大事去矣請以庫甲見授爲公備寇承業卽時授之金全披甲跨馬召率子弟及退閑諸將得數百人夜出北門擊賊于羊馬城內梁人驚潰由是退却俄而石君立自潞州至汴軍退走微金全之奮命城幾危矣莊宗性矜伐凡大將立功不時行賞故金全終莊宗世名位不進明宗與之有舊及登極授金全同平章事充振武軍節度

使在任二年治民爲政非所長詔赴闕俄而病卒廢視朝二日初南北對壘汴之游騎每出必爲金全所獲故梁之偵邏者咸懼目之爲安五道蓋比鬼將有五道之名也子審琦等皆位至方鎮別有傳

審通金全之猶子也幼事莊宗累有戰功轉先鋒指揮使同光初爲北京右廂馬軍都指揮使屯奉化軍四年春赴明宗急詔軍趨夷門爲前鋒天成初授單州刺史改齊州防禦使兼諸道先鋒馬軍都指揮使奉詔北征從房知温營于盧臺會龍晊部下兵亂審通脫身酒筵奪船以濟促騎士介馬及亂兵南行盡戮之以功授檢校太傅滄州節度使圍王都于中山躬冒矢石爲飛石所中而卒贈太尉

安元信字子言代北人父順琳爲降野軍使元信以將族子便騎射幼事武皇從平巢蔡光啓中吐渾赫連鐸寇雲中武皇使元信拒之元信兵敗于居庸關武皇性嚴急元信不敢還遂奔定州王處存待之甚厚用爲突騎都校乾寧中處存子郜嗣位時梁軍攻河朔三鎮奔命不暇梁將張存敬軍奄至城下旣無

宿備部懼挈其族奔太原元信從之武皇待之如初用爲鐵林軍使梁將氏叔
琮之攻河東也別將葛從周自馬嶺入元信伏于榆次挫其前鋒梁將李思安
之攻上黨也王師將壁高河爲梁軍所逼別將秦武者尤爲難敵元信與鬭斃
之繇是梁軍解去城壘得立武皇賜所乘馬及細鎧仗遷突陣都將莊宗嗣晉
王位元信從救上黨破夾寨復澤潞以功授檢校司空遼州刺史賜玉鞭名馬
柏鄉之役日晚戰酣元信重傷莊宗自臨傅藥其年改檢校司徒武州刺史充
內衙副都指揮使山北諸州都團練副使從莊宗定魏博移爲博州刺史與梁
對壘德勝渡元信爲右廂排軍使未幾爲大同軍節度使莊宗平定河南移授
橫海軍節度使時契丹犯邊元信與霍彥威從明宗屯常山元信恃功每對明
宗以成敗勇怯戲侮彥威彥威不敢答明宗曰成由天地不由于人當氏叔琮
圍太原公有何勇今國家運興致我等富貴元信乃起謝不復以彥威爲戲明
宗卽位以元信嘗爲內衙都校尤厚待之加同中書門下平章事明年移鎭徐
州王師之討高季興襄帥劉訓逗撓軍期移授元信山南東道節度使以代訓

歲餘改歸德軍節度使就加兼侍中明宗不豫求入末帝即位授潞州節度使加檢校太尉清泰三年二月以疾卒于鎮時年七十四贈太師晉高祖即位以元信宿望令禮官定諡曰忠懿有子六人長曰友權歷諸衛大將軍次曰友親仕皇朝爲滁州刺史卒于任

安重霸雲州人也性狡譎多智算初自代北與明宗俱事武皇因負罪奔梁在梁復以罪奔蜀蜀以蕃人善騎射因爲親將蜀後主王衍幼年襲位其政多僻宦官王承休居中用事與成都尹韓昭內外相結專採擇聲色以固寵幸武臣宿將居常切齒重霸諂事承休特見委信梁末岐下削弱蜀人奪取秦成階等州重霸說承休求鎮秦州仍于軍中選山東驍果得數千人號龍武都以承休爲軍帥重霸副焉俱在天水歲餘承休欲求旄鉞乃以隴西花木入獻又稱秦州山水之美人物之盛請後主臨幸而韓昭贊成之（太平廣記引王氏見聞錄云承休請從諸軍揀選官健得驍勇數千號龍武軍承休自爲統帥並特加衣糧日有優給因乞秦州節度使且云願與陛下于秦州採掇美麗且說秦州風土多出國色仍請幸天水少主甚悅即遣仗節赴鎮應所選龍武精銳並充衛隊從行）同光二年十月蜀主率衆數萬由劍閣將出與

鳳以遊秦州至興州遇魏王繼岌軍至狼狽而旋承休遽聞東師入討大恐計無從出問計于重霸曰開府何患蜀中精兵不下十萬咫尺之險安有不濟縱東軍盡如狼虎豈能入劍門然國家有患開府特受主知不得失于奔赴此州制置事定無虞得失重霸願從開府赴闕承休素信以爲忠赤重霸出秦州金帛以賂羣羌買由州山路歸蜀承休擁龍武軍及招置僅萬人從行令重霸權握部署州人祖送秦州軍亦列部隊承休登乘重霸馬前辭曰國家費盡事力收獲隴西若從開府南行隴州卽時踈失請開府自行重霸且爲國守藩承休既去重霸在秦州聞明宗起河北卽時遣使以秦成等州來降天成初用爲閬州團練使未幾召還爲左衞大將軍常以姦佞揣人主意明宗尤愛之長興末明宗謂侍臣曰安重霸朕之故人以秦州歸國其功不細酬以團練防禦恐非懷來之道范延光曰將校內有自河東河北從陛下龍飛故人尙有未及團防者今若遽授重霸方鎭恐爲人竊議明宗不悅未幾竟以同州節鉞授之淸泰初移授西京留守京兆尹先是秦雍之間令長設酒食私丐于部民者俗謂之

擣蒜及重霸之鎮長安亦爲之故秦人目重霸爲擣蒜老其年冬改雲州節度居無何以病求代時家寄上黨及歸而卒重霸善悅人好賂遺時人目之爲俊弟重進尤兇惡事莊宗以試劍殺人奔淮南（玉堂閒話安重進性兇險莊宗潛龍時爲小校常佩劍列于翊衛後攜劍南馳投于梁主梁主壯之俾隸淮之鎮戍復以射殺掌庾吏逃竄江湖淮帥得之擢爲裨將）重霸在蜀聞之蜀主取之于吳用爲裨將隨重霸爲龍武小將戍長道又殺人奔歸洛陽（太平廣記蜀破重進東歸明宗補爲諸州馬步軍都指揮使後有過鞭背卒）重霸之子曰懷浦晉天福中爲禁軍指揮使契丹寇澶州以臨陣忸怩爲景延廣所誅

劉訓字遵範隰州永和人也出身行間初事武皇爲馬軍隊長漸至散將屬河中王氏昆仲有尋戈之役訓從史儼攻陝州武皇討王行瑜以訓爲前鋒後隸河中爲隰州防禦都將居無何殺陝州刺史以郡歸莊宗歷瀛州刺史同光初拜左監衛大將軍三年授襄州節度使四年四月洛陽有變訓以私忿害節度副使胡裝族其家聞者冤之天成中荆南高季興叛詔訓爲南面行營招討使知荆南行府事是時湖南馬殷請以舟師會及王師至荆渚殷軍方到岳州仍

傳意于訓許助軍儲弓甲之類久之略無至者案通鑑劉訓至荊南楚王殷遣岳州高季興堅壁不戰求都指揮使許德勳等將水軍屯救于吳吳人遣水軍援之荊渚地氣卑濕漸及霖潦糧運不繼人多疾疫訓本無將略人咸苦之及孔循至得襄之小校獻竹龍之術乃造竹龍二道傅于城下竟無所濟遂罷兵令將士散略居民而回詔訓赴闕尋責授檀州刺史續勅濮州安置未幾起爲龍武大將軍尋授建雄軍節度使移鎭延平卒贈太尉

張敬詢勝州金河縣人世爲振武軍牙校祖仲阮歷勝州刺史父漢環事武皇爲牙將敬詢當武皇時專掌甲坊十五年以稱職聞復以女爲武皇子存霸妻益見親信莊宗卽位以爲沁州刺史秩滿復用爲甲坊使莊宗經略山東敬詢從軍歷博澤慈隰四州刺史同光末授耀州團練使郭崇韜之征蜀也以敬詢善督租賦乃表爲利州留後明宗卽位正授昭武軍節度使天成二年詔還京師復授大同節度使至鎭招撫室韋萬餘帳四年徵爲左驍衞上將軍明年授滑州節度使以河水連年溢堤乃自酸棗縣界至濮州廣隄防一丈五尺東西二百里民甚賴之三年秩滿歸京卒輟視朝一日

劉彥琮字比德雲中人也事武皇累從征役先是絳州刺史王瓘叛武皇言于彥琮意欲致之無幾從略于汾晉之郊彥琮奔絳瓘以爲附己待之甚厚因命爲騎將會瓘出獵于馳驅之際彥琮刃瓘之首來獻武皇甚奇之從莊宗解上黨之圍同光初稍遷至鐵林指揮使磁州刺史後明宗赴難京師授華州留後尋正授節旄天成三年改左武衛上將軍未幾改陝州節度使尋移鎮邠州卒于鎮時年六十四贈太傅

袁建豐武皇破巢時得于華陰年方九歲愛其精神爽俊俾收養之漸長列于左右復習騎射補鐵林都虞候從破邠州王行瑜以功遷左親騎軍使轉突騎指揮使從莊宗解圍上黨破柏鄉陣累功遷右僕射左廂馬軍指揮使明宗爲內衙指揮使建豐爲副北討劉守光常身先士伍轉都教練使權蕃漢副總管莊宗入鄴以心腹幹能選爲魏府都巡檢使從征劉鄩下衞磁洺有功加檢校司空授洺州刺史于臨洺西敗梁將王還數千人生獲將領七十餘人俄拜相州刺史徵赴河上豫戰于胡柳陂建豐領相州軍士行營在外委州事于小人

失于撫馭指揮使孟守謙據城以叛建豐引兵討平之改隰州刺史染風痺于任明宗嗣位念及平昔副貳之舊詔赴洛下親幸其第撫問隆厚加檢校太傅遙授鎮南節度使俾請俸自給後卒于洛陽年五十六廢朝一日贈太尉子可鈞仕皇朝位至諸衞大將軍

西方鄴定州滿城人也父再遇爲州軍校鄴居軍中以勇力聞年二十南渡河遊梁不見用復歸莊宗以爲孝義軍指揮使累從征伐皆有功同光中爲曹州刺史命以州兵屯汴州明宗由魏州南渡河時莊宗東幸汴州汴州節度使孔循隱懷二志使北門迎明宗西門迎莊宗凡供帳委積悉如一日先至者入之鄴因責循曰主上破梁室于公有不殺之恩奈何欲納總管循不答鄴度循不可理爭以石敬瑭之妻明宗女也時方在汴欲先殺之以堅人心循知其謀取之藏其家鄴無如之何乃將麾下兵五百騎西迎莊宗見于汜水嗚咽泣下莊宗亦爲之嘘唏使以兵爲先鋒莊宗還洛陽遇弒明宗入洛鄴請死于馬前明宗嘉歎久之明年荆南高季興叛明宗遣襄州節度使劉訓等招討而以東川

董璋爲西南招討使乃拜鄴夔州刺史副璋以兵出三峽已而訓等無功見黜諸將皆罷璋未嘗出兵惟鄴獨取夔忠萬三州乃以夔州爲寧江軍拜鄴爲節度使已而又取歸州數敗季興之兵鄴武人所爲多不中法度判官譚善達數以諫鄴鄴怒遣人告善達受人金下獄善達素剛辭益不遜遂死于獄中鄴病見善達爲祟卒于鎮

張遵誨魏州人也父爲宗城令羅紹威殺牙軍之歲爲梁軍所害遵誨奔太原武皇以爲牙門將莊宗定山東遵誨以典客從歷幽鎮二府馬步都虞候同光中爲金吾大將軍明宗卽位任圜保薦授西都副留守知留守事京兆尹天成四年入爲客省使守衛尉卿及將有事于南郊爲修儀仗法物使初遵誨自以歷位尹正與安重誨素亦相款衷心有望于節鉞及郊禋畢止爲絳州刺史鬱鬱不樂離京之日白衣乘馬于隼旟之下至郡無疾翌日而卒

孫璋齊州歷城人出身行閒隸梁將楊師厚麾下稍補奉化軍使莊宗入鄴累遷澶州都指揮使明宗鎭常山擢爲裨校鄴兵之變從明宗赴難京師天成初

歷趙登二州刺史齊州防禦使王都之據中山璋爲定州行營都虞候賊平加檢校太保長興初授鄜州節度使罷鎮卒于洛陽年六十一贈太尉

史臣曰夫天地斯晦則帝王于是龍飛雲雷搆屯則王侯以之蟬蛻良以適遭亂世得奮雄圖故金全而下咸以軍旅之功坐登藩閫之位垂名簡冊亦可貴焉惟重霸以姦險而仗旄鉞蓋非數子之儔也

舊五代史卷六十一

舊五代史卷六十一考證

唐列傳十三安金全傳莊宗性矜伐凡大將立功不時行賞故金全終莊宗世
名位不進　案遼史金全以幽州戰敗故退廢不用與是書異

安元信傳　案五代時唐晉俱有安元信是書並爲立傳今附識于此

安重霸傳蜀主率衆數萬由劍閣將出興鳳以遊秦州至興州遇魏王繼岌軍
至狼狽而旋　案九國志作王衍將之秦州以王宗弼力諫而止與是書異

袁建豐傳轉突騎指揮使　突騎歐陽史作突陣

指揮使孟守謙據城以叛　孟守謙歐陽史作孟謙

加檢校太傅　太傅歐陽史作太尉

西方鄴傳父再遇爲州軍校　案歐陽史作汴州軍校疑原本脫汴字

已而又取歸州　案通鑑不載取歸州事歐陽史與薛史同近人撰十國春秋
者謂他書不載取歸州之事疑歐陽史有誤蓋薛史世久失傳十國春秋所
引悉本通鑑考異殊不知歐陽史西方鄴傳本于薛史有可徵信也

舊五代史卷六十一考證

舊五代史卷六十二

宋門下侍郎參知政事監修國史薛居正等撰

唐書第三十八

列傳十四

孟方立（歐陽史云邢州人 通鑑云洺州人）中和二年爲澤州天井關戍將時黃巢犯關輔州郡易帥有同博奕先是沈詢高湜相繼爲昭義節度怠于軍政及有歸秦劉廣之亂方立見潞帥交代之際乘其無備率戍兵徑入潞州自稱留後以邢爲府以審誨知潞州（案此二句上下有脫文今無可復考）六月李存孝下洺磁兩郡方立遣馬溉袁奉韜盡率其衆逆戰于琉璃陂存孝擊之盡殪生擒馬溉奉韜初方立性苛急恩不逮下攻圍累旬夜自巡城慰諭守陴者皆倨方立知其不可用乃飲酖而卒其從弟洺州刺史遷素得士心衆乃推爲留後求援于汴時梁祖方攻時溥援兵不出（通鑑云全忠命大將王虔裕將精甲數百間道入邢州共守）大順元年遷執王虔裕等乞降武皇令安金俊代之（案孟方立傳原本闕佚考新唐書列傳云孟方立邢州人始爲澤州天井戍將稍遷游弈使中和元年昭義節度使高潯擊黃巢戰石橋

不勝保華州為禆將成鄴所殺還據潞州衆怒方立率兵攻鄴斬之自稱留後擅裂邢洺磁為鎮治邢為府號昭義軍潞州人請監軍使吳全勗知兵馬留後時王鐸領諸道行營都統以潞未定墨制假方立檢校左散騎常侍兼御史大夫知邢州事方立不受因全勗以書請鐸願得儒臣守潞鐸使參謀中書舍人鄭昌圖知昭義留事欲遂為帥僖宗自用舊宰相王徽領節度時天子在西河關雲擾方立擅地而李克用窺潞州徽度朝廷未能制乃固讓昌圖昌圖治不三月輒去方立更表李殷銳為刺史謂潞險而人悍數賊大帥為亂欲銷懦之乃徙治龍岡州豪傑重遷有懟言會克用為河東節度使昭義監軍祁審誨乞師求復昭義軍克用遣賀公雅李鈞安金俊三部將擊潞州為方立所破又使李克修攻敗之殺殷銳遂并潞州表克修為節度留後初昭義有潞邢洺磁四州自是方立自以山東三州為昭義朝廷亦命克修以潞州舊軍昪之昭義有兩節自此始克修字崇遠克用從父弟精騎射常從征伐自左營軍使擢留後進檢校司空方立倚朱全忠為助故克用擊邢洺磁無虛歲地為鬬場人不能稼光啓二年克修擊邢州取故鎮進攻武安方立將呂臻馬爽戰焦岡為克修所破斬首萬級執臻等拔武安臨洺邯鄲沙河克用以安金俊為邢州刺史招撫之方立㔊兵于王鎔鎔以兵三萬赴之克修還後二年方立督部將奚忠信兵三萬攻遼州以金啖赫連鐸與連和會契丹攻鐸師失期忠信三分其兵鼓而行克用伏兵于險忠信前軍沒既戰大敗執忠信餘衆走脫歸者纔十二龍紀元年克用使李罕之李存孝擊邢攻磁洺方立戰琉璃陂大敗擒其二將被斧鑕徇邢壘呼曰孟公速降有能斬其首者假三州節度使方立力屈又屬州殘墮人心恐性剛急待下少恩夜自行陴兵皆倨告勞自顧不可復振乃還引酖自殺從弟遷素得士心衆推為節度留後請援于全忠全忠方攻時溥不即至命王虔裕以精甲數百赴之假道羅宏信不許乃趨間入邢州大順元年存孝復攻邢遷挈邢洺磁三州降之執王虔裕三百人獻之遂遷入太原表安金俊為邢洺磁團練使以遷為汾州刺史歐陽史云天復元年梁遣氏叔琮攻晉田天井關遷開門降為梁兵鄉道以攻太原不克叔琮軍還過潞以遷歸于梁梁太祖

惡其反覆殺之

張文禮燕人也初爲劉仁恭裨將性兇險多姦謀辭氣庸下與人交言癖于不遜自少及長專蓄異謀及從劉守文之滄州委將偏師守文省父燕薊據城爲亂及敗奔于王鎔察鎔不親政事遂曲事當權者以求銜達每對鎔自言有將才孫吳韓白莫己若也鎔賞其言給遺甚厚因錄爲義男賜姓名德明由是每令將兵自柏鄉戰勝之後常從莊宗行營素不知書亦無方略惟于儒兵之中萋菲上將言甲不知進退乙不識軍機以此軍人推爲良將初梁將楊師厚在魏州文禮領趙兵三萬夜掠經宗因侵貝郡師厚先率部騎數千人設伏于唐店文禮大掠而旋士皆卷甲束兵夜凱歌行至唐店師厚伏兵四面圍合殺戮殆盡文禮單騎僅免自爾猶對諸將大言或讓之曰唐店之功不須多伐文禮大慚在鎮州既久見其政荒人僻常蓄異圖酒酣之後對左右每泄惡言聞者莫不寒心惟王鎔略無猜間漸爲腹心乃以符習代其行營以文禮爲防城使自此專伺間隙及鎔殺李宏規委政于其子昭祚性偏戾未識人間情僞素養

名持重坐作貴人既事權在于朝夕欲代其父向來附勢之徒無不族滅初李
宏規李藹持權用事樹立親舊分董要職故奸宄之心不能搖動文禮頗深畏
憚及宏規見殺其部下五百人懼罪將欲奔竄聚泣偶語未有所之文禮因其
離心密以姦辭激之曰令公命我盡坑爾曹我念爾十餘年荷戈隨我爲家爲
國我若不卽殺爾則得罪于令公我若不言又負爾輩衆軍皆泣是夜作亂殺
王鎔父子舉族灰滅惟留王昭祚妻朱氏通梁人尋閒道告于梁曰王氏喪于
亂軍普寧公主無恙文禮徇賊帥張友順所請因爲留後于潭城視事以事上
聞兼要節旄尋亦奉牋勸進莊宗姑示含容乃可其請文禮比廝役小人驟居
人上行步動息皆不自安出則千餘人露刃相隨日殺不辜道路以目常慮我
師問罪姦心百端南通朱氏北結契丹往往擒獲其使莊宗遣人送還文禮由
是愈恐是歲八月莊宗遣閻寶史建瑭及趙將符習等率王鎔本軍進討師興
文禮病疽腹及聞史建瑭攻下趙州驚悸而卒其子處瑾處球祕不發喪軍府
內外皆不知之每日于寢宮問安處瑾與其腹心韓正時參決大事同謀姦惡

初文禮疽未發時舉家皆見鬼物昏暝之後或歌或哭又野河色變如血游魚多死浮于水上識者知其必敗十九年三月閻寶爲處瑾所敗莊宗以李嗣昭代之四月嗣昭爲流矢所中尋卒于師命李存進繼之存進亦以戰沒乃以符存審爲北面招討使攻鎮州是時處瑾危蹙日甚昭義軍節度判官任圜馳至城下諭以禍福處瑾登陴以誠告乃遣牙將張彭送款于行臺俄而符存審師至城下是夜趙將李再豐之子沖投縋以接王師故諸軍登城遲明畢入獲處瑾處球處琪并其母及同惡人等皆折足送行臺鎮人請臨而食之又發文禮之尸磔之于市

董璋本梁之驍將也幼與高季興孔循俱事豪士李七郎爲童僕李初名讓常以厚賂奉梁祖梁祖寵之因畜爲假子賜姓朱名友讓璋既壯得隸于梁祖帳下後以軍功遷爲列校梁龍德末潞州李繼韜送款于梁時潞將裴約方領兵戍澤州不徇繼韜之命據城以自固梁末帝遣璋攻陷澤州遂授澤州刺史是歲莊宗入汴璋來朝莊宗素聞其名優以待之尋令却赴舊任歲餘代歸時郭

崇韜當國待璋尤厚同光三年夏命爲邠州留後三年秋正授旄鉞九月大舉伐蜀以璋爲行營右廂馬步都虞候時郭崇韜爲招討使凡有軍機皆召璋參決是冬蜀平以璋爲劍南東川節度副大使知節度事天成初加檢校太傅二年加同平章事是時安重誨當國探人邪謀言孟知祥必不爲國家使惟董璋性忠義可特寵任令圖知祥又璋之子光業爲宮苑使在朝結託勢援爭言璋之善知祥之惡恩寵既優故璋益恣其暴戾初奉使東川者皆言璋不恭于朝廷四年夏時明宗將議郊天遣客省使李仁矩賚詔示諭兩川又遣安重誨馳書于璋以徵貢奉約以五十萬爲數既而璋訴以地狹民貧許貢十萬而已翌日璋于衙署設宴以召仁矩日既中而不至璋使人偵之仁矩方擁倡婦與賓友酣酒于驛亭璋大怒遽領數百人執持戈戟驟入驛中令洞開其門仁矩惶駭走入閤中良久引出璋坐立仁矩于堦下戟手罵曰當我作魏博都監爾爲通引小將其時去就已有等威今日我爲藩侯爾銜君命宿張筵席比爲使臣何敢至午不來自共風塵躭酗豈于王事如此不恭秪如西川解斬客省使李

嚴謂我不能斬公耶因目肘腋欲令執拽仁矩仁矩涕淚拜告僅而獲免璋乃馳騎入衙竟徹饌而不召洎仁矩復命益言璋不法未幾重誨奏以仁矩爲閬州團練使尋升爲節鎮長興元年夏明宗以郊禋禮畢加璋檢校太尉時兩川刺史嘗以兵爲牙軍小郡不下五百人璋已疑間及聞除仁矩鎮閬州璋由是謀反乃決仍先與其子光業書曰朝廷割吾支郡爲節制屯兵三千是殺我必矣爾見樞要道吾言如朝廷更發一騎入斜谷則吾必反與汝訣矣光業以書呈樞密承旨李虔徽會朝廷再發中使荀咸乂將兵赴閬州光業謂虔徽曰咸乂未至吾父必反吾身不足惜慮勞朝廷徵發請停咸乂之行吾父必保常日重誨不從咸乂未至璋已擅追綿州刺史武虔裕囚于衙署虔裕安重誨之心腹也故先囚之五月璋傳檄于利閬遂等州責以間諜朝廷尋率其兵陷閬州擒節度使李仁矩軍校姚洪等害之先是璋欲謀叛先遣使持厚幣于孟知祥求爲婚家且言爲朝廷猜忌將有替移去則喪家住亦致討地狹兵少獨力不任願以小兒結婚愛女時知祥亦貳于朝廷因許以爲援旣而知祥出師以圍

遂州故璋攻閬州得恣其毒焉其年秋詔削奪璋在身官爵命天雄軍節度使石敬瑭爲東川行營招討使率師以討之璋之子宮苑使光業幷其族並斬于洛陽及石敬瑭率師進討以糧運不接班師明宗方務懷柔乃放西川進奏官蘇愿東川軍將劉澄各歸本道別無詔旨秪云兩務求安時孟知祥其骨肉在京師者俱無恙焉因遣使報璋欲連表稱謝璋怒曰西川存得弟姪遂欲再通朝廷璋之兒孫已入黃泉何謝之有自是璋疑知祥背己始搆隙矣三年四月璋率所部兵萬餘人以襲知祥九國志趙季良傳季良嘗與知祥從容語曰璋性很戾若堅守一城攻之難克及聞璋起兵知祥憂形于色季良曰璋不守巢穴此天以授公也既而璋果敗知祥與諸將率師拒之戰于漢州之彌牟鎮璋軍大敗得數十騎復奔于東川九國志趙廷隱傳董璋襲廣漢將攻成都時東川康藏充實部下多敢死之士其來也衆皆畏之知祥親督諸將與璋戰雖縱橋前頗爲所挫廷隱爲遊璋逐之知祥與張公鐸繼進璋軍亂不成列廷隱整陣與知祥合擊之璋軍大敗先是前陵州刺史王暉爲璋所邀寓于東川至是因璋之敗率衆以害之傳其首于西川

舊五代史卷六十二考證

唐列傳十四孟方立傳方立見潞帥交代之際乘其無備率戍兵徑入潞州自稱留後　案舊唐書僖宗紀九月高潯牙將劉廣擅還潞州是月潯天井關戍將攻廣殺之自稱留後與是書異

張文禮傳文禮病疽腹及聞史建瑭攻下趙州驚悸而卒　案文禮之卒遼史太祖紀作五月丁未與是書作八月異

舊五代史卷六十二考證

舊五代史卷六十三

宋門下侍郎參知政事監修國史薛居正等撰

唐書第三十九

列傳十五

張全義字國維濮州臨濮人初名居言賜名全義梁祖改爲宗奭莊宗定河南復名全義祖璉父誠世爲田農全義爲縣嗇夫嘗爲令所辱乾符末黃巢起寃句全義亡命入巢軍巢入長安以全義爲吏部尚書充水運使巢敗依諸葛爽于河陽累遷至裨校屢有戰功爽表爲澤州刺史光啓初爽卒其子仲方爲留後部將劉經與李罕之爭據洛陽罕之敗經于聖善寺乘勝欲攻河陽營于洛口經遣全義拒之全義乃與罕之同盟結義返攻經于河陽爲經所敗收合餘衆與罕之據懷州乞師于武皇武皇遣澤州刺史安金俊助之進攻河陽劉經仲方委城奔汴罕之遂自領河陽表全義爲河南尹全義性勤儉善撫軍民雖賊寇充斥而勸耕務農由是倉儲殷積（洛陽搢紳舊聞記王始至洛于麾下百人中選可使者一十八人命之曰屯將

每人給旗一口榜一道于舊十八縣中令招農戶令自耕種流民漸歸王于百
人中又選可使者十八人命之曰屯副民之來者撫綏之除殺人者死餘但加
杖而已無重刑無租稅流民之歸漸衆王又于麾下選書計一十八人命之曰
屯判官不一二年十八屯申每屯戶至數千農隙選丁夫授以弓矢槍劍爲坐
作進退之法行之一二年每屯增戶大者六七千次者四千下之二三千共得
丁夫閑弓矢槍劍者二萬餘人有賊盜卽時擒捕之刑寬事簡遠近歸之如市
五年之內號爲富庶于是奏每縣除令簿主之罕之貪暴不法軍中乏食每取給于全義二人初相得
甚歡而至是求取無厭動加凌轢全義苦之文德元年四月罕之出軍寇晉絳
全義乘其無備潛兵襲取河陽全義乃兼領河陽節度洛陽搢紳舊聞記罕之鎮三城知王專以教民
耕織爲務常宣言于衆曰田舍翁何足憚王聞之蔑如也每飛尺書于王求軍食及縑帛王曰李太傅所要不得不奉之左右及賓席咸以爲不可與王曰第
與之似若畏之者左右不曉罕之謂王畏己不設備因罕之舉兵收懷澤王乃密召屯兵潛師夜發遲明入三城罕之乃逃遁投河東朝廷郎授王兼鎮三城
罕之求援于武皇武皇復遣兵攻敗河陽會汴人救至而退梁祖以丁會守河
陽全義復爲河南尹檢校司空全義感梁祖援助之恩自是依附皆從其制初
蔡賊孫儒諸葛爽爭據洛陽迭相攻伐七八年閒都城灰燼滿目荆榛全義初
至惟與部下聚居故市井邑窮民不滿百戶全義善于撫納課部人披榛種藝
且耕且戰以粟易牛歲滋墾闢招復流散待之如子每農祥勸耕之始全義必

自立畎畝餉以酒食政寬事簡吏不敢欺數年之間京畿無閑田編戶五六萬乃築壘于故市建置府署以防外寇洛陽搢紳舊聞記王每喜民力耕織者某家今年蠶麥善去都城一舍之內必馬足及之悉召其家老幼親慰勞之賜以酒食茶綵丈夫遺之布袴婦人裙衫時民間尚衣青婦人皆青絹爲之取其新麥新繭對之喜動顏色民間有竊言者曰大王見好聲伎等閑不笑惟見好蠶麥即笑爾其真朴皆此類每觀秋稼見田中無草者必下馬命賓客觀之召田主慰勞之賜之衣物若見禾中有草地耕不熟立召田主集衆決責之若苗荒地生詰之民訴以牛疲或闕人耕鋤則田邊下馬立召其鄰仵責之曰此少人牛何不衆助之鄰仵皆伏罪即赦之自是洛陽之民無遠近民之少牛者相率助之少人者亦然田夫田婦相勸以耕桑爲務是以家家有蓄積水旱無飢民王誠信每水旱祈祭必具湯沐素食別寢至祠祭所儼然若對至尊容如不足遇旱祈禱未雨左右必曰王可開塔即無畏師塔也在龍門廣化寺王即依言而開塔未嘗不澍雨故當時俚諺云王禱雨買雨具梁祖迫昭宗東遷命全義繕治洛陽宮城累年方集昭宗至洛陽梁祖將圖禪代慮全義心有異同乃以判官韋震爲河南尹遂移全義爲天平軍節度使守中書令東平王洛陽搢紳舊聞記齊王與梁祖互爲中書令尚書令及梁祖兼四鎮齊王累表讓兼鎮蓋潛識梁祖姦雄避其權位欲圖自全之計梁祖經營霸業外則干戈屢動內則帑庾俱虛齊王悉心盡力傾竭財資助之其年八月昭宗遇弒輝王即位十月復以全義爲河南尹兼忠武軍節度使判六軍諸衛事梁祖建號以全義兼河陽節度使封魏王開平二年冊拜太保兼陝虢節度使河陽尹四年冊拜

太傅河南尹判六軍兼鄭滑等州節度使乾化元年冊拜太師二年朱友珪簒逆以全義爲守太尉河南尹宋亳節度使兼國計使梁末帝嗣位于汴以全義爲洛京留守兼鎮河陽未幾授天下兵馬副元帥末帝季年趙張用事段凝爲北面招討使驟居諸將之右全義知其不可遣使啓梁末帝曰老臣受先朝重顧蒙陛下委以副元帥之名臣雖遲暮尚可董軍請付北面兵柄庶分宵旰段凝晚進德未服人恐人情不和敗亂國政不聽全義託朱氏垂三十年梁祖末年猜忌宿將欲害全義者數四全義卑身曲事悉以家財貢奉洎梁祖河朔喪師之後月獻鎧馬以補其軍又以服勤盡瘁無以加諸故竟免于禍全義妻儲氏明敏有才略梁祖自柏鄉失律後連年親征河朔心疑全義或左右讒間儲氏每入宮委曲伸理有時怒不可測急召全義儲氏謁見梁祖厲聲言曰宗奭種田叟耳三十餘年洛城四面開荒斸棘招聚軍賦資陛下創業今年齒衰朽指景待盡而大家疑之何也梁祖遽笑而謂曰我無惡心嫗勿多言洛陽搢紳舊聞記梁祖猜忌王慮爲後患前後欲殺之者數四夫人儲氏面請梁祖得免梁祖遂以其子福王納齊王之女莊宗平梁全義自洛赴覲

泥首待罪莊宗撫慰久之以其年老令人掖而昇殿宴賜盡歡詔皇子繼岌皇弟存紀等皆兄事之先是天祐十五年梁末帝自汴趨洛將祀于圜丘時王師攻下楊劉徇地曹濮梁末帝懼急歸于汴其禮不遂然其法物咸在至是全義乃奏曰請陛下便幸洛陽臣已有郊禮之備翌日制以全義復爲尚書令魏王河南尹明年二月郊禋禮畢以全義爲守太尉中書令河南尹改封齊王兼領河陽先是朱梁時供御所費皆出河南府其後孔謙侵削其權中官各領內司使務或豪奪其田園居第全義乃悉錄進納四年落河南尹授忠武軍節度使檢校太師尚書令會趙在禮據魏州都軍進討無功時明宗已爲羣小閒諜端居私第全義以臥疾聞變憂懼不食薨于洛陽私第時年七十五天成初冊贈太師謚曰忠肅全義歷守太師太傅太尉中書令封王邑萬三千戶凡領方鎮洛鄆陝滑宋三莅河陽再領許州內外官歷二十九任尹正河洛凡四十年位極人臣善保終吉者蓋一人而已全義樸厚大度敦本務實起戰士而忘功名尊儒業而樂善道家非士族而奬愛衣冠開幕府辟士必求望實屬邑補奏不

任吏人位極公王不衣羅綺心奉釋老而不溺左道如數者人以爲難自莊宗至洛陽趨向者皆由徑以希恩寵全義不改素履盡誠而已言事者以梁祖爲我世讎宜斲棺燔柩全義獨上章申理議者嘉之劉皇后常從莊宗幸其第奏云妾孩幼遇亂失父母欲拜全義爲義父許之全義稽首奏曰皇后萬國之母儀古今未有此事臣無地自處莊宗敦逼再三不獲已乃受皇后之拜既非所願君子不以爲非然全義少長軍中立性樸滯凡百姓有詞訟以先訴者爲得理以是人多枉濫爲時所非又嘗怒河南縣令羅貫因憑劉后譖于莊宗俾貫非罪而死露尸于府門冤枉之聲聞于遠近斯亦良玉之微瑕也

五代史闕文
梁乾化元年七月辛丑梁祖幸全義私第甲辰歸大內梁史稱上不豫厭秋暑幸宗奭私第數日宰臣視事于仁政亭崇政諸司並止于河南府廨署世傳梁祖亂全義之家婦女悉皆進御其子繼祚不勝憤耻欲剚刃于梁祖全義止之曰吾頃在河陽遭李罕之之難引太原軍圍閉經年啗木屑以度朝夕死在頃刻得他救援以至今日此恩不可負也其子乃止梁史云云者諱國惡也臣謹案春秋莊二年經曰十有二月夫人姜氏會齊侯于禚傳曰書姦也夫經言會者諱惡禮也傳書姦者暴其罪以垂誡也又莊二十二年傳書陳完飲桓公酒公曰以火繼之辭曰臣卜其晝未卜其夜豈有天子幸人臣之家留止數日姦亂萌矣況全義本出巢賊敗依河陽節度使諸葛爽爽用爲澤州刺史及爽死全義事其子仲方卽與李罕之同逐仲方罕之帥河陽全義爲河南尹未幾又逐罕之自據

河陽其翻覆也如此自是託迹朱梁斷喪唐室惟勤勸課其實斂民附賊以固恩寵梁時月進鎧馬以補軍實及梁祖爲友珪所弑首進錢一百萬以助山陵莊宗平中原全義合與敬翔李振等族誅又通賂于劉皇后乘莊宗幸洛言臣已有郊天費用夫全義匹夫也豈能自殖財賦其剝下奉上也又如此晚年保證明宗欲爲子孫之福師方渡河鄴都兵亂全義憂憾不食終以餓死未死前其子繼業訟弟汝州防禦使繼孫莊宗貶房州司戶賜自盡其制略曰侵奪父權惑亂家事繼鳥獸之行畜梟獍之心其御家無法也又如此河南令羅貫方正文章之士事全義稍慢全義怒告劉皇后斃貫于枯木之下朝野冤之洛陽監軍使嘗收得李太尉平泉莊醒酒石全義求之監軍不與全義立殺之其附勢作威也又如此蓋亂世之賊臣耳得保首領爲幸已多晉天福中其子繼祚謀反伏誅識者知餘殃在其子孫也臣讀莊宗實錄見史官敘全義傳虛美尤甚至今負俗無識之士尙以全義爲名臣故因補闕文粗論事迹云

朱友謙字德光許州人本名簡祖巖父琮世爲陳許小校廣明之亂簡去鄉里事澠池鎭將柏夔爲部隸嘗爲盜于石壕三鄉之間剽劫行旅後事陝州節度使王珙積勞至軍校珙性嚴急御下無恩牙將李璠者珙深所倚愛小有違忤暴加箠擊璠陰銜之光化元年珙與弟河中節度使珂相持干戈日尋珙兵屢敗部伍離心二年六月璠殺珙歸附汴人梁祖表璠爲陝州節度使璠亦苛慘軍情不叶簡復攻璠璠冒刃獲免逃歸于汴三年梁祖表簡爲陝州留後九月天子授以旄鉞車駕在鳳翔梁祖往來簡事之益謹奏授平章事天復末昭宗

遷都洛陽駐蹕于陜時朝士經亂簪裳不備簡獻上百副請給百官朝容稍備以迎奉功遷檢校侍中簡與梁祖同宗乃陳情于梁祖曰僕位崇將相比無勳勞皆元帥令公生成之造也願以微生灰粉爲効乞以姓名肩隨宗室梁祖深賞其心乃名之爲友謙編入屬籍待遇同于己子友謙亦盡心叶贊功烈居多梁祖建號移授河中節度使檢校太尉累拜中書令封冀王及朱友珪弑逆友謙意不懌雖勉奉僞命中懷怏怏友珪徵之友謙辭以北面侵軼謂賓友曰友珪是先帝假子敢行大逆余位列維城恩踰父子論功校德何讓伊人詎以平生附託之恩屈身于逆豎之手遂不奉命其年八月友珪遣大將牛存節康懷英韓勍攻之友謙乞師于莊宗莊宗親總軍赴援與汴軍遇于平陽大破之歐陽史晉王出澤潞以救之追懷英于解縣大敗之追至白逕嶺夜秉炬擊之懷英又敗因與友謙會于猗氏友謙盛陳感槪願敦盟約莊宗歡甚友謙乘醉鼾寢于帳中莊宗熟視之謂左右曰冀王真貴人也但憾其臂短耳及梁末帝嗣位以恩禮結其心友謙亦遜辭稱藩行其正朔天祐十七年友謙襲取同州以其子令德爲帥請節鉞于梁不獲友謙即請

之于莊宗令幕客王正言以節旄賜之梁將劉鄩尹皓攻同州友謙來告急莊宗遣李嗣昭李存審將兵赴之敗汴軍于滑北解圍而還初劉鄩兵至蒲中倉儲匱乏人心離貳軍民將校咸欲歸梁友謙諸子令錫等亦說其父曰晉王雖推心于我然懸兵赴援急難相應寧我負人擇福宜重請納款于梁候劉鄩兵退後與晉王修好友謙曰晉王親赴予急夜半秉燭戰賊面爲盟誓不負初心昨聞吾告難命將星行助我資糧分我衣屨而欲翻覆背惠所謂鄧祁侯云人將不食吾餘也及破梁軍加守太尉西平王同光元年莊宗滅梁友謙覲于洛陽莊宗置宴饗勞寵錫無算親酌觴屬友謙曰成吾大業者公之力也既歸藩請割慈隰二郡依舊隸河中不許詔以絳州隸之又請解縣兩池榷鹽每額輸省課許之及郊禮畢以友謙爲守太師尚書令進食邑至萬八千戶三年賜姓名繼麟編入屬籍賜之鐵券恕死罪以其子令德爲遂州節度使令錫爲許州節度使一門三鎮諸子爲刺史者六七人將校剖竹者又五六人恩寵之盛時無與比莊宗季年稍怠庶政巷伯伶官干預國事時方面諸侯皆行賂遺或求

賂于繼麟雖僶俛應奉不滿其請且曰河中士薄民貧厚貺難辦由是羣小成怨遂加誣搆郭崇韜討巴蜀徵師于河中繼麟令其子令德率師赴之伶官景進與其黨搆曰昨王師初起繼麟以爲討己頗有拒命之意若不除移如國家有急必爲後患郭崇韜既誅宦官愈盛遂搆成其罪謂莊宗曰崇韜強項于蜀蓋與河中響應繼麟聞之懼將赴京師面訴其事其部將曰王有大功于國密邇京城羣小流言何足介意端居奉職讒邪自銷不可輕行繼麟曰郭公功倍于我尚爲人搆陷吾若得面天顏自陳肝膈則流言者獲罪矣四年正月繼麟入覲景進謂莊宗曰河中人有告變者言繼麟與崇韜謀叛聞崇韜死又與李存乂搆逆當斷不斷禍不旋踵羣閹異口同辭莊宗駭惑不能決是月二十三日授繼麟滑州節度使是夜令朱守殷以兵圍其第擒之誅于徽安門外詔繼岌誅令德于遂州王思同誅令錫于許州（吳縝纂誤云伶官史彥瓊傳友謙有子建徽被殺傳中未載）命夏魯奇誅其族于河中初魯奇至友謙妻張氏率其家屬二百餘口見魯奇曰請疏骨肉名字無致他人橫死將刑張氏持先賜鐵券授魯奇曰皇帝所賜也是

時百口塗地冤酷之聲行路流涕先是河中衙城閽者夜見婦人數十袪服靚糚僕馬炫燿自外馳騁笑語趨衙城閽者不知其故不敢詰至門排騎而入既而扃鎖如故復無人迹乃知妖鬼也又繼𨇋登逍遙樓聞哭聲四合詰日訊之巷無喪者隔歲乃誅族及明宗卽位始下詔昭雪焉

史臣曰全義一逢亂世十領名藩而能免梁祖之雄猜受莊宗之厚遇雖由恭順亦繫貨財傳所謂貨以藩身者全義得之矣友謙嚮背爲謀二三其德考其行事亦匪純臣然全族之誅禍斯酷矣得非鬼神害盈而天道惡滿乎

舊五代史卷六十三

舊五代史卷六十三考證

唐列傳十五張全義傳初名居言　案新舊唐書作張言是書李罕之傳亦作張言俱與此傳異

巢敗依諸葛爽于河陽屢有戰功爽表爲澤州刺史　案洛陽搢紳舊聞記齊王張令公外傳云王在巢軍中知其必敗遂翻身歸國唐授王澤州刺史考是書則全義因巢敗始歸諸葛爽乃表爲澤州刺史也舊聞記殊失事實

詔皇子繼岌皇弟存紀等皆兄事之　案通鑑全義獻幣馬千計帝命皇子繼岌皇弟存紀等兄事之是全義之得幸于莊宗由幣馬也洛陽搢紳舊聞記齊王上表待罪莊宗降詔釋之及召見大喜開懷慰納若見平生故人盡魚水之契焉此蓋黨于全義者虛譽之辭

朱友謙傳簡復攻璠璠冒刃獲免逃歸于汴　案新唐書王重榮傳李璠爲節度使凡五月爲部將朱簡所殺據是書則璠逃歸于汴未嘗見殺也通鑑歐陽史俱從是書

待遇同于己子　案歐陽史作錄以爲子

其年八月友珪遣大將牛存節康懷英韓勍攻之　案歐陽史友珪遣招討使韓勍將康懷英等擊友謙通鑑作九月丁未以感化節度使康懷貞爲副招討使更以韓勍副之懷貞等與忠武節度使牛存節合兵五萬屯河中三書所載俱有異同

友謙襲取同州以其子令德爲帥請節鉞于梁不獲　案歐陽史末帝初不許已而許之制命未至友謙復叛通鑑從歐陽史

舊五代史卷六十三考證

舊五代史卷六十四

宋門下侍郎參知政事監修國史薛居正等撰

唐書第四十

列傳十六

霍彥威字子重洺州曲周人也梁將霍存得之于村落閒年十四從征討存憐其爽邁養爲己子存梁史有傳彥威未弱冠爲梁祖所知擢在左右漸升戎秩亟立戰功嘗中流矢眇其一目開平二年自開封府押衙右親從指揮使檢校司空授右龍驤軍使三年自右監門衞將軍授左天武軍使還右監門上將軍乾化三年與袁象先同誅朱友珪梁末帝授洺州刺史轉河陽留後乾化末邠州留後李保衡背李茂貞以城歸梁梁以彥威爲邠州節度使其年五月茂貞遣將劉知俊率大軍攻之彥威固守踰年竟不能下或得其俘悉令放之秦人懷其惠遂無侵擾轉滑州節度使移鎮鄆州兼北面行營招討總大軍于河上師徒屢敗降授陝州留後莊宗入汴彥威自陝馳至請罪詔釋之一日莊宗于

崇元殿宴諸將彥威與段凝袁象先等預會酒酣莊宗舉酒屬明宗曰此席宴客皆吾前歲之勁敵也一旦與吾同宴蓋卿前鋒之效也彥威等伏陛謝罪莊宗曰與卿話舊無足畏也因賜御衣器幣盡歡而罷尋放歸藩明年從明宗平潞州授徐州節度使契丹犯塞莊宗以明宗爲北面招討使命彥威爲副彥威善言論頗能接奉明宗尤重之趙太叛于邢州奉詔討平之時趙在禮據魏州與明宗會兵于鄴下大軍夕亂明宗爲其所逼彥威從入魏州皇甫暉等尤忌彥威欲殺之彥威機辯開說竟免及出彥威部下兵士獨全衛護明宗至魏縣時明宗欲北趨常山彥威與安重誨懇請赴闕從至洛陽彥威首率卿相勸進于至德宮旬日之間內外機事皆決于彥威擅收段凝温韜下獄將寘于法安重誨謂曰温段罪惡負于梁室衆所知矣今主上克平內難冀安萬國豈爲公報仇耶至天成初除鄆州節度使值青州王公儼拒命改平盧軍節度至鎮擒公儼斬之明年冬賜覲于汴州明宗接遇甚厚累官至檢校太尉兼中書令三年冬卒于理所年五十七奏至之日明宗方出近郊忽聞奏訃掩泣歸宮輟朝

三日至月終不舉樂五代會要天成四年六月敕故平盧軍節度使霍彥威勛名顯著宅兆已營度遵定謚之規俾議送終之制宜以三公禮葬冊贈太師晉國公謚曰忠武子承訓弟彥珂累歷刺史皇朝乾德中立明宗廟于洛州詔以彥威配饗廟庭

王晏球字瑩之自言洛都人少遇亂爲蔡賊所掠汴人杜氏畜之爲子因冒姓杜氏晏球少沈勇有斷倜儻不羣梁祖之鎮汴也選富家子有材力者置之帳下號曰廳子都清異錄宣武廳子都尤勇悍其弩張一大機則十二小機皆發用連珠大箭無遠不及晉人極畏此晏球預選從梁祖征伐所至立功累遷廳子都指揮使梁開平三年自開封府押衙充直左耀武指揮使授右千牛衞將軍軍職如故朱友珪之篡位也懷州龍驤守禦軍作亂欲入京城已至河陽友珪命晏球出騎迎戰擊亂軍獲軍使劉重遇以功轉左龍驤第一指揮使梁末帝嗣位以晏球爲龍驤四軍都指揮使貞明二年四月十九日夜汴州捉生都將李霸等作亂縱火焚剽攻建國門梁末帝登樓拒戰晏球聞亂先得龍驤馬五百屯于鞠場俄而亂兵以竿暨麻布沃油焚建國樓勢將危急晏球隔門窺亂兵見無甲冑卽出騎擊之奮力血戰俄而羣賊

散走梁末帝見騎軍討賊呼曰非吾龍驤之士乎晏球奏曰亂者惟李霸一都陛下但守宮城遲明臣必破之既而晏球盡戮亂軍全營族誅以功授單州刺史尋領軍于河上爲行營馬軍都指揮兼諸軍排陣使莊宗入汴晏球率騎軍入援至封邱聞梁末帝殂卽解甲降于莊宗明年與霍彦威北捍契丹授齊州防禦使北面行營馬軍都指揮使仍賜姓氏名紹虔鄴之亂明宗入赴内難晏球時在瓦橋遣人招之明宗至汴晏球率騎從至京師以平定功授宋州節度使上章求還本姓名天成二年授北面行營副招討以兵戍滿城是歲王都據定州通鑑遣人說北面副招討使王晏球晏球不從乃以金遺晏球帳下使圖之不克癸巳晏球以都反狀聞壬寅以王晏球爲北面招討使權知定州行州事契丹遣托諾率騎千餘來援都突入定州晏球引軍保曲陽王都托諾出軍拒戰晏球督厲軍士令短兵擊賊戒之曰迴首者死符彦卿以龍武左軍攻其左高行周以龍武右軍攻其右奮劍揮檛應手首落賊軍大敗于嘉山之下追襲至于城門俄而契丹首領特哩袞率勇騎五千至唐河是時大雨晏球出師逆戰特哩袞復敗追至易州河水暴漲所在陷沒俘獲二千騎而還特哩袞

以餘衆北走幽州趙德鈞令牙將武從諫以騎邀擊德鈞分扼諸要路旬日之內盡獲特哩袞已下酋長七百餘人契丹遂弱晏球圍城既久帝遣使督攻城晏球曰賊壘堅峻但食三州租稅撫恤黎民愛養軍士彼自當魚潰帝然其言晏球能與將士同其甘苦所得祿賜私財盡以饗士日具飲饌與將校筵宴待軍士有禮軍中無不敬伏其年冬平賊自初戰至于城拔不戮一士上下歡心物議以爲有將帥之略以功授天平軍節度使未幾移鎮青州就加兼中書令長興三年卒于鎮時年六十贈太尉子徹位至懷州刺史

戴思遠本梁之故將也初事梁祖以武幹知名開平元年自右羽林統軍加檢校司徒出爲晉州刺史二年授右監門上將軍尋改華州防禦使三年自左天武使復授右羽林統軍郢王友珪簒位授洺州團練使貞明中爲邢州留後還本州節度使屬燕將張萬進殺滄州留後劉繼威以城歸梁末帝命思遠鎮之莊宗平定魏博以兵臨滄德思遠棄鎮渡河歸汴累遷天平軍節度使兼北面招討使將兵與莊宗對壘久之莊宗討張文禮于鎮州契丹來援莊宗追襲契

丹至幽州思遠聞之總兵以襲魏州至魏店遇明宗騎軍適至思遠乃西涉洹水陷成安復歸楊村砦盡率其衆攻德勝北城城中危急符存審晝夜乘城以拒之莊宗自薊五日馳至魏州思遠聞之解去及明宗襲下鄆州思遠罷軍權降授宣化軍留後其年莊宗入汴思遠自鄧州入朝復令歸鎮明宗即位移授洋州節度使及西川俱叛思遠以董璋故人避嫌請代徵入朝宿衛以年老告授太子少保致仕清泰二年八月卒于家

朱漢賓字績臣亳州譙縣人也父元禮始爲郡將梁太祖聞其名擢爲軍校從龎師古渡淮戰歿于淮南漢賓少有膂力形神壯偉膽氣過人梁祖以其父死王事選置帳下編入屬籍梁祖之攻兗鄆也朱瑾募驍勇數百人黥雙鴈于其頰立爲鴈子都梁祖聞之亦選數百人別爲一軍號爲落鴈都署漢賓爲軍使當時目爲朱落鴈後與諸將破蔡賊有功天福中授右羽林統軍入梁歷天威軍使左羽林統軍出爲磁州刺史滑宋二州留後亳曹二州刺史安州節度使莊宗至洛陽漢賓自鎮入覲復令還鎮明年授左龍武統軍莊宗嘗幸漢賓之

第漢賓妻進酒上食奏家樂以娛之自是漢賓頗蒙寵待同光四年正月冀王朱友謙入朝明宗居洛陽以友謙故人置酒于第莊宗諸弟在席友謙坐在永王存霸之上酒酣漢賓以大觴奉友謙曰公雖名位高坐于皇弟之上非宜也僕與公俱在梁朝以宗盟相厚自公入朝三發單函候問略無報復忽余卑位不亦甚乎元行欽恐其紛然爲解之方止不數日友謙赤族趙在禮據魏州元行欽率軍進討詔漢賓權知河南府事明宗以漢賓爲右衞上將軍樞密使安重誨方當委重漢賓密令結託得爲婚家天成末爲潞州節度使移鎮晉州重誨既誅漢賓復爲上將軍明年秋漢賓告老授太子少保致仕清泰二年六月卒時年六十四漢賓少勇健及晚歲飲啖過人其狀貌偉如也凡所履歷不聞踰法梁時嘗領軍屯魏州莘縣適值連帥去郡諸軍咸以利見誘請自爲留後漢賓則斬其言者拒而不從聞者賞焉在曹日飛蝗去境父老歌之臨平陽遇旱親齋潔禱龍子祠踰日雨足四封大稔咸以爲善政之所致也及致仕東還亳郡見鄉舊親戚淪沒者有塋兆未辦則給以棺斂有婚嫁未畢則助以資幣

受其惠者數百家郡人義之尋還洛陽有第在懷仁里北限洛水南枕通衢層屋連甍修木交幹笙歌羅綺日以自娛養彼太和保其餘齒此乃近朝知止之良將也晉高祖卽位贈太子少傅諡曰貞惠子四人長曰崇勳官至左武衞將軍

孔勍字鼎文兗州人後徙家宿州少便騎射爲軍中小校事梁祖漸至郡守累遷齊州防禦使唐鄧節度使梁貞明中王球據襄州叛勍討平之因授山南東道節度使莊宗至洛陽勍自鎭來朝復令歸鎭尋移昭義節度使同光季年監軍楊繼源與都將謀據潞州事泄勍誅之明宗卽位之歲詔還京師授河陽節度使未幾以太子太師致仕卒年七十九贈太尉

劉玘汴州雍邱人也世爲宣武軍牙校玘少負壯節梁祖鎭汴州玘求自試補隊長從梁祖征伐所至有功還爲牙將歷滑徐襄三州都指揮使開平中襄帥王班爲帳下所害亂軍推玘爲留後玘詭從之翌日受賀衙庭享士伏甲幕下盡斬其亂將以功歷復亳二州刺史徵爲侍衞都將出爲安州刺史貞明中爲

晉州留後莊宗至汴玘來朝玘在晉州八年日與上黨太原之師交鬭于境上莊宗見而勞之曰劉侯無恙控我晉陽之南鄙歲時久矣不早相見玘頓首謝罪復命歸鎮正授節旄移鎮安州明宗卽位遷鄧州節度使天成末以史敬鎔代之玘還京師卒贈侍中有子師道仕皇朝爲右贊善大夫卒

周知裕字好問幽州人也少事燕將劉仁恭爲騎將表爲嬀州刺史久之移刺德州天祐四年劉守光旣平滄州乃以其幼子繼威爲留後大將張萬進與知裕佐之繼威沖幼宣淫于萬進之家萬進殺之詰旦召知裕告其故萬進自稱留後署知裕爲景州刺史會萬進納款于梁知裕先奔于汴梁主厚待之特置歸化軍以知裕爲指揮使凡軍士自河朔歸梁者皆隸于部下梁與莊宗交戰河上摧堅挫銳惟恃歸化一軍然歲將一紀位不及郡守同光初莊宗入汴知裕隨段凝軍解甲封邱明宗時爲總管受降于郊外見知裕甚喜遙相謂曰周歸化今爲吾人何樂如之因令諸子以兄事之莊宗撫憐尤異而諸校心妬之有壯士唐從益者因獵射之知裕遁而獲免莊宗遂誅從益出知裕爲房州刺

史魏王繼岌伐蜀召爲前鋒騎將明宗卽位移刺絳州改淄州刺史宿州團練使知裕老于軍旅勤于稼穡凡爲郡勸課皆有政聲朝廷喜之遷安州留後淮上之風惡病者至于父母有疾不親省視甚者避于他室或時問訊卽以食物揭于長竿之首委之而去知裕心惡之召鄉之頑很者訶詰教導俾知父子骨肉之恩繇是弊風稍革長興末入爲右神武統軍淸泰初卒于官贈太傅

史臣曰夫才之良者在秦亦良也在虞亦良也故彥威而下昔爲梁臣不虧亮節洎歸唐祚亦無醜聲蓋松貞不變于四時玉粹寧虞其烈燄故也况彥威之輔明宗也有翊戴之績晏球之伐中山也著戡定之功方之數公尤爲優矣

舊五代史卷六十四

舊五代史卷六十四考證

唐列傳十六霍彥威傳存憐其爽邁養爲己子　案通鑑注以彥威爲霍存之子與是書異

值青州王公儼拒命改平盧軍節度至鎮擒公儼斬之　案歐陽史彥威徙鎮平盧朱守殷反伏誅考朱守殷反明宗遣范延光馳兵斬之非由彥威之力宜以是書所載爲得其實

王晏球傳高行周以龍武右軍攻其右　行周歐陽史作行珪

朱漢賓傳謚曰貞惠　案五代會要作正慧引太常博士林弼議曰漢賓皷已俸以代荒逋濟疲俗而臻富庶所涖之地綽有政聲知進退存亡之理得善始令終之道謹案謚法中道不撓保節揚名曰正愛民好學寬裕慈仁曰慧請謚曰正慧從之是書及歐陽史俱作貞惠未知何據

劉玘傳翌日受賀衙庭享士伏甲幕下盡斬其亂將　案通鑑考異引梁祖實錄八月丁酉賜劉玘王延順物以其違亂將之命來歸編遺錄斬李洪勅云

始扶劉玘既奔竄以歸朝若使玘翌日便斬亂將則襄州何以至九月始收

復蓋玘脫身歸朝及梁亡入唐妄云斬亂以自誇大耳

周知裕傳清泰初卒于官　案歐陽史作應順中卒

托諾舊作禿餒今改　特哩袞舊作惕隱今改

舊五代史卷六十四考證

舊五代史卷六十五

宋門下侍郞參知政事監修國史薛居正等撰

唐書第四十一

列傳十七

李建及許州人本姓王父質建及少事李罕之爲紀綱光啓中罕之謁武皇于晉陽因選部下驍勇者百人以獻建及在籍中後以功署牙職典義兒軍及賜姓名天祐七年改匡衞軍都校柏鄉之役汴將韓勍追周德威至高邑南野河上鎭定兵扼橋道韓勍選精兵先奪之莊宗登高而望鎭定兵將卻謂建及曰如賊過橋則勢不可遏卿計如何建及于部選士二百挺槍大譟禦汴軍卻之于橋下二月王師攻魏魏人夜出犯我營建及設伏待之扼其歸路盡殪之劉鄩之營莘縣月餘不出忽一旦縱兵攻鎭定之營軍中騰亂建及率銀槍勁兵千人赴之擊敗汴軍追奔至其壘元城之戰建及首陷其陣授天雄軍教練使八月遷遼州刺史十四年從擊契丹于幽州破之十二月從攻楊劉自寅至午

汴軍嬰城拒守建及自負葭葦堙塹率先登梯遂拔之胡柳之役前軍逗撓際
晚汴軍登土山建及一戰奪之莊宗欲收軍詰朝合戰建及橫矟當前曰賊大
將已亡乘此易擊王但登山觀臣破賊即引銀槍效節大呼奮擊三軍增氣繇
是王師復振以功授檢校司空魏博內外衙都將十六年汴將賀瓌攻德勝南
城以戰船十餘艘竹笮維之扼斷津路王師不得渡城中矢石將盡守城將氏
延賞危急莊宗令積帛軍門召能破賊船者津人有馬破龍者能水游乃令往
見延賞延賞言危窘極矣所爭晷刻時棹船滿河流矢雨集建及被重鎧執矟
呼曰豈有一衣帶水縱賊如此乃以二船實甲士皆短兵持斧徑抵梁之戰艦
斧其笮又令上流具甕積薪其上順流縱火以攻其艦須臾煙焰騰熾梁軍斷
纜而遁建及乃入南城賀瓌解軍去其年十二月與汴將王瓚戰于戚城建及
傷手莊宗解御衣金帶賜之建及有膽氣慷慨不羣臨陣鞠旅意氣橫壯自莊
宗至魏州建及都總內外衙銀槍效節帳前親軍善于撫御所得賞賜皆分給
部下絕甘分少頗洽軍情又累立戰功雄勇冠絕雌劣者忌讒之時宦官韋令

圖監建及軍每于莊宗前言建及以家財驟施其趣向志意不小不可令典衙兵莊宗因猜之建及性既忠藎雖知讒搆不改其操十七年三月授代州刺史八月與李存審赴河中解同州之圍建及少遇禍亂久從戰陣矢石所中肌無完膚後有功見疑私心憤鬱是歲卒于太原時年五十七

石君立趙州昭慶人也亦謂之石家財初事代州刺史李克柔後隸李嗣昭爲牙校歷典諸軍夾城之役君立每出挑戰壞汴軍柵壘俘擒而還八年與汴軍戰于龍化圍敗之獲其大將卜渥以獻嗣昭每出征俾君立爲前鋒敵人畏之王檀之逼晉陽也城中無備安金全驅市人以登陴保聚不完時莊宗在魏博救應不暇人心危懼嗣昭遣君立率五百騎自上黨朝發暮至王檀游軍扼汾橋君立一戰敗之徑至城下馳突斬擊出入如神大呼曰昭義侍中大軍至矣是夜入城與安金全等分出諸門擊殺于外遲明梁軍敗走十七年將兵屯德勝時汴軍自滑州轉餉以給楊村砦莊宗親率騎軍于河外循岸而上邀擊之汴人距楊村五十里于河曲潘張村築壘以貯軍儲莊宗令諸軍攻之汴人設

伏于要路逆戰僞敗王師乘之䞨入壘門梁伏兵起因與血戰君立與鎭州大將王釗陷入賊壘時諸將部校陷賊者十餘人君立被執送于汴梁主素知其驍勇欲用之爲將械而下獄久之梁祖遣人誘之君立曰敗軍之將難與議勇如欲將我我雖眞誠効命能信我乎人皆有君吾何忍反爲仇人哉旣而諸將被戮尚惜君立不之害同光元年莊宗至汴前一日梁主始令殺之

高行珪燕人也家世勇悍與弟行周俱有武藝初仕燕爲騎將驍果出諸將之右燕帥劉守光僭逆不道莊宗令周德威征之守光大懼以行珪爲武州刺史令張掎角之勢時明宗將兵助德威平燕俄聞行珪至率騎以禦之明宗諭以逆順之理行珪乃降守光將元行欽在山北聞行珪有變卽率部下軍衆以攻行珪行珪遣弟行周告急于周德威德威命明宗李嗣本安金全將兵援之明宗破行欽于廣邊軍行欽亦降尋以行珪爲朔州刺史歷忻嵐二郡還雲州留後天成初授鄧州節度使尋移鎭安州行珪性貪鄙短于爲政在安州日行事多不法副使范延策者幽州人也性剛直累爲賓職及佐行珪覩其貪猥因強

諫之行珪不從後延策因入奏獻封章于闕下事有三條一請不禁過淮猪羊而禁絲緜疋帛以實中國一請于山林要害置軍鎮以絕寇盜一述藩侯之弊請勅從事明諫諍之不從令諸軍校列班廷諍行珪聞之深銜之後因戍兵作亂誣奏延策與之同謀父子俱戮于汴聞者寃之未幾行珪以疾卒詔贈太尉

張廷裕代北人也幼事武皇于雲中從平黃巢討王行瑜自行間漸升爲小將莊宗定魏補天雄軍左廂馬步都虞候歷蔚慈隰三州刺史同光三年除新州節度使塞上多事廷裕無控制之術邊鄙常聳天成三年卒于治所詔贈太保

王思同幽州人也父敬柔歷瀛平儒檀營五州刺史思同母卽劉仁恭之女也故思同初事仁恭爲帳下軍校會劉守光攻仁恭于大安山思同以部下兵歸太原時年十六武皇命爲飛騰指揮使從莊宗平定山東累典諸軍思同性疎俊粗有文性喜爲詩什與人唱和自稱薊門戰客魏王繼岌待之若子時內養呂知柔侍興聖宮頗用事思同不平之呂爲終南山詩末句有頭字思同和曰料伊直擬衝霄漢賴有青天壓著頭其所爲詩句皆此類也每從征必在興聖

帳下然同光朝位止鄭州刺史明宗在軍時素知之卽位後用爲同州節度使未幾移鎮隴右思同好文士無賢不肖必館接賄遺歲費數十萬在秦州累年邊民懷惠華戎寧息長興元年入朝見于中興殿明宗問秦州邊事對曰秦州與吐蕃接境蕃部多違法度臣設法招懷沿邊置寨四十餘所控其要害每蕃人互市飲食之界上令納器械因手指畫秦州山川要害控扼處明宗曰人言思同不管事豈及此耶時兩川叛欲用之且留左右故授右武衛將軍八月授西南面行營馬步都虞候九月還京兆尹西京留守伐蜀之役爲先鋒指揮使石敬瑭入大散關思同恃勇先入劍關大軍未相繼復被董璋兵逐出之及敬瑭班師思同以曾獲劍門之功移鎮山南西道三年兩川交兵明宗慮併在一人則朝廷難制密詔思同相度形勢卽乘間用軍事未行而董璋敗八月復爲京兆尹兼西京留守時潞王鎮鳳翔與之鄰境及潞王不稟朝旨致書于秦涇雍梁邠諸帥言賊臣亂政屬先帝疾篤謀害秦王迎立嗣君自擅權柄以致殘害骨肉搖動藩垣懼先人基業忽焉墜地故誓心入朝以除君側事濟之後謝

病歸藩然藩邸素貧兵力俱困欲希國士共濟急難乃令小伶女十人以五絃技晃思同因歡諷動又軍校宋審溫者請使于雍若不從命卽獨圖之又令推官郝昭府吏朱延乂以書檄起兵會副部署藥彥稠至方宴而妓使適至乃繫之于獄彥稠請誅審溫拘送昭赴闕時思同已遣其子入朝言事朝廷嘉之乃以思同爲鳳翔行營都部署起軍營于扶風三月十四日與張虔釗會于岐下梯衝大集十五日進收東西關城城中戰備不完然死力禦捍外兵傷夷者十二三十六日復進攻其城潞王登陴泣諭于外聞者悲之張虔釗性褊詰旦西南用軍與都監皆血刃以督軍士軍士齊詬反攻虔釗虔釗躍馬避之時羽林指揮使楊思權引軍自西門先入思同未之知猶督士登城俄而嚴衞指揮使尹暉呼曰西城軍已入城受賞矣軍士可解甲棄仗之聲振動天地日午亂軍畢集涇州張從賓邠州康福河中安彥威皆遁去十七日思同與藥彥稠萇從簡俱至長安劉遂雍閉關不內乃奔潼關二十二日潞王至昭應前鋒執思同來獻王謂左右曰思同計乖于事然盡心于所奉亦可嘉也顧謂趙守鈞曰思

同爾之故人可行逆之于路達予撫慰之意思同至潞王讓之曰賊臣傾我國家殘害骨肉非予弟之過我起兵岐山蓋誅一二賊臣耳爾何首鼠兩端多方誤我今日之罪其可逃乎思同曰臣起自行間受先朝爵命秉旄仗鉞累歷重藩終無顯效以答殊遇臣非不知攀龍附鳳則福多扶衰救弱則禍速但恐瞑目之後無面見先帝釁鼓膏原繫因之常分也潞王爲之改容徐謂之曰且憩歇潞王欲用之而楊思權之徒恥見其面屢啓于劉延朗言思同不可留慮失士心又潞王入長安時尹暉盡得思同家財及諸妓女故尤惡思同與劉延朗亟言之屬王醉不待報殺思同并其子德勝潞王醒召思同左右報已誅之矣潞王怒延朗累日嗟惜之及漢高祖即位詔贈侍中

索自通字得之太原清源人也父繼昭以自通貴授國子監祭酒致仕自通少能騎射嘗于山墅射獵莊宗鎮太原時遇之于野訊其姓名即補右番廳直軍使後因從獵射中走鹿轉指揮使佐周德威攻燕軍于涿州擒燕將郭在鈞從莊宗定魏博改突騎指揮使明宗即位自隨駕左右廂馬軍都指揮授忻州刺

史歲餘召還復典禁兵領韶州刺史出爲大同軍節度使累歲移鎮忠武改京兆尹西京留守楊彥温據河中作亂自通率師討平之授河中節度使尋自鄜州入爲右龍武統軍初自通既平楊彥温代末帝鎮河中臨事失于周旋末帝深銜之通鑑自通至鎮承安重誨指籍軍府甲仗數上之以爲從珂私造賴王德妃居中保護從珂由是得免及末帝即位自通憂悸求死清泰元年七月因朝退涉洛自溺而卒子萬進周顯德中歷任方鎮

舊五代史卷六十五

舊五代史卷六十五考證

唐列傳十七李建及傳改匡衞軍都校　案歐陽史作匡衞指揮使

又令上流具甕積薪其上順流縱火以攻其艦　案通鑑作木甖載薪沃油然

火于上流縱之與是書異歐陽史作以大甕積薪自上流縱火與是書同

高行珪傳明宗諭以順逆之理行珪乃降守光將元行欽率部下攻行珪行珪

遣弟行周告急于周德威　案歐陽史行珪夜縋行周馳入晉見莊宗莊宗

因遣明宗救武州比至行欽已解去行珪乃降是行珪先求救于晉而後降

也是書作降晉後告急微有異同

王思同傳爲帳下軍校　案歐陽史作銀胡䩮指揮使

飛騰指揮使　案歐陽史作飛騰都揮使

位止鄭州刺史　案歐陽史作以功遷神武十軍都指揮使累遷鄭州防禦使

以五絃技見思同　案歐陽史作遣伶奴安十十以五絃謁思同

又令推官郝昭　郝昭歐陽史作郝詡通鑑從歐陽史

舊五代史卷六十五考證

舊五代史卷六十六

宋門下侍郎參知政事監修國史薛居正等撰

唐書第四十二

列傳第十八

安重誨其先本北部豪長父福遷爲河東將救兗鄆而沒重誨自明宗龍潛時得給事左右及鎮邢州以重誨爲中門使隨從征討凡十餘年委信無間勤勞亦至洎鄴城之變佐命之功獨居其右明宗踐阼領樞密使俄遷左領軍衞大將軍充職案以下有闕文明宗遣回鶻侯三騎傳至其國侯三至醴泉縣地素僻無驛馬縣令劉知章出獵不時給馬侯三遽以聞明宗大怒械知章至將殺之重誨從容爲言乃得不死明宗幸汴州重誨建議欲因以伐淮南明宗難之後李鏻得淮南諜者言徐知誥欲奉其國稱藩臣願得安令公一言爲信鏻卽引諜者見重誨重誨大喜以爲然乃以玉帶與諜者使遺知誥爲信其直千緡重誨爲樞密使四五年間獨綰大任不臧自若環衞酋長貴戚近習無敢干政者弟牧

鄭州子鎮懷孟身爲中令任過其才議者謂必有覆餗之禍無何有吏人李虔徽弟揚言於衆云聞相者言其貴不可言今將統軍征淮南時有軍將密以是聞頗駭上聽明宗謂重誨曰聞卿樹心腹私市兵仗欲自討淮南有之否重誨惶恐奏曰興師命將出自宸衷必是姦人結搆臣願陛下窮詰所言者翌日帝詔侍衛指揮使安從進藥彥稠等謂之曰有人告安重誨私置兵仗將不利於社稷其若之何從進等奏曰此是姦人結搆離間陛下勳舊且重誨事陛下三十年從微至著無不盡心今日何苦乃圖不軌臣等以家屬保明必無此事帝意乃解重誨三上表乞解機務詔不允復面奏乞與臣一鎮以息謗議明宗不悅重誨奏不已明宗怒謂曰放卿出朕自有人卽令武德使孟漢瓊至中書與宰臣商量重誨事馮道言曰諸人苟惜安令公解樞務爲便趙鳳曰大臣豈可輕動公失言也道等因附漢瓊奏曰此斷自宸旨然重臣不可輕議移改由是兼命范延光爲樞密使重誨如故時以東川帥董璋恃險難制乃以武虔裕爲緜州刺史董璋益懷疑忌遂縶虔裕以叛及石敬瑭領王師伐蜀峽路艱阻糧

運不繼明宗憂之而重誨請行翌日領數騎而出日馳數百里西諸侯聞之莫
不惶駭所在錢帛糧料星夜輦運人乘斃踣於山路者不可勝紀百姓苦之重
誨至鳳翔節度使朱宏昭延於寢室令妻子奉食器敬事尤謹重誨坐中言及
昨有人讒搆幾不保全賴聖上保鑒苟獲全族因泣下重誨既辭宏昭遣人具
奏重誨怨望出惡言不可令至行營恐奪石敬瑭兵柄而宣徽使孟漢瓊自西
迴亦奏重誨過惡重誨已至三泉復令歸闕再過鳳翔朱宏昭拒而不納重誨
懼急騎奔程未至京師制授河中帥既至鎮心不自安遂請致仕制初下其子
崇贊崇緒走歸河中二子初至重誨駭然曰渠安得來家人欲問故重誨曰吾
知之矣此非渠志是他人教來吾但以一死報國家餘復何言翌日中使至見
重誨號泣久之重誨曰公但言其故勿過相愍中使曰人言令公據城異志矣
重誨曰吾一死未塞責已負君親安敢輒懷異志遽勞朝廷興師增聖上宵旰
則僕之罪更萬萬矣時遣翟光鄴使河中如察重誨有異志則誅之既至李從
璋自率甲士圍其第仍拜重誨于其庭重誨下階迎拜曰太傅過禮俛首方拜

從璋以檛擊其首其妻驚走抱之曰令公死亦不遲太傅何遽如此并擊重誨妻首碎並剝其衣服夫妻裸形踣于廊下流血盈庭翌日副使判官白從璋願以衣服覆其尸堅請方許及從璋疏重誨家財不及數千緡議者以重誨有經綸社稷之大功然志大才短不能迴避權寵親禮士大夫求周身輔國之遠圖而悉自恣胸襟果貽顛覆五代史補初知祥將據蜀也且上表乞般家屬時樞密使安重誨用事拒其請知祥曰吾知之矣因使密以金百兩爲賂重誨喜而爲數奏詔許之及家屬至知祥對僚吏笑曰天下聞知樞密將謂天地間未有此誰知秖銷此百金耶亦不足畏也遂守險拒命五代史闕文明宗令翟光鄴李從璋誅重誨于河中私第從璋奮檛擊重誨于地重誨曰某死無恨但恨不與官家誅得潞王他日必爲朝廷之患言終而絕臣謹按明宗實錄是清泰帝朝修撰潞王卽清泰帝也史臣避諱不敢直書嗚呼重誨之志節泯矣

朱宏昭太原人也祖玫父叔宗皆爲本府牙將宏昭事明宗在藩方爲典客天成元年爲文思使歷東川副使二年餘除左衛大將軍充內客省使三年轉宣徽南院使明宗親祀南郊宏昭爲大內留守加檢校太傅出鎭鳳翔會朝廷命石敬瑭帥師伐蜀久未成功安重誨自請西行至鳳翔宏昭迎謁馬首請館於府署妻子羅拜捧卮爲壽宏昭密遣人謂敬瑭曰安公親來勞軍觀其舉措孟

淚儻令得至恐士心迎合則不戰而自潰也可速拒之必不敢前則師徒萬全也敬瑭聞其言大懼卽日燒營遁還重誨聞之不敢西行因返旆東還復過鳳翔宏昭拒而不納及重誨得罪其年宏昭入朝授左武衞上將軍充宣徽南院使長興三年十二月代康義誠爲襄州節度使四年秦王從榮爲元帥屢宣惡言執政大臣皆懼謀出避之樞密使范延光趙延壽日夕更見涕泣求去明宗怒而不許延壽使其妻與平公主入言于中延光亦因孟漢瓊王淑妃進說故皆得免未幾趙延壽出鎮汴州召宏昭于襄陽代爲樞密使加同平章事十月范延光出鎮常山以三司使馮贇與宏昭對掌樞務與康義誠孟漢瓊同謀以殺秦王閔帝卽位宏昭以爲由己得立故于庶事高下在心及赦後覃恩宏昭首自平章事超加中書令素猜忌潞王致其釁隙以致禍敗潞王至陝閔帝懼欲奔馳手詔召宏昭圖之時將軍穆延輝在宏昭第曰急召罪我也其如之何吾兒婦君之女也可速迎歸無令受禍中使繼至宏昭援劍大哭至後庭欲自裁家人力止之使促之急宏昭曰窮至此耶乃自投于井安從進旣殺馮贇斷

宏昭首俱傳于陝州及漢高祖卽位贈尙書令

朱洪實不知何許人以武勇累歷軍校長興中爲馬軍都指揮使秦王爲元帥以洪實驍果尤寵待之歲時曲遺頗厚于諸將及朱宏昭爲樞密使勢燄尤甚洪實以宗兄事之意頗相協宏昭將殺秦王以謀告之洪實不以爲辭時康義誠以其子事于秦府故恆持兩端及秦王兵叩端門洪實爲孟漢瓊所使率先領騎軍自左掖門出逐秦王自是義誠陰銜之閔帝嗣位洪實自恃領軍之功義誠每言不爲之下應順元年三月辛酉義誠將出征閔帝幸左藏庫親給軍士錢帛是時義誠與洪實同于庫中面論用兵利害（歐陽史云洪實見軍士無鬬志而義誠盡將以西疑其二心）洪實言出軍討逆累發兵師今聞小岈無一人一騎來者不如以禁軍據門自固彼安敢徑來然後徐圖進取全策也義誠怒曰若如此言洪實反也洪實曰公自反誰反其聲漸厲帝聞召而訊之洪實猶理前謀又曰義誠言臣圖反據發兵計義誠反必矣閔帝不能明辨遂命誅洪實既而義誠果以禁軍迎降潞王故洪實之死後人皆以爲冤

康義誠字信臣代北三部落人也少以騎射事武皇從莊宗入魏博補突騎使累遷本軍都指揮使同光末從明宗討鄴城軍亂迫明宗爲主明宗不然義誠進曰主上不慮社稷阽危不思戰士勞苦荒耽禽色溺于酒樂今從衆則有歸守節則將死明宗納其言繇是委之心膂明宗卽位加檢校司空領富州刺史總突騎如故尋轉捧聖都指揮使鎮邠州刺史明宗幸汴平朱守殷改侍衛馬軍都指揮使領江西節度使車駕歸洛授侍衛馬步軍都指揮使河陽節度使太平廣記長興中侍衛使康義誠嘗軍中差人于大宅充院子亦嘗小有笞責忽一日憐其老而詰其姓則曰姓康別詰其鄉土親族息嗣方知是父遂相持而泣聞者莫不驚異長興末加同平章事秦王爲天下兵馬元帥氣燄燻灼大臣皆懼求爲外任義誠以明宗委遇無以解退乃令其子以弓馬事秦王冀自保全明宗不豫秦王諷義誠爲助義誠曲意承奉亦非真誠及朱宏昭馮贇等懼禍謀于義誠但云僕爲將校不敢預議但相公所使耳及秦王既誅明宗晏駕閔帝卽位加檢校太尉兼侍中判六軍諸衛事未幾鳳翔變起西軍不利義誠懼乃請行蓋欲盡率駕下諸軍送降于潞王求免也會與朱洪實議事不協洪實因厲

聲言義誠包藏之志閔帝曖昧不能明辨而誅洪實及義誠率軍至新安諸軍爭先趨陝解甲迎降義誠以部下數十人見潞王請罪潞王雖罪其姦回未欲行法清泰元年四月斬于興教門外夷其族

藥彥稠沙陀三部落人也幼以騎射事明宗累遷至列校明宗踐阼領澄州刺史河陽馬步都將從王晏球討王都于定州平之領壽州節度使侍衞步軍都虞候屬河中指揮使楊彥溫作亂彥稠改侍衞步軍都指揮使充河中副招討使將兵討平之無幾党項劫回鶻入朝使詔彥稠屯朔方就討党項之叛命者搜索盜賊盡獲回鶻所貢駞馬寶玉擒首領而還尋授邠州節度使遣會兵制置鹽州蕃戎逃遁獲陷蕃士庶千餘人遣復鄉里受詔與延州節度使（案原本闕二字）進攻夏州累月不克兵罷歸鎮閔帝嗣位與王思同攻鳳翔爲副招討使禁軍之潰彥稠欲沿流而遁爲軍士所擒而獻之時末帝已至華州令拘于獄誅之漢高祖卽位與王思同並制贈侍中

宋令詢不知何許人也閔帝在藩時補爲客將知書樂善動皆由禮長興中閔

帝連典大藩遷爲都押衙參輔閫政甚有時譽閔帝深委之及閔帝嗣位朱馮
用事不欲閔帝之舊臣在于左右乃出爲磁州刺史閔帝蒙塵于衞令詢曰令
人奔問及聞帝遇害大慟半日自經而卒
史臣曰夫代大匠斲者猶傷其手況代天子執賞罰之柄者乎是以古之賢人
當大任秉大政者莫不卑以自牧推之不有廓自公之道絕利己之欲然後能
保其身而脫其禍也而重誨何人安所逃死古語云無爲權首反受其咎重誨
之謂歟自宏昭而下力不能衞社稷謀不能安國家相踵而亡又誰咎也唯令
詢感故君之舊恩由大慟而自絕以茲隕命足以垂名

舊五代史卷六十六

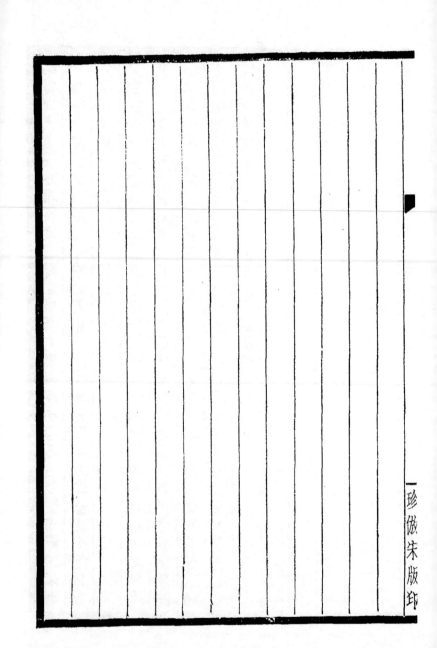

舊五代史卷六十六考證

唐列傳十八安重誨傳無何有吏人李虔徽弟揚言于衆云　案歐陽史作樞密承旨李虔徽語其客邊彥温云所載異詞

朱宏昭傳敬瑭聞其言即日燒營遁還重誨聞之不敢西行　案歐陽史作敬瑭以糧餉不繼遽燒營還軍重誨亦以被讒召還

朱洪實傳　洪實歐陽史作宏實

康義誠傳鎮邠州刺史　邠州歐陽史作汾州

藥彥稠傳充河中副招討使　案歐陽史作招討使

舊五代史卷六十六考證

舊五代史卷六十七

宋門下侍郎參知政事監修國史薛居正等撰

唐書第四十三

列傳十九

豆盧革祖籍同州刺史父瓚舒州刺史宣和書譜云失其世系革少值亂難避地鄜延轉入中山王處直禮之辟于幕下有奏記之譽因牡丹會賦詩諷處直以桑柘爲意言甚古雅漸加器仰轉節度判官而理家無法獨請謁見處直處直慮布政有缺有所規諫斂版出迎乃爲嬖人祈軍職矣天祐末莊宗將卽位講求輔相盧質以名家子舉之徵拜行臺左丞相同光初拜平章事及登廊廟事多錯亂至于官階擬議前後倒置屢爲省郎蕭希甫駮正革改之無難色莊宗初定汴洛革引薦韋說冀諳事體與己同功說旣登庸復事流品舉止輕脫怨歸于革又說之子俱授拾遺父子同官爲人所刺遂改授員外郎革請說之子濤爲宏文館學士說請革之子昇爲集賢學士交致阿私有同市井識者醜之革自作

相之後不以進賢勸能爲務唯事修鍊求長生之術嘗服丹砂嘔血數日垂死而愈天成初將葬莊宗以革爲山陵使及木主歸廟不出私第事侯旄鎭數日無耗爲親友促令入朝安重誨對衆辱之曰山陵使名銜尚在不俟新命便履公朝意謂邊人可欺也側目者聞之思有所中初蕭希甫有正諫之望革嘗阻之遂上疏論革與說苟且自容致君無狀復誣其縱田客殺人冒元亨上第遂貶爲辰州刺史仍令所在馳驛發遣後鄭珏任圜等連上三章請不行後命乃下制曰豆盧革韋說等身爲輔相手握權衡或端坐稱臣或半笑奏事于君無禮舉世寧容革則暫委利權便私俸祿文武百辟皆從五月起支父子二人偏自初正給遣說則自居重位全紊大綱敘廕貪榮亂兒孫于昭穆賣官潤屋換令錄之身名醜行曡彰羣情共怒雖居牧守未塞非尤革可責授費州司戶參軍說可夷州司戶參軍皆員外置同正員並所在馳驛發遣尋貶陵州長流百姓委長吏常知所在天成二年夏詔令逐處刺史監賜自盡其骨肉並放逐便子昇官至檢校正郎服金紫尋亦削奪寶晉齋法書贊載豆盧革田園帖云大德欲要一居處畿甸間舊無田園鄭州

雖有三兩處莊子緣百姓租佃多年累有令公大王書請卻給還人戶蓋不欲侵奪疲民兼慮無知之輩妄有影庇包役云云岳珂曰此帖乃與僧往還書其畏強藩避罪咎蓋慄慄淵冰然其後卒以故縱田客貶夜郎正坐所畏信乎亂邦之不可居也是時據鄜乃高萬興官檢校太師中書令封北平王即華所謂令公大王者官故梁授唐命維新而靦面正朝者不能致褫鞶之誅而反竊貳秉旄之佐唐之不競有自來矣

韋說福建觀察使岫之子也（案以下有闕文）莊宗定汴洛說與趙光允同制拜平章事說性謹重奉職常不造事端時郭崇韜秉政說等承順而已政事得失無所措言初或有言于崇韜銓選踰濫選人或取他人出身銜或取父兄資緒與令史囊橐罔冒崇韜乃條奏其事其後郊天行事官數千人多有告勅僞濫因定去留塗毀告身者甚衆選人號哭都門之外議者亦以謂積弊累年一旦澄汰太細懼失惟新含垢之意時說與郭崇韜同列不能執而止之頗遺物議說之親黨告之說曰此郭漢子之意也及崇韜得罪說懼流言所鍾乃令門人左拾遺王松吏部員外郎李慎儀等上疏云崇韜往日專權不閑故事塞仕進之門非獎善之道疏下中書說等覆奏深詆崇韜識者非之又有王傪者能以多岐取事納賂于說說以其名犯祖諱遂改之爲操擬官于近甸及明宗即位說常慮

身危每求庇于任圜常保護之說居有井昔與鄰家共之因嫌鄙雜築垣于外鄰人訟之爲希甫疏論以爲井有貨財及案之本人惟稱有破釜一所反招虛妄初貶潊州刺史尋責授夷州司戶參軍初說在江陵與高季興相知及入中書亦常通信幣自討西蜀季興請攻峽內莊宗許之如能得三州俾爲屬郡西川既定季興無尺寸之功洎明宗纘承季興頻請三郡朝廷不得已而與之華說方在中書亦預其議及季興占據獨歸其罪流于合州明年夏詔曰陵州合州長流百姓豆盧革韋說頃在先朝擢居重任欺公害物黷貨賣官靜惟肇亂之端更有難容之事且夔忠萬三州地連巴蜀路扼荊蠻藉皇都弭難之功徇逆帥僭求之勢罔予視聽率意割移將千里之土疆開通狡穴動兩川之兵賦禦捍經年致朕莫遂偃戈猶煩運策近者西方鄴雖復要害高季興尚固窠巢增吾旰食之憂職爾朋奸之計而又自居貶所繼出流言茍刑戮之稽時慮忠良于何地宜令逐處刺史監賜自盡歐陽史說子濤晉天福初爲尚書膳部員外郎卒

盧程唐朝右族祖懿父蘊歷仕通顯程天復末登進士第崔魏公領鹽鐵署爲

巡官昭宗遷洛陽柳璨陷右族程避地河朔客遊燕趙或衣道士服干謁藩伯人未知之豆盧革客遊中山依王處直盧汝弼來太原程與汝弼皆朝族知舊因往來依革處直禮遇未優故投于太原汝弼因爲延譽莊宗署爲推官尋改支使程褊淺無他才惟務恃門第口多是非篤厚君子尤薄之初判官王緘從軍掌文翰胡柳之役緘沒于軍莊宗歸寧太原置酒公宴舉酒謂張承業曰予今于此會取一書記先以巵酒辟之卽舉酒屬巡官馮道道以所舉非次抗酒辭避莊宗曰勿謙挹無踰于卿也時以職列序遷則程當爲書記汝弼亦左右之程既失職私懷憤惋謂人曰主上不重人物使田里兒居余上先是莊宗嘗于帳中召程草奏程曰叨忝成名不嫻筆硯由是文翰之選不及于程時張承業專制河東留守事人皆敬憚舊例支使監諸廩出納程訴于承業曰此事非僕所長請擇能者承業叱之曰公稱文士卽合飛文染翰以濟霸國嘗命草辭自陳短拙及留職務又以爲辭公所能者何也程垂泣謝之後歷觀察判官莊宗將卽位求四鎮判官可爲宰輔者時盧汝弼蘇循相次淪沒當用判官盧質

質性疎放不願重位求留太原乃舉定州判官豆盧革次舉程郎詔徵之並命爲平章事程本非重器驟歷顯位舉止不恆時朝廷草創庶物未備班列蕭然寺署多缺程革受命之日卽乘肩輿騶導喧沸莊宗聞呵導之聲詢于左右曰宰相擔子入門莊宗駭異登樓視之笑曰所謂似是而非者也頃之遣程使晉陽宮冊皇太后山路險阻往復綿邈程安坐肩輿所至州縣驅率丁夫長吏迎謁拜伏輿前少有忤意因加笞辱及汴將王彥章陷德勝南城急攻楊劉莊宗御軍苦戰臣下憂之咸白宰相欲連章規諫請不躬御士伍豆盧革言及漢高臨廣武事矢及於胸給云中足程曰此劉季失策衆皆縮頸嘗論近世士族或曰員外郎孔明龜善和宰相之令緒宣聖之系孫得非盛歟程曰止于孔子之後盛則吾不知也親黨有假驢夫于程者程帖府給之府吏訴云無例程怒鞭吏背時任圜爲興唐少尹莊宗從姊壻也憑其寵戚因詣程程方衣鶴氅華陽巾憑几決事見圜怒詈曰是何蟲豸恃婦力耶宰相取給于府縣得不識舊體圜不言而退是夜馳至博平面訴于莊宗莊宗怒謂郭崇韜曰朕誤相此癡物

敢辱予九卿促令自盡崇韜亦怒事幾不測賴盧質橫身解之遂降爲右庶子莊宗既定河南程隨百官從幸洛陽沿路墜馬因病風而卒贈禮部尚書

趙鳳幽州人也少爲儒唐天祐中燕帥劉守光盡率部內丁夫爲軍伍而黥其面爲儒者患之多爲僧以避之鳳亦落髮至太原頃之從劉守奇奔梁梁用守奇爲博州刺史表鳳爲判官案下有闕文爲鄆州節度判官唐莊宗聞鳳名得之甚喜以爲護鑾學士後莊宗即位拜鳳中書舍人及入汴改授禮部員外郎莊宗及劉皇后幸張全義第后奏曰妾五六歲失父母每見老者思念尊親泣下以全義年德妾欲父事之以慰孤女之心莊宗許之命鳳作牋上全義定往來儀注鳳上書極諫不納天成初置端明殿學士鳳與馮道俱任其職時任圜爲宰相爲安重誨所傾以至罷相歸磁州及朱守殷以汴州叛馳驛賜圜自盡既而鳳哭謂安重誨曰任圜義士也肯造逆謀以讎君父乎如此濫刑何以安國重誨笑而不責是冬權知貢舉明年春有僧自西國取經回得佛牙大如拳褐漬皴裂進于明宗鳳揚言曰曾聞佛牙鎚鍛不壞請試之隨斧而碎時宮中所施

已踰數千緡聞毀乃止及車駕還洛留知汴州事尋授中書侍郎平章事李之儀姑溪居上集鳳爲莊宗實錄將何挺論劉昫疏不載昫既相遂引鳳共政事長與中安重誨出鎮河中人無敢言者惟鳳極言于上前曰重誨是陛下家臣其心終不背主五年秉權賢豪俯伏但不周防自貽浸潤明宗以爲朋黨不悅其奏重誨獲罪乃出爲邢州節度使及閔帝蒙塵于衞州鳳集賓佐軍校垂涕曰主上播遷渡河而北吾輩安坐不赴奔問于禮可乎軍校曰唯公所使將行聞閔帝遇弒而止清泰初召還授太保既而病足不能朝謁疾篤自爲著筮卦成投蓍而嘆曰吾家世無五十者而復窮賤吾年已五十又爲將相豈有遐壽哉清泰二年三月卒鳳性豁達輕財重義凡士友以窮阨告者必傾其資而餉之人士以此多之也

李愚字子晦自稱趙郡平棘西祖之後家世爲儒父瞻業應進士不第遇亂徙家渤海之無棣以詩書訓子孫愚童齔時謹重有異常兒年長方志學徧閱經史慕晏嬰之爲人初名晏平爲文尚氣格有韓柳體勵志端莊風神峻整非禮不言行不苟且愚初以艱貧求爲假官滄州盧彥威署安陸簿丁憂服闋隨計

之長安屬關輔亂離頻年罷舉客于蒲華之間光化中軍容劉季述王奉先廢
昭宗立裕王五月餘諸侯無奔問者愚時在華陰致書于華帥韓建其略曰僕
關東一布衣耳幸讀書爲文每見君臣父子之際有傷教害義之事常痛心切
齒恨不得抽腸蹀血肆之市朝明公居近關重鎮君父幽辱月餘坐視凶逆而
忘勤王之舉僕所未喻也僕竊計中朝輔弼雖有志而無權外鎮諸侯雖有權
而無志惟明公忠義社稷是依往年車輅播遷號泣奉迎累歲供饋再復朝廟
義感人心至今歌詠此時事勢尤異于前明公地處要衝位兼將相自宮闈變
故已涉旬時若不號令率先以圖反正遲疑未決一朝山東侯伯倡義連衡鼓
行而西明公求欲自安如何決策此必然之勢也不如馳檄四方諭以逆順軍
聲一振則元兇破膽浹旬之間二豎之首傳于天下計無便于此者建深禮遇
之堅辭還山天福初鸞在鳳翔汴軍攻蒲華愚避難東歸洛陽時衛公李德裕
孫道古在平泉舊墅愚往依焉子弟親採梠負薪以給朝夕未嘗干人故少師
薛廷珪掌貢籍之歲登進士第又登宏詞科授河南府參軍遂卜居洛表白沙

之別墅梁有禪代之謀柳璨希旨教害朝士愚以衣冠自相殘害乃避地河朔與宗人李延光客于山東梁末帝嗣位雅好儒士延光素相款奉得侍講禁中屢言愚之行高學贍有史魚蘧瑗之風召見嗟賞久之擢爲左拾遺俄充崇政院直學士或預咨謀而儼然正色不畏強禦衡王入朝重臣李振輩皆致拜惟愚長揖末帝讓之曰衡王朕之兄朕猶致拜崇政使李振等皆拜爾何傲耶對曰陛下以家人禮兄振等私臣也臣居朝列與王無素安敢諂事其剛毅如此晉州節度使華温琪在任違法籍民家財其家訟于朝制使劾之伏罪梁末帝以先朝草昧之臣不忍加法愚堅案其罪梁末帝詔曰朕若不與鞫窮謂予不念赤子若或遂行典憲謂予不念功臣爲爾君者不亦難乎其華温琪所受贓宜官給代還所訟之家貞明中通事舍人李霄傭夫毆傚舍人致死法司案律罪在李霄愚白李霄手不鬭毆傭夫致死安得坐其主耶以是忤旨愚自拾遺再遷膳部員外郎賜緋改司勳員外郎賜紫至是罷職歷許鄧觀察判官初在內職慈州舉子張礪依焉貞明中礪自河陽北歸莊宗補授太原府掾出入崇

闥之間揄揚愚之節概及言愚之所爲文仲尼遇顏回壽夷齊非餓人等篇北人望風稱之洎莊宗都洛陽鄧帥倅奏章入朝諸貴見之禮接如舊尋爲主客郎中數月召爲翰林學士三年魏王繼岌征蜀請爲都統判官仍帶本職從軍時物議以蜀險阻未可長驅郭崇韜問計于愚愚曰如聞蜀人厭其主荒恣倉卒必不爲用宜乘其人二三風馳雹擊彼必破膽安能守險及前軍至固鎮收軍食十五萬斛崇韜喜謂愚曰公能料事吾軍濟矣招討判官陳乂至寶雞稱疾乞留在後愚厲聲曰陳乂見利則進懼難則止今大軍涉險人心易惑正可斬之以徇繇是軍人無遲留者是時軍書羽檄皆出其手蜀平就拜中書舍人師還明宗卽位時西征副招討使任圜爲宰相雅相欽重屢言于安重誨請引爲同列屬孔循用事援引崔協以塞其請俄以本職權知貢舉改兵部侍郎充翰林承旨長與初除太常卿屬趙鳳出鎮邢臺乃拜中書侍郎平章事轉集賢殿大學士長興季年秦王恣橫權要之臣避禍不暇邦之存亡無敢言者愚性剛介往往形言然人無唱和者後轉門下侍郎監修國史兼吏部尚書與諸儒

修成創業功臣傳三十卷愚初不治第既命爲相官借延賓館居之嘗有疾詔
近臣宣諭延之中堂設席惟凳秸使人言之明宗特賜帷帳茵褥職官分紀云長與四年愚
病明宗遣中使宣問愚所居寢室蕭然四壁病榻敝氈而已中使具言其事閔帝曰宰相月俸幾何而委頓如此詔賜絹百疋錢百千帷帳什物一十三事
帝嗣位志修德政易月之制纔除便延訪學士讀貞觀政要太宗實錄有意于
郅理愚私謂同位曰吾君延訪少及吾輩位高責重事亦堪憂柰宗社何皆惕
息而不敢言以恩例進位左僕射清泰初徽陵禮畢馮道出鎮同州愚加特進
太微宮使宏文館大學士宰相劉昫與馮道爲婚家道既出鎮兩人在中書或
舊事不便要釐革者對論不定愚性太峻因曰此事賢家翁所爲更之不亦便
乎昫憾其言切于是每言必相折難或至詬呼無幾兩人俱罷相守本官清泰
二年秋愚已嬰疾率多請告累表乞骸不允卒于位
任圜京兆三原人祖清成都少尹父茂宏避地太原奏授西河令有子五人曰
圖回圜團囧風采俱異武皇愛之以宗女妻圜歷代憲二郡刺史李嗣昭典兵
于晉陽與圜遊處甚洽及鎮澤潞請爲觀察支使解褐賜朱紱圜美姿容有口

辯嗣昭爲人間諜于莊宗方有微隙圖奉使往來常申理之克成友于之道圖之力也及丁母憂莊宗承制起復潞州觀察判官賜紫常山之役嗣昭爲帥于軍圖代總其事號令如一敵人不知莊宗聞之倍加獎賞是秋復以上黨之師攻常山城中萬人突出大將孫文進死之賊逼我軍圖麾騎士擊之頗有殺獲嘗以禍福諭其城中鎮人信之使乞降及城潰誅元惡之外官吏咸保其家屬亦以圖所庇護焉莊宗改鎮州爲北京以圖爲工部尚書兼真定尹北京副留守知留守事明年郭崇韜兼鎮改行軍司馬充北面水陸轉運使仍知府事同光三年歸朝守工部尚書崇韜伐蜀奏令從征西蜀平署圖黔南節度使懇辭遂止魏王班師行及利州康延孝叛以勁兵八千迴劫西川繼岌聞之夜半命中使李廷安召圖圖方寢廷安登其牀以告之圖衣不及帶遽見繼岌繼岌泣而言曰紹琛負恩非尚書不能制卽署圖爲招討副使與都指揮使梁漢顒等率兵攻延孝于漢州擒之旋至渭南繼岌遇害圖代總全師朝于洛陽明宗嘉其功拜平章事判三司圖揀拔賢俊杜絕倖門百官俸入爲孔謙減折圖以廷

臣爲國家羽儀故優假班行禁其虛估朞月之內府庫充贍朝廷修葺軍民咸足雖憂國如家而切于功名故爲安重誨所忌嘗與重誨會于私第有妓善歌重誨求之不得嫌隙自茲而深矣先是使人食券皆出于戶部重誨止之俾須內出爭于御前往復數四竟爲所沮通鑑安重誨與圜爭于上前往復數四聲色俱厲上退朝宮人問上適與重誨論事爲誰上曰宰相宮人曰妾在長安宮中未嘗見宰相樞密奏事敢如是者蓋輕大家耳上愈不悅因求罷三司天成二年除太子少保致仕出居磁州及朱守殷叛重誨乘間誣其結搆立遣人稱制就害之乃下詔曰太子少保致仕任圜早推勳舊曾委重難既退免于劇權俾優閑于外地而乃不遵禮分潛附守殷緘題罔避于嫌疑情旨頗彰于怨望自收汴壘備見蹤由若務含宏是孤典憲尚全大體止罪一身宜令本州于私第賜自盡圜受命之日聚族酣飲神情不撓清泰中制贈太傅子徹仕皇朝位至度支郎中卒

史臣曰華說承舊族之胄佐新造之邦業雖謝于財成罪未聞于昭著而乃爲權臣之所忌顧後命以無逃靜而言之亦可憫也盧程器狹如是形渥攸宜趙

鳳李愚咸以文學之名俱踐巖廊之位校其貞節愚復優焉任圜有縱橫濟物之才無明哲保身之道退猶不免吁可悲哉

舊五代史卷六十七

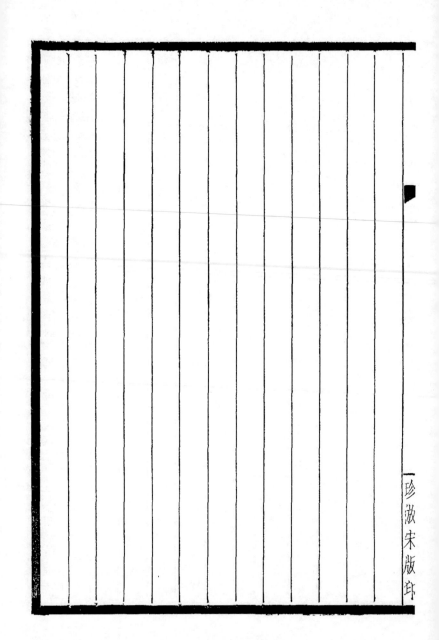

舊五代史卷六十七考證

趙列傳十九盧程傳盧程唐朝右族祖懿父蘊　案歐陽史作不知其世家何人

趙鳳傳以爲護鑾學士　案五代會要作護鑾書制學士

拜鳳中書舍人及入汴改授禮部員外郎　案歐陽史作拜中書舍人翰林學士

李愚傳歷許鄧觀察判官　案歐陽史作罷爲鄧州觀察判官

屬趙鳳出鎮邢臺乃拜中書侍郎平章事　案歐陽史任圜罷相乃拜愚中書侍郎同平章事吳縝纂誤云明宗紀天成二年六月任圜罷長興二年李愚爲平章事自任圜罷至此已五年矣與愚入相年月太遠蓋史之所書本謂趙鳳而誤爲任圜也

任圜傳嗣昭爲帥于軍圜代總其事　案歐陽史作嗣昭戰歿圜代將其軍先是使人食券皆出于戶部　食券通鑑作館券

清泰中制贈太傅　案歐陽史作愍帝即位贈圜太傅是書作廢帝清泰中未知孰是

舊五代史卷六十七考證

舊五代史卷六十八

宋門下侍郎參知政事監修國史薛居正等撰

唐書第四十四

列傳二十

薛廷珪其先河東人也父逢咸通中爲祕書監以才名著于時廷珪中和年在西川登進士第累歷臺省（舊唐書大順初累遷司勳員外郎知制誥）乾寧中爲中書舍人駕在華州改散騎常侍尋請致仕客遊蜀川昭宗還洛陽徵爲禮部侍郎（舊唐書光化中復爲中書舍人遷刑部吏部二侍郎權知禮部貢舉拜尚書左丞）時柳璨屠害朝士衣冠畢罹其毒廷珪以居常退讓獲全（新唐書朱全忠兼四鎮廷珪以官告使至汴客將先見諷其拜廷珪佯不曉曰吾何德敢受令公拜乎及見卒不肯加禮）入梁爲禮部尚書莊宗平定河南以廷珪年老除太子少師致仕（案通鑑廷珪與李琪嘗爲太祖冊禮使）同光三年九月卒贈右僕射所著鳳閣詞書十卷克家志五卷並行于世初廷珪父逢著鑿混沌眞珠簾等賦大爲時人所稱廷珪旣壯亦著賦數十篇同爲一集故目曰克家志

崔沂新唐書宰相世系表沂字德潤大中時宰相魏公鉉之幼子也兄沆廣明初亦爲宰輔沂舉進士第歷監察補闕昭宗時累遷員外郎知制誥性抗厲守道而文藻非優嘗與同舍顏蕘錢珝俱秉筆見蕘珝贍速草制數十無妨譚笑而沂自愧翌日謁國相訴曰沂踈淺不足以供詞翰之職相輔然之移爲諫議大夫入梁爲御史司憲糾繆繩違不避豪右開平中金吾街使寇彥卿入朝過天津橋市民梁現者不時迴避前導伍伯捽之投石欄以致斃彥卿自前白于梁祖梁祖命通事舍人趙可封宣諭令出私財與死者之家以贖其罪沂奏劾曰彥卿位是人臣無專殺之理況天津橋御路之要正對端門當車駕出入之途非街使振怒之所況梁現不時迴避其過止于鞭笞捽首投軀深乖朝憲請論之以法梁祖惜彥卿令沂以過失論沂引鬬競律以怙勢力爲罪首下手者減一等又鬬毆條不鬬故毆傷人者加傷罪一等沂表入責授彥卿游擊將軍左衛中郎將沂剛正守法人士多之遷左司侍郎改太常卿轉禮部尚書貞明中帶本官充西京副留守時張全義留守天下兵馬副元帥河南尹判六軍諸衛事守太尉中

書令魏王名位之重冠絕中外沂至府客將白以副留守合行庭禮沂曰張公官位至重然尚帶府尹之名不知副留守見尹之義何如全義知之遽引見沂勞曰彼此有禮俱老矣勿相勞煩莊宗與復唐室復用爲左丞判吏部尚書銓選司坐累謫石州司馬明宗卽位召還復爲左丞以衰疾告老授太子少保致仕卒于龍門之別墅時年七十餘贈太子少傅

劉岳字昭輔其先遼東襄平人元魏平定遼東徙家于代隨孝文遷洛遂爲洛陽人八代祖民部尚書諭國公政會武德時功臣祖符蔡州刺史父玨洪洞縣令符有子八人皆登進士第玨之母弟瓌玗異母弟崇夷崇龜崇望崇魯崇謩崇龜乾寧中廣南節度使崇望乾寧中宰相崇魯崇謩崇夷並歷朝省岳少孤亦進士擢第歷戶部巡官鄭縣簿直史館轉左拾遺侍御史梁貞明初召入翰林爲學士岳爲文敏速尤善談諧在職累遷戶部侍郎在翰林十二年莊宗入汴隨例貶均州司馬尋丁母憂許自貶所奔喪服闋授太子詹事明宗卽位歷兵部吏部侍郎祕書監太常卿卒年五十六贈吏部尚書岳文學之外通于典

禮天成中奉詔撰新書儀一部文約而理當今行于世子温叟仕至御史中丞案國老談苑云劉温叟方正守道以名教爲己任幼孤事母以孝聞其母甚賢初爲翰林學士私庭拜母母卽命二婢箱擎公服金帶置于階下謂温叟曰此汝父長興中入翰林時所賜也自先君子薨背以來嘗爛家門替墜今汝能自致青雲繼父之職可服之無愧矣因欷歔掩泣温叟伏地號慟退就別寢素衣蔬食追慕數日然後服之士大夫以爲得禮

封舜卿案原本有闕文據新唐書宰相世系表封氏世居渤海蓨縣舜卿字贊聖父敖字碩夫戶部尚書渤海縣男唐書有傳仕梁爲禮部侍郎知貢舉開平三年奉使幽州以門生鄭致雍從行復命之日又與致雍同受命入翰林爲學士致雍有俊才舜卿雖有文辭才思拙澀及試五題不勝困弊因托致雍秉筆當時譏者以爲座主辱門生案以下有闕文莊宗同光已來累歷清顯封氏自太和已來世居兩制以文筆稱于時舜卿從子渭世系表渭字希叟昭宗還洛時爲翰林學士舜卿爲中書舍人叔姪對掌內外制從子翹于梁貞明中亦爲翰林學士天成中爲給事中因轉對上言以星辰合度風雨應時請御前香一合帝親爇一炷餘令于塔廟中焚之貴表精至議者以翹時推名族出朝苑登瑣闥甚有巖廊之望而忽有此請乃近諸妖佞耳物望由是減之案以下殘闕

竇夢徵同州人少苦心爲文登進士第歷校書郎自拾遺召入翰林充學士梁貞明中加兩浙錢鏐元帥之命夢徵以鏐無功于中原兵柄不宜虛授其言切直梁末帝以觸時機左授外任玉堂閑話竇以錢公無功于本朝僻在一方坐邀恩澤不稱是命乃抱麻哭于朝翌日竇謫掾于東州有頃復召爲學士及莊宗入汴夢徵以例貶沂州居常感梁末帝舊恩因爲祭故君文云嗚呼四海九州天迴睠命一女二夫人之不幸當革故以鼎新若金銷而火盛必然之理夫何足競云秉筆者皆許之壽量移宿州天成初還中書舍人復入爲翰林學士工部侍郎卒贈禮部尚書玉堂閑話竇失意被謫嘗鬱鬱不樂會夢有人謂曰君無自苦不久當復故職然將來愼勿爲丞相苟有是命當萬計避之其後竇復居禁職有頃遷工部侍郎竇忽憶夢中所言深惡其事然已受命不能遜避未幾果卒夢徵隨計之秋文稱甚高尤長于牋啓編爲十卷目曰東堂集行于世

李保殷河南洛陽人也昭宗朝自處士除太子正字改錢塘縣尉浙東帥董昌辟爲推官調補河府兵曹參軍歷長水令毛詩博士累官至太常少卿端王傅入爲大理卿撰刑律總要十二卷與兵部侍郎郗殷象論刑法事左降房州司馬同光初授殿中監以其素有明法律之譽拜大理卿未滿秩屬爲人所制保

殷曰人之多辟無自立辟乃謝病以歸卒于洛陽

歸藹字文彥吳郡人也曾祖登祖融父仁澤位皆至列曹尚書觀察使藹登進士第及昇朝遍歷三署案以下疑有闕文據舊唐書昭宗紀天祐元年七月宴于文思殿朱全忠入百官或坐于廊下全忠怒笞通引官何凝丙寅制金紫光祿大夫行御史中丞上柱國韓儀責授棣州司馬侍御史歸藹責授登州司戶坐百官傲全忠也同光初爲尚書右丞遷刑戶二部侍郎以太子賓客致仕卒年七十六

孔邈文宣王四十一代孫身長七尺餘神氣溫厚登進士第歷校書郎萬年尉充集賢校理爲諫議大夫以年老致仕案孔邈傳原本殘闕攷冊府元龜云乾寧五年登進士第除校書郎崔遠在中書奏爲萬年尉充集賢校理以親舅獨孤損方在廊廟避嫌不赴職

張文寶昭宗朝諫議大夫顗之子也文寶初依河中朱友謙爲從事莊宗卽位于魏州以文寶知制誥歷中書舍人刑部侍郎左散騎常侍知貢舉遷吏部侍郎文寶性雅淡稽古長與初奉使浙中泛海船壞水工以小舟救文寶與副使吏部郎中張絢信風至淮南界僞吳楊溥禮待甚至兼厚遺錢幣食物文寶受其食物反其錢幣吳人善之送文寶等復至杭州宣國命還青州卒子吉嗣位

邑宰

陳乂薊門人也少好學善屬文因避亂客于浮陽轉徙于大梁梁將張漢傑延于私邸表授太子舍人莊宗平梁郭崇韜遙領常山召居賓榻崇韜從魏王繼岌伐蜀署爲招討判官崇韜死明宗卽位隨任圜歸闕圜薦之于朝除膳部員外郎知制誥累遷中書舍人乂性陰僻寡與人合不爲當路所與尋移左散騎常侍由是忿以成疾踰月而卒乂微有才術嘗自恃其能爲判官日人有造者垂帷深處罕見其面及居西掖而姿態愈倨位竟不至公卿蓋器度促狹者也然乂性孤執尤廉于財長與中嘗自舍人銜命冊晉國公主石氏于太原晉高祖善待之但訝其高岸人或有獻可于乂宜陳一謳頌以稱晉高祖之美可邀其厚賄耳乂曰人生貧富咸有定分未有持天子命違禮以求利既損國綱且虧士行乂今生所不爲也聞者嘉之晉高祖卽位贈禮部尚書

劉贊魏州人也幼有文性父玭爲令錄誨以詩書夏月令服青襦單衫玭每肉食別置蔬食以飯贊謂之曰肉食君之祿也爾欲食肉當苦心文藝自可致之

吾祿不可分也繇是贊及冠有文辭年三十餘登進士第魏州節度使羅紹威署巡官罷歸京師依開封尹劉鄩久之租庸使趙巖表爲巡官累遷至戶部員外郎職如故莊宗入汴租庸副使孔謙以贊里人表爲鹽鐵判官天成中歷知制誥中書舍人與學士竇夢徵同年登第鄰居友善夢徵卒贊與同年楊凝式緦麻爲位而哭其家無嫡長與視喪事恤其孀稚人士稱之改御史中丞刑部侍郎贊性雍和與物無忤居官畏慎人若以私干之雖權豪不能移其操未幾改祕書監兼秦王傅册府元龜秦王爲元帥秦王府判官太子詹事王居敏與贊鄉曲之舊以秦王盛年自恣須朝中選端士納誨冀其稟畏乃薦贊焉奏贊節概貞素忽聞其命掩泣固辭竟不能止通鑑贊自以左遷泣訴不得免胡三省注云唐制六部侍郎除吏部之外餘皆從四品下王傅從三品然六部侍郎爲嚮用王傅爲左遷以職事有閑劇之不同也當是時從榮地居儲副則秦王傅不可以閑官言蓋以從榮輕佻峻急恐豫其禍故求脫耳時秦王參佐皆新進小生動多輕脫每稱頌秦王功德阿意順旨祇奉談笑惟贊從容諷議必獻嘉言秦王常接見賓寮及遊客于酒筵之中悉令秉筆賦詩册府元龜時從榮溺于篇章凡門客及通謁遊士必坐于客次自出題目令賦一章然後接見贊爲師傅亦與諸客混然容狀不悅秦王知其意自是戒典客贊至勿通令每月一

度至衙言行龜鑑戴劉贊諫秦王曰殿下宜以孝敬爲職浮華非所尙也秦王不悅戒閽者後弗引進贊旣官係王府不敢朝參不通慶弔但閉關暗嗚而已及秦王得罪或言贊止于朝降而已服麻衣備驢乘在門矣聞其言曰豈有國君之嗣一旦舉室塗地而賓佐朝降得免死幸也俄而臺史示敕長流嵐州卽時赴貶所在嵐州踰年淸泰二年春詔歸田里妻紇干氏塗中卒贊比羸瘠慟哭殆絕因之亦病行及石會關而卒時年六十餘

史臣曰自唐祚横流衣冠掃地茍無端士孰恢素風如廷珪之文學崔沂之剛正劉岳之典禮舜卿之掌誥洎夢徵而下皆蔚有貞規無虧懿範固可以爲縉紳之圭表聳朝廷之羽儀以之垂名夫何不韙

舊五代史卷六十八

舊五代史卷六十八考證

唐列傳二十劉岳傳奉詔撰新書儀一部文約而理當　案歐陽史謂其事出鄙俚兩史褒貶微有異同

張文寶傳信風至淮南界　案通鑑作風飄至天長

陳乂傳除膳部員外郎知制誥累遷中書舍人　案通鑑作閏月以膳部郎中知制誥陳乂爲給事中充樞密直學士與此傳互有詳略

劉贊傳　案通鑑作劉瓚

舊五代史卷六十八考證

舊五代史卷六十九

宋門下侍郎參知政事監修國史薛居正等撰

唐書第四十五

列傳二十一

張憲字允中晉陽人世以軍功爲牙校憲始童丱喜儒學勵志橫經不捨晝夜太原地雄邊服人多尚武恥于學業惟憲與里人藥縱之精力遊學弱冠盡通諸經尤精左傳嘗袖行所業謁判官李襲吉一見欣歎旣辭謂憲曰子勉之將來必成佳器石州刺史楊守業喜聚書以家書示之聞見日博莊宗爲行軍司馬廣延髦俊素知憲名令朱守殷賫書幣延之歲餘釋褐交城令秩滿莊宗嗣世補太原府司錄參軍時霸府初開幕客馬郁王緘燕中名士盡與之遊十二年莊宗平河朔念藩邸之舊徵赴行臺十三年授監察賜緋署魏博推官自是恆簪筆扈從十五年王師戰胡柳周德威軍不利憲與同列奔馬北渡梁軍急追殆將不濟至晚渡河人皆陷水而沒憲與從子朗履冰而行將及岸冰陷朗

泣以馬箠引之憲曰吾兒去矣勿使俱陷朗曰忍季父如此俱死無恨朗偃伏引箠憲躍身而出是夜莊宗令于軍中求憲或曰與王緘俱歿矣莊宗垂涕求尸數日聞其免也遣使慰勞尋改掌書記水部郎中賜金紫歷魏博觀察判官從討張文禮鎮州平授魏博鎮冀十郡觀察判官改考功郎中兼御史中丞權鎮州留事莊宗即位詔還魏都授尚書工部侍郎充租庸使八月改刑部侍郎判吏部銓兼太清宮副使莊宗遷洛陽以憲檢校吏部尚書與唐尹東京副留守知留守事憲學識優深尤精吏道剖析聽斷人不敢欺三年春車駕幸鄴時易定王都來朝宴于行宮將擊鞠初莊宗行即位之禮卜鞠場吉因築壇于其間至是詔毀之憲奏曰即位壇是陛下祭接天神受命之所自風燥雨濡之外不可輒毀亦不可修魏繁陽之壇漢汜水之墠到今猶有兆象存而不毀古之道也即命治之于宮西數日未成會憲以公事獲譴閤門待罪上怒戒有司速治行宮之庭礙事者畢去竟毀即位壇憲私謂郭崇韜曰不祥之甚忽其本也秋崇韜將兵征蜀以手書告憲曰允中避事久矣余受命西征已奏還公黃閣

憲報曰庖人之代尸祝所謂非吾事也時樞密承旨段徊當權任事以憲從龍舊望不欲憲在朝廷會孟知祥鎮蜀川選北京留守徊揚言曰北門國家根本非重德不可輕授今之取才非憲不可趨時者因附徊勢巧中傷之又曰憲有相業然國祚中興宰相在天子面前得失可以改作一方之事制在一人惟北面事重十一月授憲銀青光祿大夫檢校吏部尚書太原尹北京留守知府事四年二月趙在禮入魏州時憲家屬在魏關東俶擾在禮善待其家遣人賫書至太原誘憲憲斬其使書不發函而奏既而明宗爲兵衆所劫諸軍離散地遠不知事實或謂憲曰蜀軍未至洛陽窘急總管又失兵權制在諸軍之手又聞河朔推戴事若實然或可濟否憲曰治亂之機間不容髮以愚所斷事未可知愚聞欒縱之言總管德量仁厚素得士心餘勿多言志此而已四月五日李存渥自洛陽至口傳莊宗命並無書詔惟聞天子授以隻箭傳之爲信衆心惑之時事莫測左右獻畫曰存渥所乘馬已戢其飾復召人謀事必行陰禍因欲據城寧我負人宜早爲之所但戮呂鄭二宦且繫存渥徐觀其變事萬全矣憲良

久曰吾本書生無軍功而致身及此一旦自布衣而紆金紫向來仕宦非出他門此畫非吾心也事苟不濟以身徇義東都事略張昭傳昭勸憲奉表明宗以勸進憲曰吾書生也天子委以保釐之任吾豈苟生者乎昭曰此古之大節公能行之忠臣也憲既死論者以昭能成憲之節翌日符彥超誅呂鄭軍城大亂燔剽達曙憲初聞有變出奔沂州既而有司糾其委城之罪四月二十四日賜死于晉陽之千佛院幼子凝隨父走亦爲收者加害明宗郊禮大赦有司請昭雪從之憲沈靜寡欲喜聚圖書家書五千卷視事之餘手自刊校善彈琴不飲酒賓僚宴語但論文嘯咏而已士友重之憲長子守素仕晉位至尚書

王正言鄆州人父志濟陰令正言早孤貧從沙門學工詩密州刺史賀德倫令歸俗署郡職德倫鎮青州表爲推官移鎮魏州改觀察判官莊宗平定魏博正言仍舊職任小心端愼與物無競嘗爲同職司空頲所凌正言降心下之頲誅代爲節度判官同光初守戶部尚書與唐尹時孔謙爲租庸副使常畏張憲挺特不欲其領使乃白郭崇韜留憲于魏州請宰相豆盧革判租庸未幾復以盧質代之孔謙白云錢穀重務宰相事多簿籍留滯又云盧質判二日便借官錢

皆不可任意謂崇韜必令己代其任時物議未允而止謙沮喪久之李紹宏曰邦計國本時號緫府非張憲不稱職卽日徵之孔謙段徊白崇韜曰邦計雖重在侍中眼前但得一人爲使卽可魏博六州戶口天下之半王正言操守有餘智力不足若朝廷任使庶幾與人共事若專制方隅未見其可張憲才器兼濟宜以委之崇韜卽奏憲留守魏州徵王正言爲租庸使正言在職主諾而已權柄出于孔謙正言不耐繁浩簿領縱橫觸事遺忘物論以爲不可卽以孔謙代之正言守禮部尚書三年冬代張憲爲興唐尹留守鄴都時武德使史彥瓊監守鄴都廩帑出納兵馬制置皆出彥瓊將佐官吏頤指氣使正言不能以道御之但趦趄聽命至是貝州戍兵亂入魏州彥瓊望風敗走亂兵剽劫坊市正言促召書吏寫奏章家人曰賊已殺人縱火都城已陷何奏之有是日正言引諸僚佐謁趙在禮通鑑正言索馬不能得乃帥僚佐步出府門謁在禮望塵再拜請罪在禮曰尚書重德勿自卑屈余受國恩與尚書共事但思歸之衆倉卒見迫耳因拜正言厚加慰撫明宗卽位正言求爲平盧軍行軍司馬因授之竟卒于任

胡裴禮部尚書曾之孫汴將楊師厚之鎮魏州裴與副使李嗣業有舊因往依之薦授貴鄉令及張彥之亂嗣業遇害裴罷秩客于魏州莊宗初至裴謁見求假官司空頲以其居官貪濁不得調者久之十三年莊宗還太原裴候于離亭謁者不內乃排闥而入曰臣本朝公卿子孫從兵至此殿下比襲唐祚勤求英俊以壯霸圖臣雖不才比于進九九納豎刁頭須亦所庶幾而羈旅累年執事者不垂顧錄臣不能赴海觸樹走胡適越今日歸死于殿下也莊宗愕然曰孤未之知何至如是賜酒食慰遣之謂郭崇韜曰便與擬議是歲署館驛巡官未幾授監察御史裏行還節度巡官賜緋魚袋尋歷推官檢校員外郎裴學書無師法工詩非作者僻于題壁所至宮亭寺觀必書爵里人或譏之不以爲愧時四鎮幕賓皆金紫裴獨恥銀艾十七年莊宗自魏州之德勝與賓僚城樓餞別既而羣僚離席裴獨留獻詩三篇意在章服莊宗舉大鍾屬裴曰員外能釂此乎裴飲酒素少略無難色爲之一舉而釂莊宗即解紫袍賜之同光初以裴爲給事中從幸洛陽時連年大水百官多窘裴求爲襄州副使四年洛陽變擾節

度使劉訓以私忿族裴誣奏云裴欲謀亂人士冤之

崔貽孫新唐書宰相世系表貽孫字伯垂祖元亮左散騎常侍世系表元亮字晦孫號州刺史父芻言潞州判官貽孫以門族登進士第以監察升朝歷清資美職及爲省郎于江南迴以橐裝營別墅于漢上之穀城退居自奉清江之上綠竹遍野狹徑深密維舟曲岸人莫造焉時人甚高之及李振貶均州貽孫曲奉之振入朝貽孫累遷丞郎同光初除吏部侍郎銓選踈謬貶官塞地馳驛至潞州致書于府帥孔勍曰十五年穀城山裏自謂逸人二千里沙塞途中今爲逐客勍以其年八十奏留府下明年量移澤州司馬遇赦還京宰相鄭珏以姻戚之分復擬吏部侍郎天官任重昏耄罔知後遷禮部尚書致仕而卒北夢瑣言崔貽孫年過八十求進不休囊橐之資素有貯積性好干人喜得小惠有子三人自貽孫左降之後各于舊業爭分其利甘旨醫藥莫有奉者貽孫以書責之云生有明君宰相死有天曹地府吾雖考終豈放汝耶

孟鵠魏州人莊宗初定魏博選幹吏以計兵賦以鵠爲度支孔目官明宗時爲邢洛節度使每曲意承迎明宗甚德之及孔謙專典軍賦徵督苛急明宗嘗切

齒及即位鵠自租庸勾官擢爲客省副使樞密承旨遷三司副使出爲相州刺史會范延光再遷樞密乃徵鵠爲三司使初鵠有計畫之能及專掌邦賦操割依違名譽頓減朞年發疾求外任仍授許州節度使謝恩退帝目送之顧謂侍臣曰孟鵠掌三司幾年得至方鎮范延光奏曰鵠于同光世已爲三司勾官天成初爲三司副使出刺相州入判三司又二年帝曰鵠以幹事遽至方鎮爭不勉旃鵠與延光俱魏人厚相結託暨延光掌樞務援引判三司又致節鉞明宗知之故以此言譏之到任未周歲卒贈太傅

孫岳冀州人也強幹有才用歷府衞右職天成中爲頳耀二州刺史閬州團練使所至稱治遷鳳州節度使受代歸京秦王從榮欲以岳爲元帥府都押衙事未行馮贇舉爲三司使時豫密謀朱馮患從榮之恣横岳曾極言其禍之端康義誠聞之不悅及從榮敗義誠召岳同至河南府檢閱府藏時紛擾未定義誠密遣騎士射之岳走至通利坊爲騎士所害識與不識皆痛之子璉歷諸衞將軍藩閫節度副使

張延朗汴州開封人也事梁以租庸吏爲鄆州糧料使明宗克鄆州得延朗復以爲糧料使後徙鎭宣武成德以爲元從孔目官長興元年始置三司使拜延朗特進工部尚書充諸道鹽鐵轉運等使兼判戶部度支事詔以延朗充三司使末帝即位授禮部尚書兼中書侍郎平章事判三司延朗再上表辭曰臣濫承雨露擢處鈞衡兼叨選部之銜仍掌計司之重況中省文章之地洪鑪陶鑄之門臣自揣量何以當處是以繼陳章表瀝貢情誠乞請睿恩免貽朝論豈謂御批累降聖旨不移決以此官委臣非器所以強收涕泗勉遏怔忪重思事上之門細料盡忠之路竊以位高則危至寵極則謗生君臣莫保于初終分義難防于毀譽臣若保茲重任忘彼至公徇情而以免是非偷安而以固富貴則內欺心腑外負聖朝何以報君父之大恩望子孫之延慶臣若但行王道惟守國章任人必取當才決事須依正理確違形勢堅塞倖門則可以振舉宏綱彌縫大化助陛下含容之澤彰國家至理之風然而讒邪者必起憾詞憎嫉者寧無謗議或慮至尊未悉羣謗難明不更拔本尋源便俟甘瑕受玷臣心可忍臣恥

可消只恐山林草澤之人稱量聖制冠履軒裳之士輕慢朝廷臣又以國計一
司掌其經費利權二務職在掊收將欲養四海之貧民無過薄賦贍六軍之勁
士又藉豐儲利害相隨取與難酌若使罄山採木竭澤求魚則地官之教化不
行國本之傷殘益甚取怨黔首是黷皇風況諸道所徵賦租雖多數額時逢水
旱或遇蟲霜其間則有減無添所在又申逃係欠乃至軍儲官俸常汲汲于供
須夏稅秋租每懸懸于繼續況今內外倉庫多是罄空遠近生民或聞饑歉伏
惟朝廷尚添軍額更益師徒非時之博糴難爲異日之區分轉大竊慮年支有
闕國計可憂望陛下節例外之破除放諸項以儉省不添冗食且止新兵務急
去繁以寬經費減奢從儉漸俟豐盈則屈者知恩叛者從化弭兵有日富俗可
期臣又聞治民尚清爲政務易易則繁苛並去清則偏黨無施若擇其良牧委
任正人則境內蒸黎必獲蘇息官中倉庫亦絕侵欺伏望誠見在之處官無乖
撫俗擇將來之涖事更審求賢儻一一得人則農無所苦人人致理則國復何
憂但奉公善政者不惜重酬昧理無功者勿須厚俸益彰有道兼絕徇情伏望

陛下念臣布露之前言閔臣驚憂于後患察臣愚直杜彼讒邪臣即但副天心不防人口庶幾萬一仰答聖明末帝優詔答之召于便殿謂之曰卿所論奏深中時病形之切言頗求朕失國計事重日得商量無勞過慮也延朗不得已而承命延朗有心計善理繁劇晉高祖在太原朝廷猜忌不欲令有積聚係官財貨留使之外延朗悉遣取之晉高祖深銜其事及晉陽起兵末帝議親征然亦采浮論不能果決延朗獨排衆議請末帝北行識者韙之晉高祖入洛送臺獄以誅之其後以選求計使難得其人甚追悔焉

劉延皓應州渾元人祖建立父茂成皆以軍功推爲邊將延皓即劉后之弟也末帝鎮鳳翔署延皓元隨都校奏加檢校戶部尚書清泰元年除宮苑使加檢校司空俄改宣徽南院使檢校司徒二年遷樞密使太保出爲鄴都留守檢校太傅延皓御軍失政爲屯將張令昭所逐出奔相州尋詔停所任及晉高祖入洛延皓逃匿龍門廣化寺數日自經而死延皓始以后戚自藩邸出入左右甚以溫厚見稱故末帝嗣位之後委居近密及出鎮大名而所執一變掠人財賄

納人園澤聚歌僮爲長夜之飲而三軍所給不時內外怨之因爲令昭所逐時執政以延皓失守請舉舊章末帝以劉后內政之故止從罷免而已由是淸泰之政敝矣

劉延朗宋州虞城人也末帝鎭河中時爲鄆城馬步都虞候後納爲腹心及鎭鳳翔署爲孔目吏末帝將圖起義爲捍禦之備延朗計公私粟帛以贍其急及西師納降末帝赴洛皆無所闕焉末帝甚賞之淸泰初除宣徽北院使俄以劉延皓守鄴改副樞密使累官至檢校太傅時房暠爲樞密使但高枕閑眠啓奏除授一歸延朗由是得志凡藩侯郡牧自外入者必先賂延朗後議進貢賂厚者先居內地賂薄者晚出邊藩故諸將屢有怨讟末帝不能察之及晉高祖入洛延朗將竄于南山與從者數輩過其私第指而嘆曰我有錢三十萬貫聚于此不知爲何人所得其愚暗如此尋捕而殺之

舊五代史卷六十九考證

唐列傳二十一張憲傳上怒戒有司速治行宮之庭礙事者畢去竟毀即位壇　案歐陽史作場未成莊宗怒命兩虞候亟毀壇以爲場與是書異通鑑從歐陽史

李存渥自洛陽至　案存渥歐陽史作永王存霸攷唐家人傳存渥與劉皇后同奔至風谷爲部下所殺是存渥未至太原其至太原者存霸也是傳作存渥疑誤

孟鵠傳鵠自租庸勾官擢爲客省副使　租庸勾官北夢瑣言作三司勾押官

劉延皓傳父茂成　案歐陽史作茂威

延皓即劉后之弟也　案通鑑攷異引廢帝實錄以延皓爲劉后之姪與是書異歐陽史通鑑俱從是書

出爲鄴都留守　案歐陽史作天雄軍節度使

劉延朗傳清泰初除宣徽北院使　案歐陽史廢帝既立以延朗爲莊宅使

舊五代史卷六十九考證

舊五代史卷七十

宋門下侍郎參知政事監修國史薛居正等撰

唐書第四十六

列傳二十二

元行欽本幽州劉守光之愛將守光之奪父位也令行欽攻大恩山又令殺諸兄弟天祐九年周德威攻圍山州守光困蹙令行欽于山北募兵以應契丹時明宗爲將攻行欽于山北與之接戰矢及明宗馬鞍既而以勢迫來降明宗憐其有勇奏隸爲假子後因從征討恩禮特隆常臨敵擒生必有所獲名聞軍中莊宗東定趙魏選驍健置之麾下因索行欽明宗不得已而遣之時有散指揮都頭名爲散員命行欽爲都部署賜姓名紹榮莊宗好戰勇于大敵或臨陣有急兵行欽必横身解鬬翼衛之莊宗之營于德勝也與汴軍戰于潘張王師不利諸軍奔亂莊宗得三四騎而旋中野爲汴軍數百騎攢矟攻之事將不測行欽識其幟急馳一騎奮劍斷二矛斬一級汴軍乃解圍翼莊宗還宮莊宗因流

涕言曰富貴與卿共之自是寵冠諸將官至檢校太傅忻州刺史及莊宗平梁授武寧軍節度使嘗因內宴羣臣使相預會行欽官爲保傅當地褥下坐酒酣樂作莊宗敘生平戰陣之事因左右顧視曰紹榮安在所司奏云有勅使相預會紹榮散官殿上無位莊宗徹會不懌翌日以行欽爲同平章事由是不宴百官于內殿但宴武臣而已三年行欽喪婦莊宗有所愛宮人生皇子者劉皇后心忌之會行欽入侍莊宗勞之曰紹榮喪婦復娶耶吾給爾婚財皇后指所忌宮人謂莊宗曰皇帝憐紹榮可使爲婦莊宗難違所請微許之皇后卽命紹榮謝之未退肩輿已出莊宗心不懌佯不豫者累日業已遣去無如之何及貝州軍亂趙在禮入魏州莊宗方擇將皇后曰小事不勞大將促紹榮指揮可也乃以行欽爲鄴都行營招撫使領騎二千進討洎至鄴城攻之不能下退保于澶州未幾諸道之師稍集復進軍于鄴城之南及明宗爲帥領軍至鄴行欽來謁于軍中拜起之際誤呼萬歲者再明宗驚駭遏之方止既而明宗營于城西行欽營于城南三月八日夜明宗爲亂軍所迫惟行欽之軍不動按甲以自固明

宗密令張虔釗至行欽營戒之曰且堅壁勿動計會同殺亂軍莫錯疑誤行欽不聽將步騎萬人棄甲而退自知失策且保衞州因誣奏明宗曰鎮師已入賊軍終不爲國使明宗旣劫出鄴城令人走馬上章申理其事言臣且于近郡聽進止莊宗覽奏釋然曰吾知紹榮妄矣因令白從訓與明宗子繼璟至軍前欲令見明宗行欽縶繼璟于路明宗凡奏軍機拘留不達故旬日之閒音驛斷絕及莊宗出成皐知明宗在黎陽復令繼璟渡河召明宗行欽卽殺之仍勸班師四月一日莊宗旣崩行欽引皇后存渥得七百騎出師子門將之河中就存霸沿路部下解散從者數騎而已四日至平陸縣界爲百姓所擒縣令裴進折其足檻車以獻明宗卽位詔削奪行欽在位官爵斬于洛陽

夏魯奇字邦傑青州人也初事宣武軍爲軍校與主將不協遂歸于莊宗以爲護衞指揮使從周德威攻幽州燕將有單廷珪元行欽時稱驍勇魯奇與之鬭兩不能解將士皆釋兵縱觀幽州平魯奇功居多梁將劉鄩在洹水莊宗深入致師鄩設伏于魏縣西南葭蘆中莊宗不滿千騎汴人伏兵萬餘大譟而起圍

莊宗數重魯奇與王門關烏德兒等奮命決戰自午至申俄而李存審兵至方解魯奇持槍攜劍獨衛莊宗手殺百餘人烏德兒等被擒魯奇傷痍徧體自是莊宗尤憐之歷磁州刺史中都之戰汴人大敗魯奇見王彥章識之單馬追及槍擬其頸彥章顧曰爾非余故人乎卽擒之以獻莊宗壯之賞絹千匹九國志趙庭隱傳王彥章守中都庭隱在其軍中及彥章敗庭隱爲莊宗所獲將以就戮大將夏魯奇奏曰此壯也其材可用遂釋之梁平授鄭州防禦使四年授河陽節度使天成初移鎮許州加同平章事魯奇性忠義尤通吏道撫民有術及移鎮許田孟州之民萬衆遮道斷鞍臥轍五日不發父老詣闕請留明宗令中使諭之方得離州明宗討荊南魯奇爲副招討使頃之移鎮遂州九國志李仁罕傳夏魯奇稟朝廷之命繕治甲兵將圖蜀孟知祥與董璋謀先取魯奇令仁罕攻遂州董璋之叛與孟知祥攻遂州援路斷絕兵盡食窮九國志李肇傳蜀師圍夏魯奇于遂州唐師來援劍門不守肇領兵赴普安以拒之唐師不得進魯奇自刎而卒時年四十九帝聞其死也慟哭之厚給其家贈太師齊國公

姚洪本梁之小校也在梁時經事董璋長與初率兵千人戍閬州璋叛領衆攻閬州璋密令人誘洪洪以大義拒之及璋攻城洪悉力拒守者三日禦備既竭

城陷被擒璋謂洪曰爾頃爲健兒由吾獎拔至此吾書誘諭投之于側何相負耶洪大罵曰老賊爾爲天子鎮帥何苦反耶爾旣孤恩背主吾與爾何恩而云相負爾爲李七郞奴掃馬糞得一臠殘炙感恩無盡今明天子付與茅土貴爲諸侯而驅徒結黨圖爲反噬爾本奴才則無恥吾忠義之士不忍爲也吾可爲天子死不能與人奴苟生璋怒令軍士十人持刀封割其膚燃鑊于前自取啗食洪至死大罵不已明宗聞之泣下置洪二子于近衞給賜甚厚

李嚴幽州人本名讓坤初仕燕爲刺史涉獵書傳便弓馬有口辯多遊藝以功名自許同光中爲客省使奉使于蜀及與王衍相見陳使者之禮因于笏記中具述莊宗興復之功其警句云纔過汶水縛王彥章于馬前旋及夷門斬朱友貞于樓上嚴復聲韻淸亮蜀人聞之愕然時蜀僞樞密使宋光嗣召嚴曲宴因以近事訊于嚴嚴對曰吾皇前年四月即位于鄴宮當月下鄆州十月四日親統萬騎破賊中都乘勝鼓前遂誅汴孽僞梁尙有兵三十萬謀臣猛將解甲倒戈西盡甘涼東漸海外南踰閩浙北極幽陵牧伯侯王稱藩不暇家財入貢府

實上供吳國本朝舊臣岐下先皇元老遣子入侍述職稱藩淮海之君卑辭厚
貢湖湘荊楚杭越甌閩異貨奇珍府無虛月吾皇以德懷來以威款附順則涵
之以恩澤逆則問之以干戈四海車書大同非晚光嗣曰余所未知惟岐下宋
公我之姻好洞見其心反覆多端專謀跋扈大不足信也似聞契丹部族近日
稍強大國可無慮乎嚴曰子言契丹之強盛孰若僞梁曰比梁差劣也嚴曰吾
國視契丹如蚤蝨耳以其無害不足爬搔吾良將勁兵布天下彼不勞一郡之
兵一校之衆則懸首槀街盡爲奴擄但以天生四夷當置度外不在九州之本
未欲窮兵黷武也光嗣聞辯對畏而奇之時王衍失政嚴知其可取使還具奏
故平蜀之謀始于嚴郭崇韜起軍之日以嚴爲三川招撫使嚴與先鋒使康延
孝將兵五千先驅閣道或馳以詞說或威以兵鋒大軍未及所在降下延孝在
漢州王衍與書曰可請李司空先來余卽舉城納款衆咸以討蜀之謀始于嚴
衍以甘言將誘而殺之欲不令往嚴聞之喜卽馳騎入益州衍見嚴于母前以
母妻爲託卽日引蜀使歐陽彬迎謁魏王繼岌蜀平班師會明宗卽位遷泗州

防禦使兼客省使長與初安重誨謀欲控制兩川嚴乃求爲西川兵馬都監庶効方略孟知祥覺之既至執而害之九國志王彥銖傳李嚴之爲監軍也密懷異謀知祥數其過命彥銖擒斬之嚴之左右無敢動者贈太保嚴之母賢明婦人初嚴將赴蜀母曰汝前啓破蜀之謀今又入蜀將死報蜀人矣與汝永訣既而果如其言

李仁矩本明宗在藩鎮時客將也明宗即位錄其趨走之勞擢居內職復爲安重誨所庇故數年之間遷爲客省使左衞大將軍天成中因奉使東川董璋張筵以召之仁矩貪于館舍與娼妓酣飲日既中而不至大爲璋所詬辱自是深銜之長興初璋既跋扈于東川重誨奏以仁矩爲閬州節度使俾伺璋之反狀時物議以爲不及仁矩至鎮偵璋所爲曲形奏報地里遐僻朝廷莫知事實激成璋之逆節由仁矩也長興元年冬十月璋自率兇黨以攻其城仁矩召軍校謀守戰利害皆曰璋久圖反計以賂誘士心凶氣方盛未可與戰宜堅壁以守之儻旬浹之間大軍東至即賊必退仁矩曰蜀兵懦安能當我精甲即驅之出戰兵未交爲賊所敗既而城陷仁矩被擒舉族爲璋所害

康思立晉陽人也少善騎射事武皇爲爪牙署河東親騎軍使莊宗嗣位從解圍于上黨敗梁人于柏鄉及平薊兵後戰于河上皆有功累承制加檢校戶部尚書右突騎指揮使莊宗卽位繼改軍飾賜忠勇拱衛功臣加檢校尚書右僕射天成元年授應州刺史尋移嵐州充北面諸蕃部族都監三年遷宿州團練使四年領昭武軍節度利巴集等州觀察處置等使改賜耀忠保節功臣長興初朝廷舉兵討東川董璋詔監西面行營軍馬都指揮使二年移鎮陝州通鑑潞王至靈寶思立謀固守陝城以俟康義誠先是捧聖五百騎戍陝爲潞王前鋒至城下呼城上人曰禁軍十萬已奉新帝爾輩數人奚爲徒累一城人塗地耳于是捧聖卒爭出迎思立不能禁不得已亦出迎清泰初改授邢臺累官至檢校太傅封會稽郡開國侯二年入爲右神武統軍三年充北面行營馬軍都指揮使是歲閏十一月卒于軍年六十三思立本出陰山諸部性純厚善撫將士明宗素重之故卽位之始以應州所生之地授焉其後歷三郡三鎭皆得百姓之譽末帝以其年高徵居環衛及出幸懷州以北師不利乃命思立統駕下騎軍赴團柏谷以益軍勢俄而楊光遠以大軍降于太原思立因憤激疾作而卒焉晉高祖卽位追其宿舊

爲輟朝一日贈太子少師

張敬達字志通代州人小字生鐵父審素有勇事武皇爲列校歷廳直軍使同光初卒于軍敬達少以騎射著名莊宗知之召令繼父職平河南有功繼加檢校工部尚書明宗卽位歷捧聖指揮使檢校尚書左僕射長興中改河東馬步軍都指揮使超授檢校司徒領欽州刺史三年加檢校太保應州節度使四年遷雲州時以契丹率族帳自黑榆林至云借漢界水草敬達每聚兵塞下以遏其衝契丹竟不敢南牧邊人賴之淸泰中自彭門移鎮平陽加檢校太傅從石敬瑭爲北面兵馬副總管仍屯兵鴈門未幾晉高祖建義末帝詔以敬達爲北面行營都招討使仍使悉引部下兵圍太原以定州節度使楊光遠副焉尋統兵三萬營于晉安鄉末帝自六月繼有詔促令攻取敬達設長城連柵雲梯飛礮使工者運其巧思窮土木之力時督事者每有所構則暴風大雨平地水深數尺而城柵崩墮竟不能合其圍九月契丹至敬達大敗尋爲所圍晉高祖及蕃衆自晉安寨南門外長百餘里闊五十里布以氈帳用毛索掛鈴而部伍多

畜犬以備警急營中嘗有夜遁者出則犬吠鈴動跬步不能行焉自是敬達與麾下部曲五萬人馬萬匹無由四奔但見穹廬如岡阜相屬諸軍相顧失色始則削木篩糞以飼其馬日望朝廷救軍及漸羸死則與將士分食之馬盡食殫副將楊光遠次將安審琦知不濟勸敬達宜早降以求自安敬達曰吾受恩于明宗位歷方鎮主上授我大柄而失律如此已有愧于心也今救軍在近旦暮雪恥有期諸君何相迫耶待勢窮則請殺吾攜首以降亦未爲晚光遠審琦知敬達意未決恐坐成魚肉遂斬敬達以降（契丹國志楊光遠謀害張敬達諸將高行周陰爲之備敬達疎于防禦推遠行周等清晨光遠上謁見敬達左右無人遂殺之）末帝聞其歿也愴慟久之契丹主告其部曲及漢之降者曰爲臣當如此人令部人收葬之晉高祖卽位後所有田宅咸賜其妻子焉時議者以敬達嘗事數帝亟立軍功及領藩郡不聞其濫繼屯守塞垣復能撫下而臨難固執不求苟免乃近代之忠臣也晉有天下不能追懋官封賞其事蹟非激忠之道也

舊五代史卷七十

舊五代史卷七十考證

唐列傳二十二元行欽傳令行欽攻大恩山　大恩山歐陽史作大安山考通鑑注引薛史亦作大恩

縣令裴進折其足　案歐陽史作虢州刺史石潭折其兩足

李嚴傳以嚴爲三州招撫使　歐陽史作招討使

即馳騎入益州　案歐陽史亦與是書同吳縝纂誤云成都自唐末歷五代不復謂之益州況此正古蜀郡成都之地而古益州實不在此

康思立傳贈太子少師　少師歐陽史作少傳

舊五代史卷七十考證

舊五代史卷七十一

宋門下侍郎參知政事監修國史薛居正等撰

唐書第四十七

列傳二十三

馬郁其先范陽人郁少警悟有俊才智數言辯縱橫下筆成文乾寧末爲府刀筆小吏李匡威爲王鎔所殺鎔書報其弟匡儔匡儔遣使于鎔問謀亂本末幕客爲書多不如旨郁時直記室卽起草爲之條列事狀云可疑者十詞理俊贍以此知名嘗聘王鎔于鎮州官妓有轉轉者美麗善歌舞因宴席郁累挑之幕客張澤亦以文章名謂郁曰子能座中成賦可以此妓奉酬郁抽筆操紙卽時成賦擁妓而去郁在武皇幕累官至檢校司空祕書監武皇與莊宗禮遇俱厚歲時給賜優異監軍張承業本朝舊人權貴任事人士脅肩低首候之郁以滑稽侮狎其往如歸有時直造臥內每賓僚宴集承業出珍果陳列于前食之必盡承業私戒主膳者曰他日馬監至唯以乾藕子置前而已郁至窺其不可啖

異日鞾中出一鐵檛碎而食之承業大笑曰爲公設異饌勿敗余食案其後率如此郁在莊宗幕寄寓他土年老思鄉每對莊宗欷歔言家在范陽乞骸歸國以葬舊山莊宗謂之曰自卿去國已來同舍孰在守光尚不能容父能容卿乎孤不惜卿行但卿不得死爾郁既無歸路衷懷嗚悒竟卒于太原

司空頲貝州人唐僖宗時舉進士不中屬天子播遷三輔大亂乃還鄉里羅紹威爲節度副大使頲以所業干之幕客公乘億爲延譽羅宏信署爲府參軍辟館驛巡官張彥之亂命判官王正言草奏正言素不能文不能下筆彥怒詬曰鈍漢乃辱我推之下榻問孰可草奏者有言頲羅王時書記乃馳騎召之頲揮筆成文詆斥梁君臣彥甚喜以爲判官及張彥復齎賀德倫降于唐德倫遣頲先奉狀太原北夢瑣言載其狀詞云屈原哀郢本非怨望之人樂毅歸燕且異傾邪之行莊宗乃以頲爲判官後以頲權軍府事頲有姪在梁遣家奴以書召之都虞候張裕擒其家奴以謂通于梁遂見殺通鑑晉王責頲曰自吾得魏博庶事悉以委公公何得見欺如是獨不可先相示耶揖令歸第是日族誅于軍門

曹廷隱魏州人也爲本州典謁虞候賀德倫使西迎莊宗于晉陽莊宗既得鄴

城擢爲馬步都虞候以其稱職自是遷拜日隆天成初除齊州防禦使下車嚴整頗有清白之譽時有孔目吏范弼者爲人剛愎視廷隱蔑如也弼監軍廩鬻空乏以取償又私貸官鹽廷隱按之遂奏其事弼家人訴于執政並下御史府劾之弼雖伏法廷隱以所奏不實亦流永州續勅賜自盡時人冤之

蕭希甫宋州人也少舉進士爲梁開封尹袁象先書記象先爲青州節度使以希甫爲巡官希甫不樂乃棄其母妻變姓名亡之鎮州自稱青州掌書記進謁王鎔鎔以希甫爲參軍尤不樂居歲餘又亡之易州削髮爲僧居百丈山莊宗將建國置百官李紹宏薦爲魏州推官同光初有詔定內宴儀問希甫樞密使得坐否希甫以爲不可樞密使張居翰聞之怒謂希甫曰老夫歷事三朝天子見內宴數百子本田舍兒安知宮禁事希甫不能對初莊宗欲以希甫知制誥宰相豆盧革等附居翰共排斥之以爲駕部郎中希甫失志尤怏怏莊宗滅梁室遣希甫宣慰青齊希甫始知其母已死妻袁氏亦改嫁希甫乃發哀服喪居于魏州人有引漢李陵書以譏之曰老母終堂生妻去室天成初欲召爲諫議

豆盧革韋說沮之明宗卒以希甫爲諫議大夫復爲匭函使其後革說爲安重
誨所惡希甫希旨誣奏革縱田客殺人而說與鄰人爭井井有寶貨有司推勘
井中惟破釜而已革說卒皆貶死希甫拜左散騎常侍躁進尤甚引告變人李
筠夜扣內門通變書云修隄兵士欲取郊天日舉火爲叛安重誨不信之斬告
變者軍人訴屈請希甫啖之既而詔曰左散騎常侍集賢殿學士判院事蕭希
甫身處班行職非警察輒引兇狂之輩上陳誣訛之詞逼近郊禋扇搖軍衆李
筠既當誅戮希甫寧免譴遷可貶嵐州司戶參軍仍馳驛發遣長與中卒于貶
所子士明仕周終于邑宰

藥縱之太原人少爲儒明宗刺代州署爲軍事衙推從明宗鎮邢州爲掌書記
歷太平宣武兩鎮節度副使明宗鎮常山被病不從及即位縱之見于洛邑安
重誨怒其覬望久無所授明宗曰德勝用兵時縱之飢寒相伴不離我左右今
有天下何人不富貴何爲獨棄縱之浹旬授磁州刺史歲餘自戶部侍郎遷吏
部侍郎銓總之法惘然莫知長與初爲曹州刺史清泰元年九月以疾受代而

卒

賈馥故鎮州節度使王鎔判官也家聚書三千卷手自刊校張文禮殺王鎔時莊宗未即尊位文禮遣馥至鄴都勸進因留鄴下棲遲郵舍莊宗即位授鴻臚少卿後以鴻臚卿致仕復歸鎮州結茅于別墅自課兒孫耕牧爲事馥初累爲鎮冀屬邑令所涖有能政性恬澹與物無競乃鎮州士人之秀者也

馬縞少嗜學以明經及第登拔萃之科仕梁爲太常修撰累歷尚書郎參知禮院事遷太常少卿梁代諸王納嬪公主下嫁皆于宮殿門庭行揖讓之禮縞以爲非禮上疏止之物議以爲然（案以下有闕文）長興四年爲戶部侍郎縞時年已八十及爲國子祭酒八十餘矣形氣不衰于事多遺忘言元稹不應進士以父元魯山名進故也多如此類又上疏古者無嫂叔服文皇創意以兄弟之親不宜無服乃議服小功今令文省服制條爲兄弟之妻大功不知何人議改而寘于令文諸博士駮云律令國之大經馬縞知禮院時不曾論定今遽上疏駮令式罪人也

羅貫不知何許人進士及第累歷臺省官自禮部員外郎爲河南令貫爲人強直正身奉法不避權豪時宦官伶人用事凡請託于貫者其書盈閣一無所報皆以示郭崇韜因奏其事由是左右每言貫之失先是梁時張全義專制京畿河南洛陽寮佐皆出其門下事全義如廝僕及貫受命持本朝事體奉全義稍慢部民爲府司庇護者必奏正之全義怒因令女使告劉皇后從容白于莊宗宦官又言其短莊宗深怒之會莊宗幸壽安山陵道路泥濘莊宗訪其主者宦官曰屬河南縣促令召貫至奏曰臣初不奉命請詰稟命者帝曰卿之所部反問他人何也命下府獄府吏榜笞促令伏款翌日傳詔殺之郭崇韜奏曰貫別無贓狀橋道不修法未當死莊宗怒曰母后靈駕將發天子車輿往來橋道不修是誰之過也崇韜奏曰貫縱有死罪俟款狀上奏所司議讞以朝典行之死當未晚今以萬乘之尊怒一縣令俾天下人言陛下使法不公矣莊宗曰旣卿所愛任卿裁決因投袂入宮崇韜從而論列莊宗自闔殿門不得入卽令伏法曝尸于府門寃痛之聲聞于遠邇

淳于晏（案以下有闕文）以明經登第自霍彥威爲小校晏寄食于門下彥威嘗因兵敗獨脫其身左右莫有從者惟晏杖劍從之徒步草莽自是彥威高其義相得甚歡及歷數鎮皆爲從事軍府之事至于私門事無巨細皆取決于晏雖爲幕賓有若家宰爾後公侯門客往往效之時謂之效淳故彥威所至稱治由晏之力也

張格字承之故宰相濬之子也濬爲梁祖所忌潛遣人害于長水格易姓名流轉入蜀（舊唐書張濬傳永寧縣吏葉彥者張氏待之素厚告格曰相公之禍不可免郎君宜自爲計濬曰留則併命去或可免冀存後嗣格拜辭而去葉彥率義士三十人送渡漢江而旋格由荆江上峽入蜀）王建僭號以格爲宰相格所生母當濬之遇害潛匿于民間落髮爲尼流浪于函洛王建聞之潛使人迎之入蜀賜紫加號慈福大師及建卒蜀人以格爲山陵使格有難色未幾得罪出爲茂州刺史僞制責詞云送往辭命不忠也喪母匿喪非孝也王衍嗣僞位後數年復用爲宰相同光末蜀平格至洛陽（舊唐書任圜攜格還洛格感葉彥之惠訪之身已歿厚卹其家又考張濬第三子仕吳改名李儼見九國志）授太子賓客任圜愛其材奏爲三司副使尋卒于位格有文章明吏事時頗稱之

許寂字閑閑祖祕名聞會稽寂少有山水之好汎覽經史窮三式尤明易象（太平廣記云寂學易于晉徵君）久棲四明山不干時譽昭宗聞其名徵赴闕召對于內殿會昭宗方與伶人調品篳篥事訖方命坐賜果問易義既退寂謂人曰君淫在聲不在政矣寂聞君人者將昭德塞違以臨照百官百官或象之今不厭賤事自求其工君道替矣尋請還山寓居于江陵以茹芝絕粒自適其性天祐末節度使趙匡凝昆季深禮遇之師授保養之道唐末除諫官不起漢南謂之徵君梁攻襄陽匡凝兄弟棄鎮奔蜀寂偕行歲餘蜀主王建待以師禮位至蜀相同光末平蜀與王衍俱從于東授工部尚書致仕卜居于洛時寂已年高精彩猶健冲漠寡言時獨語云可怪可怪人莫知其際清泰三年六月卒時年八十餘子孫位至省郎同光時以方術著者又有僧誠惠誠惠初于五臺山出家能修戒律稱通皮骨肉三命人初歸向聲名漸遠四方供饋不遠千里而至者衆矣自云能役使毒龍可致風雨其徒號曰降龍大師京師旱莊宗迎至洛下親拜之六宮參禮士庶瞻仰謂朝夕可致甘澤禱祝數旬略無徵應或謂官以祈雨無驗將

加焚燎誠惠懼而遁去及卒賜號法雨大師塔曰慈雲之塔

周元豹者本燕人世爲從事元豹少爲僧其師有知人之鑒從遊十年餘苦辛無憚師知其可教遂以袁許之術授之大略狀人形貌比諸龜魚禽獸目視臆斷咸造其理及還鄉遂歸俗初盧程寄褐遊燕與同志二人謁焉元豹謂鄉人張殷衮曰適二君子明年花發俱爲故人惟彼道士他年甚貴至來歲二子果卒又二十年盧程登庸于鄴下元豹歸晉陽張承業信重之言事數中承業俾明宗易衣列于諸校之下以他人詐之而元豹指明宗于末綴言曰骨法非內衙太保歟咸伏其異或問明宗之福壽惟云末後爲鎮州節度使時明宗爲內衙都校纔兼州牧而已昭懿皇后夏氏方侍巾櫛偶忤旨大爲明宗檟楚元豹見之曰此人有藩侯夫人之位當生貴子明宗赫怒因解後其言果驗太原判官司馬揆謁元豹謂揆曰公五日之中奉使萬里未見迴期揆數日後因酒酣爲衣領扼之而卒莊宗署元豹北京巡官明宗卽位之明年一日謂侍臣曰方士周元豹昔曾言朕諸事有徵可詔北京津置赴闕趙鳳奏曰袁許之事元豹

所長者以陛下貴不可言今旣驗矣餘無可問若詔赴闕下則奔競之徒爭問吉凶恐近于妖惑乃止令以金帛厚賜之授光祿卿致仕尋卒于太原年八十餘

舊五代史卷七十一

舊五代史卷七十一考證

唐列傳二十三馬郁傳馬郁其先范陽人　案尹洙河南集韓重華誌銘作燕客馬彧韓琦安陽集重修五代祖塋域記亦作幕吏馬彧考宋人說部載韓定辭唱和詩俱作馬彧與是書異惟雲谷雜記從通鑑作郁與是書同

幕客張澤亦以文章名謂郁曰子能座上成賦可以此妓奉酬　案太平廣記作韓定辭請馬郁爲賦與是書異

馬縞傳及爲國子祭酒八十餘矣　案馬縞傳原本殘闕歐陽史云卒年八十贈兵部尙書據是書縞爲國子祭酒已八十餘矣與歐陽史異又直齋書錄解題云中華古今注後唐太學博士馬縞撰考歐陽史雜傳亦不載馬縞爲太學博士

舊五代史卷七十一考證

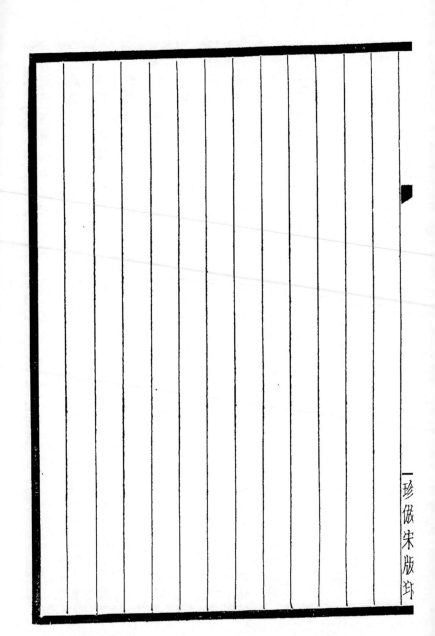

舊五代史卷七十二

宋門下侍郎參知政事監修國史薛居正等撰

唐書第四十八

列傳二十四

張承業字繼元本姓康同州人咸通中內常侍張泰畜爲假子光啓中主郃陽軍事賜紫入爲內供奉武皇之討王行瑜承業累奉使渭北因留監武皇軍事賊平改酒坊使三年昭宗將幸太原以承業與武皇善乃除爲河東監軍密令迎駕既而昭宗幸華州就加左監門衛將軍駕在鳳翔承業屢請出師晉絳以爲岐人掎角崔魏公之誅宦官也武皇僞戮罪人首級以奉詔匿承業于斛律寺昭宗遇弒乃復請爲監軍夾城之役遣承業求援于鳳翔時河中阻絕自離石渡河春冰方泮凌澌奔蹙艤舟不得渡因禱河神是夜夢神人謂曰子但渡流冰無患既寤津吏報曰河冰合矣凌晨躡冰而濟旋踵冰解使還武皇病篤啓手之夕召承業屬之曰吾兒孤弱羣臣縱橫後事公善籌之承業奉遺顧妥

立嗣王平內難策略居多旣終易月之制卽請出師救潞破賊夾城莊宗深感其意兄事之親幸承業私第升堂拜母賜遺優厚時莊宗初行墨制凡除拜之命皆成于盧汝弼之手汝弼旣自爲戸部侍郎乃請與承業改官及開國邑承業拒而不受其後但稱本朝舊官而已天祐中幽州劉守光敗其府掾馮道歸太原承業辟爲本院巡官承業重其文章履行甚見待遇時有周元豹者善人倫鑒與道不合謂承業曰馮生無前程公不可過用管書記盧質聞之曰我曾見杜黃裳司空寫眞圖道之狀貌酷類焉將來必副大用元豹之言不足信也承業薦爲霸府從事焉柏鄉之役王師旣迫汴營周德威慮其奔衝堅請過舍莊宗怒其懦不聽垂帳而寢諸將不敢言事咸詣監軍請白承業遽至牙門褰帳而入撫莊宗曰此非王安寢時周德威老將洞識兵勢姑務萬全言不可忽莊宗蹶然而興曰予方思之其夕收軍保鄗邑德威討劉守光令承業往視賊勢因請莊宗自行果成大捷承業感武皇厚遇自莊宗在魏州垂十年太原軍國政事一委承業而積聚庾斛收兵市馬招懷流散勸課農桑成是霸基者承

業之忠力也時貞簡太后韓德妃伊淑妃諸宅王之貴洎王之介弟在晉陽宮
或不以其道干于承業悉不聽踰法禁者必懲繇是貴戚斂手民俗丕變或有
中傷承業于莊宗者言專弄威柄廣納賂遺莊宗歲時還晉陽宮省太后須錢
蒱博給伶官嘗置酒于泉府莊宗酣飲命興聖宮使李繼岌爲承業起舞既竟
承業出寶帶幣馬奉之莊宗指錢積謂承業曰和哥無錢使七哥與此一積寶
馬非殊惠也承業謝曰郎君哥勞承業自出己俸錢此錢是大王庫物準擬支
贍三軍不敢以公物爲私禮也莊宗不悅使酒侵承業承業曰臣老勅使非爲
子孫之謀惜錢爲大王基業王若自要散施何妨老夫不過財盡兵散一事無
成莊宗怒顧元行欽曰取劍來承業引莊宗衣泣而言曰僕荷先王遺顧誓爲
本朝誅汴賊爲王惜庫物斬承業首死亦無愧于先王今日請死閻寶解承業
手令退承業詬寶曰黨朱温逆賊未嘗有一言効忠而敢依諂附揮拳踣之太
后聞莊宗酒失急召入莊宗性至孝聞太后召叩頭謝承業曰吾杯酒之間忤
于七哥太后必怪吾七哥爲吾痛飲兩卮分謗可乎莊宗連飲四鍾勸承業竟

不飲莊宗歸宮太后使人謂承業曰小兒忤特進已笞矣可歸第翌日太后與莊宗俱幸其第慰勞之自是私謁幾絕十四年承制授開府儀同三司左衛上將軍燕國公固辭不受是時盧質在莊宗幕下嗜酒輕傲嘗呼莊宗諸弟爲豚犬莊宗深銜之承業慮質被禍因乘閒謂莊宗曰盧質多行無禮臣請爲大王殺之可乎莊宗曰予方招禮賢士以開霸業七哥何言之過也承業因聳立而言曰大王若能如此何憂不得天下其後盧質雖成縱誕莊宗終能容之蓋承業爲之藻藉也十八年莊宗受諸道勸進將篡帝位承業以爲晉王三代有功于國先人怒朱氏弒逆將復舊邦讎既未平不宜輕受推戴方疾作肩輿之鄴宮見莊宗曰王父子血戰三十餘年蓋言報國仇讎復唐宗社今元兇未滅民賦已殫而遽先大號蠹耗財力臣以爲不可一也臣自咸通已來伏事宮掖每見國家冊命大禮儀仗法物百司庶務經年草定臨事猶有不可王若化家爲國新立廟朝不可乖于制度制禮作樂未見其人臣以爲不可二也舉事量力而行不可信于游譚也通鑑考異引秦再思洛中記異云承業諫帝曰大王何不待誅克梁孽更平吳蜀俾天下一家且先求唐氏子

孫立之後更以天下讓有功者何人輒敢當之讓一月卽一月牢讓一年卽一年牢設使高祖再生太宗復出又胡爲哉今大王一旦自立頓失從前仗義征伐之旨人情怠矣老夫是閹官不愛大王官職富貴　莊宗曰奈諸將何承業知直以受先王付屬之重欲爲大王立萬年之基爾

莊宗不從因號泣而言之十九年十一月二日以疾卒于晉陽之第時年七十七貞簡太后聞喪遽至其第盡哀爲之行服如兒姪禮同光初贈左武衞上將軍謚曰貞憲

五代史闕文莊宗將卽位于魏州承業自太原至謂莊宗曰吾王世奉唐家最爲忠孝自貞觀以來王室有難未嘗不從所以老奴三十餘年爲吾王捃拾財賦召補軍馬者誓滅逆賊朱温復本朝宗社耳今河朔甫定朱氏尚存吾王遽卽大位可乎云云莊宗曰奈諸將意何承業知不可諫止乃慟哭曰諸侯血戰者本爲李家今吾王自取之誤老奴矣旣歸太原不食而死臣謹案莊宗實錄敘承業諫卽位事甚詳惟吾王自取之言不書史官諱之也

張居翰字德卿咸通初掖庭令張從玫養之爲子以廕入仕中和三年自容管監軍判官入爲學士院判官遷樞密承旨內府令賜緋昭宗在華下超授內常侍出監幽州軍事秩滿詔歸節度使劉仁恭表留之天復中詔誅宦官仁恭給奏殺之匿于大安山之北谿天祐三年汴人攻滄州仁恭求援于武皇乃遣居翰與書記馬郁等率兵助武皇同攻潞州武皇因留之不遣李嗣昭節制昭義

以居翰監其軍以燕軍三千爲部下俄而汴將李思安築夾城以圍潞州居翰與嗣昭登城保守以至解圍自是嗣昭每出征令居翰知留後事同光元年夏四月召爲樞密使加特進與郭崇韜對掌機務十月莊宗將渡河留居翰與李紹宏同守魏州莊宗入汴加驃騎大將軍知內侍省事依前充樞密使同光時宦官干政邦家之務皆出于郭崇韜居翰自以羇旅乘時擢居重地每于宣授不敢有所是非承顏免過而已以此脫季年之禍四年三月僞蜀王衍既降詔遷其族于洛陽行及秦川時關東已亂莊宗慮衍爲變中官向延嗣馳騎賫詔殺之詔云王衍一行並宜殺戮其詔已經印畫時居翰在密地覆視其詔卽就殿柱揩去行字改書家字及衍就戮于秦川驛止族其近屬而已其僞官及從行者尚千餘人皆免其枉濫居翰之力也明宗入洛居翰謁見于至德宮待罪雪涕乞歸田里詔許之乃辭歸長安仍以其子延貴爲西京職事以供侍養天成三年四月以疾卒于長安時年七十一居翰性和而靜諳悉舊事在潞州累年每春課人育蔬種樹敦本惠農有仁者之心焉

馬紹宏閹官也初與孟知祥同爲中門使及周德威薨莊宗兼領幽州令紹宏權知州事卽位之初郭崇韜勳望高舊在紹宏之下時徵潞州監軍張居翰與崇韜並爲樞密使紹宏失望乃以爲宣徽使紹宏以己合當樞密任常鬱鬱側目于崇韜崇韜知其慊也乃置內勾之目令天下錢穀簿書悉委裁遣旣而州郡供報輒滋煩費議者以爲十羊九牧深所不可內勾之目人以爲是妖言（案下有闕文據通鑑李嗣源爲謠言所屬危殆者數四賴宣徽使李紹宏左右營護以是得全天成元年二月己丑朔以宣徽南院使李紹宏爲樞密使）

孟漢瓊本鎭州王鎔之小豎也明宗鎭常山得侍左右明宗卽位自諸司使累遷宣徽南院使漢瓊性通黠善交構初見秦王權重及挾王淑妃勢傾心事之及朱馮用事又與之締結秦王領兵至天津橋時漢瓊與朱馮及康義誠方會議于內庭謀猶未決漢瓊獨出死力先入殿門奏于明宗語在秦王傳漢瓊卽自介馬以召禁軍秦王旣誅翼日令漢瓊馳騎召閔帝于鄴（通鑑遣漢瓊徵從厚且權知天雄軍府事）閔帝嗣位尤恃恩寵期月之內累加開府儀同三司驃騎大將軍西軍旣叛閔帝急召漢瓊欲令先入于鄴漢瓊藏匿不行潞王行及陝州乃悉召諸妓妾訣別

欲手刃之衆知其心率皆藏竄初潞王失守于河中勒歸于清化里第時王淑妃恆令漢瓊傳教旨于潞王王善待之故漢瓊自謂潞王于己有恩至是乃單騎至澠池謁見潞王因自慟哭欲有所陳潞王曰諸事不言可知漢瓊卽自預從臣之列尋戮于路左

史臣曰承業感武皇之大惠佐莊宗之中興既義且忠何以階也夫如是則晉之勒貂秦之景監去之遠矣居翰改一字于詔書救千人之濫死可不謂之仁人矣乎如紹宏之爭權漢瓊之構禍乃宦者之常態也又何足以道哉

舊五代史卷七十二

舊五代史卷七十二考證

唐列傳二十四張承業傳王若自要散施何妨老夫不過財盡兵散一事無成　案通鑑作王自取用之何問僕爲

以疾卒于晉陽之第　案歐陽史作不食而卒通鑑作邑邑成疾不復起

諡曰貞憲　案貞憲歐陽史作正憲

馬紹宏傳馬紹宏閹官也　案莊宗紀作李紹宏蓋嘗賜姓

紹宏失望乃以爲宣徽使　案宋史趙上交傳南遊洛陽與中官驃騎大將軍馬紹宏善紹宏領北面轉運制置大使表爲判官考紹宏爲北面轉運制置大使是書不載

舊五代史卷七十二考證

一珍做宋版印

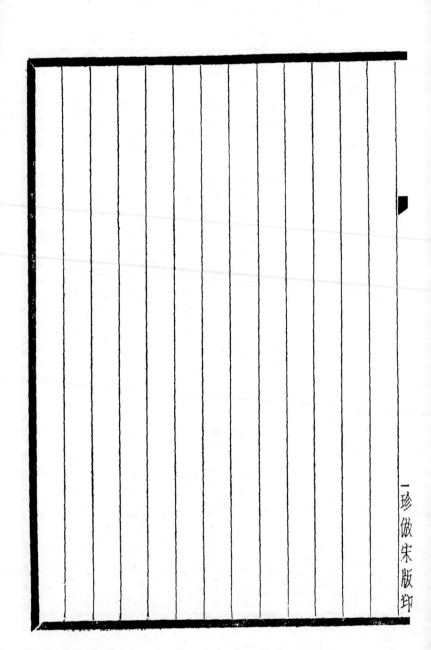

舊五代史卷七十三

宋門下侍郎參知政事監修國史薛居正等撰

唐書第四十九

列傳二十五

毛璋本滄州小校梁將戴思遠帥滄州時莊宗已定魏博思遠勢蹙棄州遁去璋據城歸莊宗玉堂閑話戴思遠任浮陽日有部曲毛璋爲性輕悍嘗與數十卒追捕盜賊還宿于逆旅毛枕劍而寢夜分其劍忽大吼躍出鞘外從卒聞者愕然驚異毛亦神之乃持劍祝曰某若異日有此山河爾當更鳴躍否則已毛復寢未熟劍吼躍如初毛深自負其後戴離鎮毛請留戴從之未幾毛以州歸命于唐莊宗莊宗以毛爲其州刺史後竟帥滄海歷貝州遼州刺史璋性兇悖有膽略從征河上屢有戰功梁平授滄州節度使王師討蜀以璋爲行營右廂馬軍都指揮使蜀平璋功居多明年蕭牆禍起繼岌自西川至渭南部下散亡其川貨妓樂爲璋所掠明宗嗣位錄平蜀功授邠州節度使璋既家富于財有蜀之妓樂驕僭自大動多不法招致部下繕理兵仗朝廷移授昭義節度使璋謀欲不奉詔判官邊蔚密言規責乃僶俛承命洎至潞州狂妄不悛每擁川妓于山亭院服赭

黃縱酒令爲王衍在蜀之戲事聞于朝徵爲金吾上將軍其年秋東川節度使董璋上言毛璋男廷贇齎文書往西川慮有陰事因追廷贇及同行人趙延祚與璋俱下御史臺獄廷贇乃璋之假姪稱有叔在蜀欲往省之亦無私書詔停任令歸私第初延祚在獄多言璋陰事璋許重賂以塞其口及免延祚徵其賂璋拒而不與以致延祚詣臺訴璋翻覆復下御史臺訊鞫中丞呂夢奇以璋前蒙昭雪今延祚以責賂之故復加織羅故稍佑璋及款狀上聞或云夢奇受璋賂所以獄不盡情執之移與軍巡璋具狀曾許延祚賂未與又云曾借馬與夢奇別無行賂之事朝廷懲其宿惡長流儒州賜死于路

聶嶼鄴中人少爲僧漸學吟詠鄭玨之知貢舉也與鄉人趙都俱赴鄉薦都納賂于玨人報翌日登第嶼聞不捷詬來人以恐之玨懼俾俱成名漸爲拾遺依郭崇韜爲鎮州書記明宗時爲起居舍人雙眸若懸性氣乖僻人多忌之天成初除鄴都留守判官與趙敬怡呂夢奇不足又改河東節度及至常鄙其土風薄其人士或達于重誨會敬怡入爲樞密使與夢奇同搆殺之嶼早依郭氏門

庭致身朱紫名登兩史浙江使迴生涯巨萬至河東日郭氏次子之婦孀居守家嶼喪偶未久復忍而納幣人皆罪之明宗在藩邸時素聞其醜聲天成中與温韜等同詔賜死

温韜華原人少爲盜據華原事李茂貞名彥韜後降于梁更名昭圖爲耀州節度唐諸陵在內者悉發之取所藏金寶而昭陵最固悉藏前世圖書鍾王紙墨筆迹如新（案以下有闕文）移許州節度使累官至檢校太尉平章事韜素善趙巖每依附之莊宗入汴巖恃韜與己素厚遂奔許州韜延之于第斬首傳送闕下同光初韜來朝郭崇韜曰此劫陵賊罪不可赦韜納賂劉后賜姓名紹冲遽遣還鎮明宗卽位流于德州俄賜死長子延濬清泰中爲泥水關使次延招爲父牙帳都校次延袞鄧州指揮使咸聚居許下晉天福初聞張從賓作亂于河陽咸往依之從賓慮其難制悉斬于帳下

段凝開封人也本名明遠少穎悟多智數初爲澠池簿脫荷衣以事梁祖梁祖漸器之開平三年十月自東頭供奉官授右威衛大將軍充左軍巡使兼水北

巡檢使凝妹爲梁祖美人故稍委心腹四年五月授懷州刺史乾化元年十二月梁祖北征迴過郡凝貢獻加等梁祖大悅梁祖復北凝迎奉進貢有加于前梁祖次相州刺史李思安迎奉踈怠梁祖怒貶思安制云懷州刺史段明遠少年治郡庶事惟公兩度祗奉行鑾數程宿食本界動無遺闕舉必周豐蓋能罄竭于家財務在顯酬夫明奬覲明遠之忠勤若此見思安之悖慢何如其見賞如此其後遷鄭州刺史監大軍于河上梁末帝以戴思遠爲北面招討使行師不利用王彥章代之受任之翌日取德勝之南城軍聲大振張漢倫等推功于凝凝掎摭彥章之失以閒之（通鑑彥章棄鄩家口復趨楊劉遊奕將李紹興敗梁遊兵于清邱縣南段凝以爲唐兵已自上流渡驚駭失色面數彥章尤其深入）梁末帝怒罷彥章兵權凝納賂于趙張二族求爲招討使敬翔李振極言不可竟不能止凝以衆五萬營于高陵津裨將康延孝叛歸莊宗延孝具陳梁軍虛實莊宗遂決長驅之計未幾莊宗入汴凝自滑率兵而南前鋒杜晏球至封邱解甲聽命翼日凝率大軍乞降于汴郊莊宗釋之復以凝爲滑州兵馬留後賜姓名紹欽有頃正授節旄改兗州節度使凝初見莊宗因伶人

景進通貨于宮掖凝天性姦佞巧言飾智善候人意其年契丹寇幽州命宣徽使李紹宏監護諸軍以禦契丹凝與董璋戍瓦橋關凝巧事紹宏嘗乘間奏凝蓋世奇才可以大任屢請以兵柄委之郭崇韜奏曰凝亡國敗軍之將姦諂難狀不可信也凝在藩鎮私用庫物數萬計有司促償中貰其負同光三年四月移授鄧州節度使四年二月趙在禮據鄴城李紹宏請用凝爲大將莊宗許之令具方略條奏凝所請偏裨皆取其己黨莊宗疑之乃止明宗至洛陽霍彦威怒其前事與温韜同收下獄詔釋之放歸田里明年竄于遼州竟與温韜同制賜死

孔謙（通鑑作魏州人）莊宗同光初爲租庸副使謙本州之幹吏上自天祐十二年帝平定魏博會計皆委制置謙能曲事權要效其才力帝委以泉貨之務設法箕斂七八年間軍儲獲濟及帝卽位于鄴城謙已當爲租庸使物議以謙雖有經營濟贍之勞然人地尙卑不欲驟總重任樞密使郭崇韜舉魏博觀察判官張憲爲租庸使以謙爲副謙悒然不樂者久之帝既平梁汴謙徑自魏州馳之行在

因謂崇韜曰魏都重地須大臣彈壓以謙籌之非張憲不可崇韜以爲忠告即奏憲爲鄴都副留守乃命宰臣豆盧革專判租庸謙彌失望乃尋革過失時革以手書便省庫錢數十萬謙以手書示崇韜亦辭避帝問當委何人爲可崇韜曰孔謙雖久掌貨泉然物議未當居大任以臣所見當委張憲爲便帝促徵之憲性精辨爲趨時者所忌人不右之謙乘閒訴于豆盧革曰租庸錢穀悉在眼前委一小吏可辦鄴都本根之地不可輕付于人與唐尹王正言無裨益之才徒有獨行詔書既徵張憲復以何人爲代豆盧革言于崇韜崇韜曰鄴都分司列職皆主上舊人委王正言何慮不辦革曰俱是失也設不獲已以正言掌租庸取書于大臣或可辦矣若付之方面必敗人事謙以正言非德非勳懦而易制曰此議爲便然非己志尋掎正言之失泣訴于崇韜厚賂閹伶以求進用人知奸諂沮之乃上章請退帝怒其規避將寘于法樂人景進于帝前解喻而止王正言風病恍惚不能綜三司事景進屢言于帝乃以正言守禮部尚書以謙爲租庸使謙以國用不足奏諸道判官員數過多請只置節度觀察判官書記

支使推官各一員留守置判官各一員三京府置判官推官餘並罷俸錢又奏百官俸錢雖多折支非實請減半數皆支實錢並從之未幾半年俸復從虛折案以下原闕北夢瑣言明宗即位誅租庸使孔謙等孔謙者魏州孔目莊宗圖霸以供饋兵食謙有力焉既爲租庸使曲事嬖倖奪宰相權專以聚斂爲意剝削爲端以犯衆怒伏誅

李鄴魏州人也幼事楊師厚及莊宗入魏漸轉裨將歷數郡刺史後遷亳州爲政貪穢有奴爲人持金以賂鄴奴隱其金鄴殺之其家上訴因訐其陰事詔貶郴州司戸參軍又貶崖州長流百姓所在賜自盡

史臣曰易云積不善之家必有餘殃又曰惡不積不足以滅身如毛璋之儔可謂積惡而滅其身矣況温韜之發陵寢段凝之敗國家罪不容誅死猶差晚餘皆瑣瑣何足議焉

舊五代史卷七十三

舊五代史卷七十三考證

唐列傳二十五毛璋傳授滄州節度使　滄州歐陽史作華州

段凝傳其後還鄭州刺史監大軍于河上　案歐陽史還凝鄭州刺史使監兵于河上李振亟請罷之太祖曰凝未有罪振曰待其有罪則社稷亡矣然終不罷也據此則凝監河上軍爲梁祖時事通鑑考異云晉人取魏博然後與梁以河爲境故常以大兵守之太祖時未也就使當時屯兵河上亦未繫社稷之安危此必均王時事也

中貫其負　案中貫其負句原本疑有脫誤考冊府元龜與是書同今仍其舊

舊五代史卷七十三考證

西元二〇二〇年十一月一日重製一版

舊五代史（附考證）冊二（宋 薛居正 撰）

平裝四冊基本定價參仟元正
（郵運匯費另加）

發行人　張敏君
發行處　中華書局
臺北市內湖區舊宗路二段一八一巷
八號五樓（5FL., No. 8, Lane 181,
JIOU-TZUNG Rd., Sec 2, NEI HU,
TAIPEI, 11494, TAIWAN)
客服電話：886-2-8797-8396
公司傳真：886-2-8797-8909
匯款帳戶：華南商業銀行西湖分行
179100026931
印　　刷：維中科技有限公司
海瑞印刷品有限公司

No. N1055-2

國家圖書館出版品預行編目(CIP)資料

舊五代史/(宋)薛居正撰. -- 重製一版. -- 臺北
市 : 中華書局, 2020.11
冊 ;　公分
ISBN 978-986-5512-35-4(全套 : 平裝)

1.五代史

624.201　　109016934